LA FIN
D'UN MONDE

ET

DU NEVEU DE RAMEAU

PAR

JULES JANIN

de l'Académie française

───

NOUVELLE ÉDITION

PARIS

E. DENTU, LIBRAIRE-ÉDITEUR

PALAIS-ROYAL, 17 ET 19, GALERIE D'ORLÉANS

—

1873

Tous droits réservés.

LA
FIN D'UN MONDE
ET
DU NEVEU DE RAMEAU

LA FIN
D'UN MONDE

ET DU

NEVEU DE RAMEAU.

AVANT-PROPOS.

peine entrés dans Babylone, ils se portèrent sur le palais du roi Séleucus. Là, ils trouvèrent un grand coffre, recouvert d'une triple armure, et pendant tout un jour, ils se mirent à l'enfoncer à coups de haches et de marteaux.

« Le coffre ouvert, il en sortit une exhalaison fétide, et des vapeurs de pestilence qui se répandirent chez les Parthes, chez les Grecs, chez les Romains, dans le monde entier. »

« Le 5 janvier 1772, M. Diderot se trouvait chez M. le baron de Thiers, dont il examinait la galerie, au nom de S. M. l'impératrice de toutes les Russies. Il était à son ordinaire, en bas de laine, et l'habit de bouracan. Sur quoi le comte de Broglie (un frère cadet de Mgr le maréchal duc de Broglie, et parent, par Mme la maréchale, de M. le baron de Thiers) : — Monsieur Diderot, lui dit-il, le toisant de la tête aux pieds, porteriez-vous, par hasard, le deuil de la Russie et de ses habitants? — Monsieur le comte, répondit M. Diderot, si j'avais à porter le deuil d'une nation, je n'irais pas la chercher si loin. »

Nous ne saurions trouver de meilleure préface à la présente *déclamation*, dans laquelle, selon l'expression de Salluste l'historien, les lecteurs trouveront suffisamment de babil, et peu de bon sens[1].

1. Loquentiæ satis, sapientiæ parum.

CHAPITRE Ier.

LA PROMENADE DU SCEPTIQUE.

J'avais conduit ma femme à Saint-Sulpice, à l'heure des vêpres (Dieu sait qu'elle n'y manque guère!), et par un très-long détour, car avec les dames honni soit qui vient avant l'heure! j'avais été chercher ma maîtresse, pour la conduire aux Tuileries. Elle aime à se promener, le dimanche, avec les petites gens qui la regardent, et la prennent pour une duchesse. Elle est fière et sotte; elle vieillit, et son humeur s'en ressent. Je l'ai connue assez belle et souriante; elle ne rit plus aujourd'hui que sous bénéfice d'inventaire. Enfin, pour tout dire, elle s'ennuie, elle m'ennuie, languissante à mon bras, et je ressemble à quelque forçat traînant sa chaîne et son boulet.

Que c'est bête, aussitôt que ce n'est plus charmant, l'amour, et comme un philosophe est honteux... quand il n'en est pas très-fier, d'étaler sa passion pour que chacun la regarde à son bel aise. — Oh! ma foi, me disais-je; autant vaut promener ma femme; au moins le public m'en sait gré, et les voisins, nous voyant passer, disent entre eux : « Compère, admirez M. Diderot qui se corrige... » et de rire, et ça ne me déplaît pas.

Pensez donc si je fus bien aise et content lorsque Mlle Volant, de sa voix aigre-douce (elle n'avait pas fait ses frais de grande toilette!) se mit à dire enfin, comme une Célimène du Marais : « Ramenez-moi chez nous! » Je la ramenai vite et vite, et m'en revins, triomphant, du côté de mon logis, léger comme un échappé du cours de M. Larcher. Je marchais d'un bon pas, le vrai pas d'un homme, d'un citoyen libre et sans reproches, allant à son bon plaisir, regardant toute chose, admirant naïvement, suivant d'un œil ébloui la fillette égarée, interrogeant le quai chargé de livres, jaugeant, d'un coup d'œil, les boutiques entr'ouvertes, marchandant l'estampe nouvelle...

Ah! que c'est beau, la rue! et que c'est grouillant le carrefour, quand on va seul! Que c'est joli, l'eau qui coule au loin de Paris, dans les plaines et dans les jardins de là-bas! Enfin, comme on redevient véritablement un philosophe hardi, et la tête haute, aussitôt que la tête obéit, sans façon, à toutes les émotions de votre cœur, à tous les étonnements de votre cerveau!

« Pardieu! me disais-je, il faut convenir que j'ai bien fait de planter là ces grands paniers, ces grands yeux de faïence et les prétentions de cette machine osseuse et dégingandée, qui se dandine accrochée à mon bras, pour que les écoliers, les soldats et les séminaristes se retournent en disant : — *Par Vénus!* — *Saprebleu!* ou — *Mon Dieu! la belle femme!* » En ce moment il s'en fallait de bien peu que je ne fisse un entrechat à la Camargo, tant j'étais léger, tant mes pensées étaient légères. J'étais semblable au centaure enfin délivré du petit dieu qui le monte et le tourmente et qui le mène, à son gré, par un cheveu!

Cependant je n'étais pas seul, par la raison que je porte incessamment, dans ma tête fumante, un drame, un conte, un roman, quelque chose à faire, à rêver, à contempler. C'est ainsi que j'ai porté dix ans *la Religieuse* en ses longs voiles mystiques! J'ai eu longtemps à ma droite, à ma gauche, alerte et charmant comme un autre Asmodée, un vrai démon nommé *Jacques le fataliste,* et des contes, des romans, des *Pensées philosophiques,* des drames, des comédies, des *Bijoux indiscrets,* des fantaisies... un Olympe en bloc! Hélas! maintenant, c'est l'Encyclopédie à porter, plus lourde que l'Etna, et je la sentais peser sur mes épaules, à mesure que, du quai des Théatins, je gravissais la voie escarpée et silencieuse qui me ramenait à ma tâche obscure de chaque jour, augmentée et surchargée des gronderies perpétuelles de mon foyer domestique.

« O malheureux Diderot! as-tu mal arrangé ta vie! As-tu volontairement gâté une foule de petits bonheurs que la nature, indulgente mère, avait enfouis dans ton âme, ouverte à toutes les impressions ! Regarde, infortuné, ce qui t'arrive ! A peine es-tu délivré du taffetas mordoré, des mules à hauts talons, des fanfreluches, de l'ambre et des rubans de Mlle Volant, tu vas retomber dans le *ridicule*, le parapluie et la tabatière de Mme Diderot, qui te fera subir la question ordinaire et le grognement de chaque jour :

— D'où venez-vous ? Qu'avez-vous fait ? Avez-vous déjeuné ? Chez qui ? Pourquoi si tard ? d'où vient si tôt ? Qu'allez-vous faire, à cette heure ? Où dînez-vous ? Où souperez-vous, ce soir ? Avez-vous corrigé ces épreuves ? M'avez-vous rapporté de l'argent ? Et ceci, et cela ; des parenthèses, des silences ; un dialogue, un ramage saugrenu ; un monologue et des soupirs étouffés... J'en étais presque à regretter Mlle Volant. »

Ces tristes pensées avaient singulièrement appesanti ma démarche; on n'est pas très-allant quand on cargue sa voile aux tempêtes conjugales; et puis l'âge arrive, on finit par trouver très-longs les mêmes sentiers parcourus si longtemps du pas léger de la jeunesse :

« Où vas-tu, jeune homme ?... où vas-tu, vieillard ? » Le premier a des ailes, l'autre un bâton : j'en étais au bâton.

Du quai des Théatins, vous savez qu'après une montée assez rude, on arrive à la fontaine, ornement de la rue Taranne ? O fontaine, moins poétique et moins claire que cette source aimable où le poëte Horace a puisé tant de douces chansons : *Blandusie,* aimée des poëtes, dont le flot murmure encore, après deux mille années, dans les élégies de Gentil-Bernard et du chevalier Bertin! Que de fois, jeune homme, à l'heure où les meilleurs bourgeois de la bonne ville, assis à leur table opulente, hument et dégustent leur bon vin, ai-je puisé dans ma fontaine la liqueur abondante et peu généreuse, qui m'aidait à dévorer mon pain sec! Voyez, la coupe hospitalière est encore attachée à la chaîne de fer!

Hier encore, je l'ai vidée, haut la main, et sans honte... avec la joie et l'orgueil d'un brave écrivain qui ne sait flatter, ni mentir, ni solliciter les pensions de l'archevêque, ni mendier chez le prince de Conti, ni tendre une main déshonorée à la maîtresse royale, ou présenter un placet clandestin au nouveau fermier général! — Non, non, ma fontaine innocente, on ne te sera pas infidèle, et je ne te changerais pas contre le vin de Bordeaux qui se distribue aux tables de M. le maréchal duc de Richelieu, pour tout le vin d'Aï qui se boit par des cuistres sans honneur et sans bonne humeur, chez les trois Louison!...

Donc, j'allais décidément rentrer chez moi, coûte que coûte, au hasard de dîner avec ma femme et ma chatte, en tête à tête, lorsqu'à ma porte, au milieu de la rue Taranne, au coin de la rue du Sépulcre, un rassemblement pacifique attira mon attention. Il n'y a pas de peuple au monde qui sache écouter, regarder, bayer aux corneilles et se tenir debout, sur ses deux jambes, aussi longtemps que le peuple de Paris. Chacun, dans cette foule, arrêté par le plaisir d'entendre ou de voir, prend une attitude appropriée à la circonstance, et volontiers je vous dirais, de loin, ce qui se passe au milieu du groupe, avant de savoir le premier mot du spectacle auquel il est attiré.

S'agit-il du chien savant, du cheval diseur d'aventures, de l'ours qui danse, ou de l'aboyeur qui chante une chanson du Pont-Neuf, le groupe a sa pose arrêtée à l'avance, et ces braves gens *vus de dos,* comme on dit chez les Vernet, expriment d'une infaillible façon la joie ou l'épouvante, l'ironie ou l'admiration.

Je sais à l'avance, et par intuition, si la chanson qui se chante est une menace, une satire, un blasphème, une prière; un drame où Geneviève de Brabant s'impose aux imaginations attendries, une comédie où le Juif errant raconte à ses amis attristés ses fatigues, ses ennuis, ses longs désespoirs. Un groupe est un homme; il se passionne, il s'agite, il reste en repos comme un seul homme : un seul geste, une seule émotion, une seule attitude; la pensée est la même, et l'artiste, à son gré, apaise ou soulève, en maître absolu, toutes ces consciences éparses.

Ainsi je compris tout de suite, à voir ces têtes penchées et ces pieds qui battaient la mesure, les hommes oubliant de regarder les femmes, les femmes oublieuses de se montrer, qu'une émotion très-grande avait envahi cette foule attentive, et tenue à distance par une volonté qui dominait toutes les volontés d'alentour... J'ai rencontré rarement tant d'attention, tant de silence unis à la même curiosité, et je me demandais quel était l'escamoteur, disons mieux, le magicien qui entassait autour de son génie une telle couronne, lorsque avançant de quelques pas, j'entendis, à mon tour, des accents pathétiques, des sons ineffables : passions, gaietés, douleurs, enchantements! Or l'enchanteur était un musicien, certes, un grand musicien, qui tenait suspendues à ses accords magiques ces âmes et ces oreilles également charmées.

Ce virtuose en plein vent, qu'il m'était impossible encore d'entrevoir, s'abandonnait, superbe, à la verve, à l'invention d'un grand artiste. Il avait commencé par jouer, pour la canaille des halles et des faubourgs, les plus vulgaires symphonies de la foire ou de la Courtille : oui, mais bientôt, dédaigneux de la foule, il jouait pour lui-même ; il jouait de la vieille musique, à laquelle il ajoutait toutes sortes de fantaisies de sa composition, entremêlant, dans un thème ivre et fou, les œuvres les plus différentes ; il fallait vraiment être un virtuose, un habitué de l'Opéra, voire des Bouffons d'Italie et de l'Opéra-Comique, pour reconnaître en cette inépuisable improvisation les emprunts que faisait ce merveilleux saltimbanque aux musiciens des temps passés, des temps présents. Il avait d'abord tâté son auditoire en lui jouant des préludes qui couraient la ville, et maintenant il finissait par les opéras qui avaient charmé Louis XIV, et dont les échos de Versailles avaient seuls gardé le souvenir.

C'était tour à tour l'*Amadis,* le *Roland,* le *Phaéton,* l'*Armide* et l'*Isis* de Lulli ; puis la *Galatée* et le *Polyxène,* avec un brin de *Te Deum!* et des branles et des mascarades, et des fêtes de Bacchus, entremêlées de *l'Europe galante* et de *la Servante maîtresse,* et tantôt le *Stabat* de Pergolèse, une autre fois le *Veni Creator*, ou le *Jubilate!* puis le *Cantique* pour Mme de Maintenon. Que vous dirais-je? un pot-pourri féroce et charmant du bon papa Duni et du fameux Baptiste, un polisson de génie. Il donnait, sur son violon frappé d'un archet plein de fièvre, une vie inconnue, un accent tout nouveau à ces fragments qui avaient été la danse et l'amour des Montespan, des Fontanges et des La Vallière. Et si vive était son action, si complétement il appartenait à ces motifs dont il disposait en véritable inventeur, que je me sentis attiré à ce grand artiste... à ce violoniste de carrefour... Thersite-Apollon!

« Certes (ce fut mon second mouvement), il faut que je le voie; il y a en tout ceci enthousiasme, inspiration, misère et mystère... » Alors, curieux de cet être énergique et turbulent, je me poussai dans cette foule et plus j'approchais de cette étrange virtuose, plus il me semblait que ces vieilles sarabandes, qu'il remplissait (dites-moi comment?) d'énergie et de colère, s'adressaient comme un défi à quelque ennemi qui se tenait caché derrière les rideaux épais d'une fenêtre à balcon. Cet archet rageur, qui pesait sur ces cordes, violentes tour à tour et délicates, ressemblait à une menace, à une vengeance. A deux pas du joueur de violon, il me fut permis, grâce à son délire, à son oubli de la terre, à ses yeux levés au ciel, de l'étudier tout à mon aise. Il tenait au pavé comme s'il eût été cloué là, de ses deux pieds, chaussés de souliers à talons rouges, à boucles... et qui faisaient eau de toutes parts. Des bas de soie (hélas! la maille en était rompue) s'enroulaient autour de cette jambe athlétique et rattachée énergiquement à une rotule dont le cheval de bronze eût été fier.

Tout ce grand corps, sans ventre, efflanqué, mais robuste et vigoureux, reposait sur cette base énergique. Le violon, tenu d'une main aux tendons de fer, s'appuyait sur une mâchoire armée d'une double rangée de dents qui aurait fait envie au requin lui-même. La main droite, ornée à son petit doigt d'un rubis de qualité médiocre, allait et venait rapide, intelligente, et le terrible instrument, tout rempli de rires, de sanglots, de blasphèmes, de prières..., tant d'amour, tant de douleur !... était de grande taille ; l'archet n'en finissait pas ! La tête agitait insolemment une perruque ébouriffée, où la poudre était jetée à pleines mains ; un chapeau galonné... vrai chapeau de capitaine à la tapageuse, abritait de son ombre ironique un front vaste et relevé d'épais sourcils noirs. L'œil, petit, grisâtre et bridé, brillait comme un feu sur la grève dans cette cavité profonde.

« Ah ! grand Dieu ! m'écriai-je enfin, est-ce possible, est-ce vrai ?... C'est lui ! c'est bien lui !... » Cependant je doutais encore.

« Eh quoi ! tomber si bas, dans la rue, au coin de la borne, en habit de marquis ! » Mon homme, en effet, portait un habit de velours pourpre, à boutons nacrés, doublé de soie et brodé d'or... vêtement superbe et fangeux, qui retombait royalement et misérablement sur une culotte de nankin, attachée aux genoux par des ficelles. Les manchettes étaient en dentelles de plusieurs paroisses, trouées, tachées de graisse et pantelantes. Quel luxe et quelle misère! Hélas! quelle honte et quelle pitié!... Le plus vif sourire et toute intelligence illuminaient ce visage abominable et beau pourtant, sur lequel les passions et les vices, toutes les grandeurs et toutes les misères, les inspirations les plus nobles, les instincts les plus abjects avaient laissé la trace ignoble de leurs dévastations.

Il était évident qu'à cette heure, en ce moment de relâche, il avait oublié qu'il était un comédien de parade et de tréteau. Sa musique était devenue une espèce d'âme à son usage et parfaitement dédaigneuse de ces grandes oreilles ouvertes au rigodon vulgaire. Il se racontait, pour lui-même, à lui seul, dans l'accent vrai, dans la véritable expression qui se trouvent sans qu'on les cherche, une suite de très-beaux airs qui traversaient son cerveau plein d'oubli et de souvenir : l'oubli de la misère présente, le souvenir des belles choses d'autrefois ! Il disait, comme un ancien en parlant de ses amours : « Me voilà devenu dieu ! »

A la fin, cette extase était arrivée à son degré suprême, et, visiblement, ce misérable dieu d'un instant retombait dans ses fanges. Sa divinité passagère s'était arrêtée à cette fenêtre où je ne sais quelle irritation le retenait. Mais ses défis ni ses colères, son appel au chef-d'œuvre, et tout ce grand talent d'ironie et d'insulte qu'il déployait sur ces cordes irritées, ne vinrent à bout de cette fenêtre, obstinément fermée... Elle était sourde, elle était muette, elle rendait à cet homme outrage, horreur, mépris... Il finit par le comprendre, et soudain, je pus voir (car moi seul je le regardais) le feu de ses yeux s'éteindre, et ses doigts crispés se détendre, et bientôt son regard malheureux revenir à cette foule idiote, à cette foule ingrate, et pauvre aussi, qui l'acceptait comme un jouet, non pas comme un misérable implorant quelque aumône... A peine si quelques gros sous étaient tombés çà et là, autour de son escarcelle inutile!

Du bout de son archet baissé vers la terre, il calculait la somme, et jamais addition ne fut plus lamentable! O misère! Et quel triste problème il accomplissait en ce moment sur le pavé du Roi! Hélas! quelle pitié profonde il m'inspirait, ce pauvre homme et ce magnifique artiste! Il avait renoncé (tant son calcul était sérieux!) à toute sa gouaille! Une attitude humiliée avait remplacé sa tenue hautaine... Il avait faim!

Son estomac criait plus haut que son orgueil. Absolument, il avait le projet d'échapper, tout ce soir, au vent de bise, à la solitude, à la misère, au ruisseau, à la foule! Ah! que n'eût-il pas fait, en ce moment, pour un louis d'or! Quels serments n'eût-il pas prêtés aux plus injustes puissances! quel fermier général n'eût-il pas adoré à deux genoux! devant quelle drôlesse heureuse et triomphante eût-il refusé d'humilier ce crâne où fermentaient les inspirations les plus charmantes! Triste condition que la nôtre! à quelles bassesses est condamné l'homme à jeun et sans honneur! Donc le voilà poussé par cette ambition famélique, et chantant de nouvelles prières à ce peuple oisif qui le regarde! — Il était comme un immense instrument, tout rempli des accents les plus divers : tantôt pathétique et tendre, et tantôt plein de majesté, de grandeur; il était semblable à ce musicien de l'antiquité qui faisait subir à son auditoire obéissant sa joie et sa fureur, sa crainte et son espoir, sa haine et ses amours...

Rien n'y faisait! Tout d'un coup, sans crier : gare! il redevint un chanteur de gaudrioles! Il touchait au sublime... il tombe en plein dans la charge! Il était un grand artiste, il n'est plus qu'un bouffon bouffonnant les *courantes* de la foire Saint-Germain, et les *ponts-neufs* de Moulinet. C'étaient des risées sur toute la gamme anacréontique des *lonlanlaire* et *lonlanderirette*, et *Ma raison s'en va grand train!* Et si gaies et si décolletées étaient ces effronteries de la musique en plein vent, que plusieurs patards tombèrent aux pieds du bouffon! Il les guignait de l'œil! Il les comptait en redoublant ses trilles assassines! La quête un peu marchait, mais si peu...! Il lui fallait encore une trentaine de sous pour qu'il eût un petit écu! Un petit écu, c'était son compte; il ne pouvait pas vivre à moins, ce jour-là : tant pour le pain, tant pour la fricassée et tant pour la bouteille!

Un petit écu! Il sera plus riche que Bourette, et plus heureux que le roi de France, en ce moment caché dans les tièdes entre-sols du palais de Versailles, sous le giron soyeux de sa nouvelle maîtresse. Donc il se mit à redoubler de fantaisies et d'invention! Il était comédien autant que musicien, pour le moins. Il en eût remontré à Préville, à Dugazon, à Molé, à Dazincourt, à toute la clique de la comédie! Il avait le masque, il avait le geste, il avait la marche... il avait tout, avec un redoublement d'insolence et de vanité! Comédien-musicien! quoi encore? Il savait chanter! Il chantait à désespérer M. Gros et Mlle Fel : la grâce... et la voix de Stentor.

Je connaissais cette voix formidable ; il suffisait de l'avoir entendue une seule fois pour retenir, dans son oreille déchirée, cette note à l'accent vibrant comme *Emmanuel,* le bourdon de Notre-Dame, un jour de *tocsin*. Il parlait à son peuple, à la façon de Démosthène enfant aux flots irrités de la mer. Son geste était superbe et tendre à la fois, son geste était semblable à celui du mendiant qui demandait l'aumône à la statue ! en cherchant les poses les plus pitoyables, afin d'attendrir ce cœur de bronze.

Et pensez donc quelle était cette voix de la plaine et du mont, quand elle se mettait à chanter !

C'était alors une violence, une force, une pitié, un éclat, mille échos, et les tempêtes les plus furieuses dans ce gosier, puissant comme un orgue où souffleraient les quatre vents du ciel ! Et cantique ou chanson, chant de guerre ou chant d'amour, menace ou plainte, il était vraiment irrésistible. Il allait, il venait, commençant tout sans rien achever, choisissant son monde et son auditoire. Il les connaissait par leur nom, par leur métier, par leurs petites intrigues. Il avait un couplet pour le *galant tailleur :*

> Maniant les ciseaux
> Du dieu de Paphos.

Et le tailleur ne lui refusait pas son obole ! — Il avait sa chanson toute prête à dire au bourgeois de Paris. En vain le bourgeois sage et prudent passe à distance, en se tirant hors de sa portée : il le découvre et le salue : « O bourgeois !

> Le bourgeois volage
> Va faire l'amour
> Dans son voisinage...

— Drôle insolent ! disait le bourgeois... Du même pas, le bonhomme allait dîner, sans se douter qu'il avait sous les yeux un personnage aussi curieux que Voltaire et mille fois plus intéressant que d'Alembert ! — Monsieur ! Monsieur ! criait le Stentor, rentrez vite, on vous attend ! Madame votre épouse et messieurs ses petits ont déjà l'écuelle aux dents : la soupe est sur la table et fume ! Or çà, le vin est tiré, il faut le boire ! — Monsieur ! Monsieur ! je vois pointer dans votre poche, à gauche, un numéro du *Mercure*... Ah ! monsieur, soyez heureux ; un mois avant les autres mortels, je vous dirai pour rien les mots des énigmes et des logogriphes du dernier *Mercure*, à savoir : *cheminée, apostrophe, tapisserie, gâteau, camion* et *pantoufle*, où l'on trouve, en cherchant bien : pâtisserie, Iris, Issé, Atis, (le) Tasse, tasse, astre, âtre, Astrée, Apis, Satyre, Perse, Istrie, Pise, Paris, Pâris, Pie, pie, air, ariette, rapt, rat, Pirate, Serpe, étape, père, pater, Pair, Sire, pite, ris, riz, tapis, presse, paresse, parti, piste, trappe, ut, guet, eau, Tage, âge, auge, Aga, Mai, Ino, Io, amo, nom, an, Caen, ami, main, coin...; » et de son *logogriphe,* et de son *énigme,* il poursuivait le Sganarelle jusqu'au seuil de sa maison.

Tant il obéissait, ce prime-sautier, à son caprice ! Il venait de mettre en fuite un gros bonnet de la rue Saint-Denis, qui peut-être eût fini par lui donner quelque aumône. Il n'amusait que les pauvres diables : il ne plaisait qu'aux meurt-de-faim, il n'apitoyait que les indigents !

Entre autres pitiés passagères, mais charmantes, il rencontra (je l'ai vue) une enfant de quinze ans, bouquetière de son état, qui portait sur son éventaire une douzaine de bouquets. L'enfant s'était arrêtée à ces chansons ; elle se tenait là gentiment, sur sa base élégante, la hanche en avant, le sourire à la lèvre, et ses beaux yeux pleins d'un feu mouillé. A l'aspect de cet abandonné, la petite bouquetière eut l'idée heureuse d'offrir à son chanteur un bouquet de violettes : un gros bouquet !

Elle l'avait fait, le matin même, en se disant qu'elle le vendrait un bon prix aux divers promeneurs des Tuileries, sur la terrasse des Capucines ; au Palais-Royal, dans la grande allée des Marronniers ; que diable ! elle espérait trouver en son chemin tout au moins un beau couple d'amoureux. Mais les temps étaient mauvais ; les amoureux étaient rares, et Glycère avait en vain cherché un acheteur des plus belles fleurs de sa corbeille. — Ainsi, elle offrit ses rares violettes au chanteur ; celui-ci, avec le plus beau geste, plaça le bouquet à sa boutonnière, et prenant par la main la grisette (elle en avait un pied de beau rouge à la joue!), il lui chanta d'une voix si douce (tel le beau Léandre à Rose Véronèse !) un joli couplet du poëte Autereau :

>Par ce beau premier jour de mai,
>Sur la verdure, allons gai !
>Laissez-moi cueillir un bouquet,
>Ma tourelourette,
>Par amourette ;
>Laissez-moi cueillir un bouquet
>Dans votre jardinet.

Elle sourit ! elle rougit ! elle était bien aise, et cependant elle cherchait à se cacher. La jeunesse ! elle a l'instinct des vrais talents. Elle les devine ! et même dans le fumier elle trouverait des perles. Le chanteur la salua jusqu'à terre, avec ce bon conseil :

>La bergère un peu coquette
>Rend le berger plus constant.

Passe, en même temps, un jeune homme ; il allait vite, et notre saltimbanque lui récita ce joli vers de *Britannicus* :

>Il allait voir Junie et revenait content.

A deux amoureux qui se tenaient l'un près de l'autre,

il chanta, de sa double voix, le duo d'Annette et du Bailli :

> Le Bailli. Il vous dit qu'il vous aime?
> Annette. Oui, monsieur le Bailli!
> Le Bailli. Vous lui dites de même?
> Annette. Oui, monsieur le Bailli!

Une pièce de six liards toute neuve et le plus charmant sourire de la demoiselle récompensèrent cette cantilène amoureuse. A côté de ces deux bien venus, la Marinette, œil éveillé, nez retroussé, lèvres riantes, habillée d'une grisette, en belles coiffes, en mantelet, assez semblable à la jeune Argentine quand elle se rend chez son ami Scapin, levait l'épaule, et paraissait jalouse de ces élégances qui ne s'adressaient pas à sa beauté. Bientôt la coquette eut son tour, et ce brigand, qui se connaissait en soubrettes comme en chansons, improvisa une déclaration qui n'avait qu'un tort, c'était d'être faite en public :

> Vous avez, ma reine,
> Un air enchanté;
> De la Grecque Hélène,
> Toute la beauté.
> A vos yeux d'ébène
> Déjà mon cœur s'est rendu...
> Lanturelu, lanturelu, lanturelu.

On eût dit que la belle avait prévu la demande, et qu'elle avait préparé la réponse! Elle était de ces éveillées que l'on ne prend pas sans verd ! Donc, très-sérieuse, et sans rien dire, elle plongea sa belle main dans sa poche, en se baissant un peu, et elle jeta, précieusement enveloppée de papier à papillotes, une pièce de monnaie... On eût dit, à vol d'oiseau, d'un écu de six livres ! La fille, avait, à ce moment, le geste et la générosité d'une reine...; un gros écu de six livres !

A cette fortune inespérée, l'artiste en plein vent resta frappé de stupeur. Il vit, d'un coup d'œil, ce qu'il pouvait avoir, ce soir même, en échange de tant d'argent ! En ce moment son rêve était dépassé de moitié ! Aux bombances du petit écu, il ajoutait des miracles ! « Si j'invitais, se disait-il, pour dîner avec moi, la princesse de Robecq, Mlle Arnould et la Deschamp, que diraient M. de Choiseul, M. Lauraguais et notre seigneur le public? Si j'envoyais chercher La Harpe et Saurin, pour me divertir de leurs bons mots? Si j'allais au café Procope, offrir à Piron, mon ami, sa part d'un pâté de lièvre? » Il se demandait en même temps, roulant dans son doigt cette aumône opulente, pourquoi donc cette grisette généreuse ne serait pas quelque princesse déguisée? Il vous possédait un de ces vastes cerveaux dans lesquels gravitent les idées les plus contradictoires. Il était lui-même... il était tout le monde ! A voir sa stupeur, on eût dit qu'il revenait d'une tragédie et que son âme était encore obéissante aux impressions qu'il en avait reçues...

— Eh ! l'imprudent, nanti de cette fortune, il manqua de patience ! Il voulut savoir, tout de suite, à quel point il pouvait satisfaire, en vrai sybarite, une faim de quinze jours?... Il ouvrit lamentablement, aux yeux effarés des curieux, le papier qui recélait son trésor... Juste ciel! comme il fut puni de sa curiosité!

Il y avait dans ce papier de la Marinette, une boucle en acier, un fragment sans valeur, un vrai mensonge, un vrai mépris! Jugez de sa honte et de sa douleur!... jugez des rires d'alentour! C'en était fait; voilà, au milieu des risées, toute sa journée en fumée, et son dîner qui s'envole! Ah! ce fut un vrai drame entremêlé d'un grand rire : mais l'assistance, aussitôt qu'elle eut ri, voyant la douleur de ce malheureux, resta suspendue entre l'ironie et la pitié!

Lui, cependant, ne voulait de la pitié de personne; c'était bien assez qu'il se fît pitié à lui-même, et il se mit à chanter sa défaite en serrant dans sa poche son fameux écu de six livres :

> Pour nous conduire sûrement
> Prenons tous deux un air normand,
> Lonlanladerirette
> On en sera la dupe ici,
> Lonlanderiri.

Ce fut alors que, vaincu par cet assemblage inouï de bassesse et d'orgueil, de génie et de misère, de courage et d'abjection, de toutes les qualités les plus contraires dans l'âme et dans le cœur d'un animal de cette espèce, je sortis de la foule, et marchant droit à ce grand saltimbanque, et le regardant comme on regarde un taureau dans l'arène, un fou dans sa cage, ou Mlle Clairon dans sa coulisse, — j'attendis l'effet de cette rencontre, en un lieu pareil.

CHAPITRE II.

LE BERCEAU DE L'ENCYCLOPÉDIE.

'effet, certes, fut plus grand que je ne saurais le dire, et ma présence obtint un de ces rares succès, tels que l'on n'en voit guère au théâtre! A mon seul aspect le pauvre homme était écrasé sous le doute et l'admiration. Il me regarde, et n'en croit pas ses yeux! Il recule, il se rapproche, il hésite, il ne doute plus! Et lorsqu'enfin (ô le comédien!) il a ramené sur lui..., sur moi, l'attention publique, et quand il comprend que ce grand mystère a droit d'éclater, il se décide, et le voilà qui se jette à mon cou... Il n'eût pas mieux fait s'il eût été don Juan et que j'eusse été M. Dimanche.

En même temps il crie, il ameute, il déclame : « O mon ami! est-ce vous?... est-ce toi? Te voilà donc rendu à mes embrassements, ô régénérateur de tout un peuple! ô géant qui portes dans ton crâne (un volcan!) les libertés de l'avenir! (Ici il élevait la voix.) Diderot! mon camarade et mon Mentor! C'est donc toi! Oui, mes amis, je vous présente ici, Messieurs, Denis Diderot, de Langres, fils d'un coutelier! » En même temps il m'embrassait à m'étouffer.

Bref, j'étais devenu son compère ; et notez que ceci se passait dans ma rue, à ma porte, sur le chemin de Mme Diderot!

J'eus grande peine à me délivrer de cette étreinte. — Ami, me disait-il, permets-moi de te saluer de ce vers sublime de *l'Épicharis,* du marquis de Ximenès :

Les cœurs des malheureux n'en sont que plus sensibles!

En même temps, il faisait, du bout de son archet, un petit tas des gros sous qu'il avait récoltés, et les poussant du côté d'un pauvre estropié, qui mendiait son pain :

« Tiens, lui dit-il, mon camarade ; tout cet argent, je te le donne ; il est à toi! Je n'ai plus besoin de rien ; je suis content, je suis heureux. »

Cependant il prit dans la main du pauvre, ébloui de sa fortune, deux gros sols qu'il enveloppa délicatement dans le papier même de la grisette à la boucle d'acier ; puis, d'une main formidable, il lança ce projectile à travers les carreaux de l'auditeur mystérieux auquel il avait adressé la plupart de ses chansons. On entendit le bruit du verre en débris, mais rien ne bougea derrière la fenêtre à demi brisée, et le chanteur prit congé de l'auditoire avec ce joli couplet :

Il a la bouche de travers,
Et sait tous les airs
De nos opéras,
O gué, lanla, etc.

Sur quoi, la foule se sépara, regrettant que la séance eût fini si vite. Il aime à la passion les spectacles, et surtout les spectacles gratis, ce bon peuple de Paris, l'enfant gâté du hasard. Quelques-uns, dans la foule, en s'éloignant, me désignaient comme un oiseau rare :

« Hum! disaient-ils, c'est pourtant vrai, voilà le fameux Diderot, le philosophe Diderot! Un esprit fort, mon compère! un athée, un encylopédiste, un faiseur de romans, un coureur d'aventures, un de ces brigands qui seront brûlés dans ce monde... et dans l'autre! Ils n'ont pas pour deux sous de vergogne ou de pudeur, ces philosophes; en voici un qui est à pot et à rôt avec cette canaille! Ils se tutoient, ils s'embrassent! ils se racontent secrètement leurs petites victoires! Tous débauchés! tous coureurs de filles! tous mouchards... » Telle était l'attention dont je fus honoré, dans mon propre quartier, pour avoir abordé... LE NEVEU DE RAMEAU!

Car c'était lui, c'était bien lui, pire encore, ou plus parfait, que je ne l'avais laissé avant mon départ pour la Russie. Il n'avait rien perdu, non, rien, de sa majesté de la borne et de sa gloire du ruisseau. C'était le même héros du diaphragme et de la sensibilité nerveuse, avec les frissons, les pitiés, les larmes, les extases, les vapeurs d'autrefois. Certes, je ne le cherchais pas, je ne l'esquivais pas ; mais le jour dont je parle, il y avait là-haut tant de pluie, il y avait ici-bas tant de nuages, eh ! je me trouvais si penaud, si désolé, si terre-à-terre, et si pareil à quelque enfant déposé sur les marches de Saint-Jean-le-Rond, que, ma foi ! j'acceptai franchement cette rencontre heureuse et criante avec ce coquin plein de paradoxe et d'éloquence, hardi plus que le baron d'Holbach, poussant à l'amour presque autant que Mlle de Lespinasse, hâbleur comme on ne l'est guère que chez Mme Geoffrin ; un coquin solide autant que le cardinal de Tencin, vicieux, que dis-je !... et complaisant comme le premier valet de chambre du roi notre sire ; un drôle à tout faire, hormis une fausse note ; à tout emprunter, moins la voix de Mlle Fel ; un bélître éhonté qui, de toutes les lois divines et humaines, ne reconnaît que les lois de la gamme et de la grammaire ; un bandit qui en remontrerait, pour la coquinerie et la crapule, à Morande, et pour la musique à son oncle, le grand Rameau ; sec comme un manche de basse de viole, servile à la façon de la maréchale de Mirepoix, et, sans comparaison avec pas un de ses camarades, le meilleur juge en toutes les choses de l'esprit.

Qui donc, je vous prie, en ce moment, me convenait davantage à rencontrer ? Qui m'éloignait davantage aussi des jupons de Mlle Volant, du trousseau de clefs de Mme Diderot ?... Je l'eus compris bien vite, et lui, bien vite, il eut compris qu'il était nécessaire à ma joie, à mon répit, à mon repos! Son nom véritable était : *pénétration! intelligence!* Il devinait toute chose, et, comprenant que j'étais si bien disposé par cette rencontre inattendue, il me prit familièrement par la main, et de sa voix de tous les jours :

« Si vous et moi, me dit-il (qu'en dites-vous?), nous cherchions :

> ....Quelque endroit écarté
> Où d'être homme d'honneur on ait la liberté?

« J'ai faim, et vous? Je suis las de me montrer à la foule ; il me déplaît de l'amuser, et vous? Nous allons s'il vous plaît dîner, bien dîner, et nous plonger, en bien causant des belles choses, dans tous les prestiges de la vie : un logis tiède, un bon repas, de bon vin, avec les symphonies savoureuses du cabaret plein de bombance. Assez de chansons, de violon, de pantalonnade! Il me faut le chœur des assiettes, le duo de la fourchette et des cuillers, la chanson des bouteilles, le frissonnement de la poêle à frire, et le bruit du bouchon qui vole, et la suave odeur des vins envieillis dans les caves délicates.

« Et si, à toutes ces fêtes, on peut réunir le froufrou du taffetas mordoré, le craquement du soulier neuf, le rire argentin du cabinet particulier, la chanson provocante de quelque voix invisible et juste; ah! pardieu, j'oublierai bien vite ma longue station dans la rue Taranne!... Est-ce fait? Est-ce dit?... allons-nous? Mais d'abord, une question, s'il vous

plaît : Seriez-vous, par hasard, en argent comptant?
Êtes-vous riche? Allons dîner où je vous mène! ou
bien, si la fortune infidèle, à vous, Diderot le sage et
le prudent, comme à moi, Rameau le fou et le grand
animal, vous a tourné ce dos bête et plat que l'on
prendrait pour les omoplates de Mlle Cléophile, oui,
si votre bourreau, votre tyran, votre éditeur, le petit
blanc dont vous êtes le nègre, M. Le Breton, Le
Breton, le libraire, la clef de la voûte encyclopédique,
a fait dire à votre cuisinière : *Allez au diable!* ou, ce
qui revient au même : *Revenez demain!* si vous avez
travaillé, ce matin, pour le roi de Prusse, à savoir,
pour M. le baron de Grimm, qui vous gruge : esprit,
argent, amoureuse, ami, renommée et tout ce que
peut perdre une dupe telle que vous... aïe! aïe! ami
Diderot! nous ferons maigre chère. Au contraire,
auriez-vous ajouté un chapitre aux *Bijoux indiscrets,*
un chapitre à *la Religieuse,* ou composé quelque sermon pour votre ami Gonfaro, le théatin? Tope là,
messire! et laissez-vous conduire!... On y va. »

C'est ainsi qu'il parlait, marchant toujours, l'archet
sous son violon, son violon sous le bras, le mouchoir
hors de sa poche, et ce dos vigoureux faisant craquer
les entournures flétries de son habit éraillé. Comme
tous les poëtes et tous les écrivains de la boutique et
de la forge littéraire, comme tous les cuistres faiseurs
de pamphlets, ou colporteurs de loterie et de projets
pour le bonheur du peuple, comme tous les comédiens
qui débutent, les coquines sans emploi, les plaideuses
de profession, les coquettes sur leur retour, les cour-

tisans disgraciés, les solliciteurs que la province envoie à Paris, grands batteurs de pavé, amis de la poussière, ennemis de la boue, obligés de sauver la blancheur de leurs bas et le vernis de leurs souliers, mon homme excellait à marcher d'un pas leste et vif, sur la pointe du pied, sans une tache. Ils se connaissaient, lui et la boue ; elle lui était facile et bonne mère : elle en avait pitié, elle le ménageait.

Donc il allait; je le suivais, entraîné par une force. Ah! mon portier! mes voisins! la fruitière et Mme Diderot, qui peut, à chaque instant, déboucher par la rue du Sépulcre, un psautier sous le bras, une vieille capote à sa tête, une gouttelette d'eau bénite à son front! Telle était ma peine. Alors Rameau le superbe, et qui ne rougit de rien, prit pitié de ma rougeur :

« Pauvre petit! me dit-il. Je vous pèse en ce moment dans ma balance, et je vois bien que vous avez honte de votre ami Rameau... Séparons-nous! Voici mon premier enjeu : je ne te connais plus, tu ne me connais plus... Suis-moi de loin, comme un écolier suivrait, à pas comptés, la petite La Chassaigne. Il se dit que la dame ignore sa *démarche;* il va, regardant de côté et d'autre et le nez en l'air, mais toujours dans le vent du même jupon!... » A ces mots, il se prit à raser la muraille, en homme attendu quelque part. — Il n'était pas pour rien vagabond, bohémien, mendiant. Il savait, de sa bonne ville, les tours, les détours, les allées, les venues, les contre-allées, les carrefours, les culs-de-sac (autrement dit les *impasses*), les tavernes, les cavernes, les goguettes, les bouchons, les guinguettes, les académies chantantes. Du labyrinthe *intra muros* il tenait tous les fils; hors des murs, par les plus courts chemins, par les plus longs sentiers, les yeux fermés, il vous eût conduit, pour peu qu'il eût soif ou qu'il eût faim, des Porcherons à la Courtille, du Gros-Caillou à la Rapée et de la Rapée au moulin de Javelle. Il suivait la trace, il suivait la piste, il entendait dans les airs réjouis les moindres chansons de la vingtième année.

Il flairait, comme un limier de chasse, une Isabelle endimanchée, un brin de muguet, un couplet de Piron, une recette du *Pâtissier françois*, imprimé chez Jean et Daniel Elzévier. Il devinait la face et le profil; il portait dans un coin de son cerveau l'almanach des fêtes galantes de cette galante nation.

Il savait, d'instinct, en quel jour du mois de février passent les masques avinés à travers le faubourg Saint-Antoine; les masques au parler libre et défiant la Bastille, et montrant le poing à ces vieilles tours, mornes, silencieuses et masquées! Il savait qu'aux premiers jours du mois de mars il était attendu, à midi, aux ténèbres de Longchamps, dans la petite église où psalmodiaient les vierges voilées, et qu'au sortir de ces ténèbres doucement éclairées il était de bon ton de se montrer au bois de Boulogne, en grand équipage, au milieu d'un concours énorme de filous et de grands seigneurs, d'aventurières et de marquises. Demandez-lui quels jours sont exposées les tapisseries des Gobelins et de la galerie du Louvre? Il vous dira : le jour de la Fête-Dieu!

Et le voilà qui raconte à qui veut l'entendre : *Esther, Assuérus, Alexandre* et *Darius,* et les Tentations de Watteau, les Amours de Lancret dans un paysage enchanté. — Pour un empire, il n'eût pas manqué les spectacles de la foire Saint-Laurent au mois de juillet; à la Saint-Louis, il faisait sa partie au concert public du jardin des Tuileries, criant : *Vive le roi!* Au mois de septembre, il faisait danser à Bezons, à Saint-Cloud ; et jamais, en novembre, il n'oubliait de mener le branle au cimetière de Clamart. Le mois suivant se terminait par sa grande revue au Palais-Marchand, où le jour de l'an étalait, victorieux, ses bombances, ses bijoux, ses fantaisies, ses petits moutons, ses petits bergers. Ah ! c'était un drôle de corps !

Bien qu'il allât vite, et que parfois il disparût tout à fait, je n'avais pas grand'peine à le suivre ; il est vrai que de mon côté je ne suis pas novice en ces carrefours, et puis je savais, sans qu'il me l'eût dit, en quel endroit son dessein était de me conduire. Il aimait l'aventure ; il cherchait l'accident ; il était populaire à mille titres que je ne saurais dire : il était connu des soldats, des commis, des marchands, des enfants, des bonnes d'enfants.

Celles-ci disaient, avec un beau salut : « Bonjour, monsieur le marquis ! » Les portiers : « Bonjour, Rameau ! » Les portefaix (*Au bon coing*) l'invitaient à boire avec eux, pendant que, trottant menu, Florise ou Marton, sans tourner la tête : « On ne vous voit plus, camarade ! » Il était donc bien aise et satisfait, content de lui, content des autres, et ramassant volontiers toutes les émotions, pour son propre compte ; lui aussi il avait fait son traité *des Sensations*, et il expliquait, par la diversité des organes, comment tous les hommes n'obéissent pas aux mêmes lois du sentiment commun, et pourquoi les goûts, les aptitudes, les passions, l'orgueil et les préjugés étaient si variés et si différents les uns des autres.

« C'est ainsi, disait-il à ses adeptes (il en avait, et beaucoup), que certains yeux tendres et délicats préfèrent le violet à l'orangé, parce que (c'est une expérience de Newton) le violet est une couleur attachée à des rayons plus faibles ; l'orangé, à son tour, obtiendra la préférence, au jugement de ceux dont les fibres de l'œil sont plus fermes et plus solides. Comme aussi des sons rudes pour un peuple délicat paraîtront suaves à des peuples grossiers. — Oui ! disait-il, et j'ai lu dans Pétrarque l'histoire d'un grand seigneur, homme de goût pour tout le reste, qui était beaucoup moins charmé du chant des rossignols que d'un concert de grenouilles.

« Cet homme aimait le chant des grenouilles, comme l'abbé de Voisenon est ravi des chansons de Mme Favart ! Mais qu'y faire ? Il y a des oreilles bouchées comme il y a des esprits bouchés. Il y a des Voisenon qui applaudiraient un duo chanté par Saint-Lambert et Mme d'Houdetot, comme il y a des Rameau qui jetteraient leur grand-père et même leur chien par la fenêtre pour avoir crié faux ! »

Ainsi, sur toute chose, il vous avait des raisonnements à perte de vue, amusants et forts comme un opéra de Cahusac. Il brouillait avec tant d'énergie et d'habileté le vrai, le faux, le paradoxe ; il était, dans son discours, si rusé, si curieux, si peu semblable à lui-même et d'une extravagance amusante à ce point, qu'en ce moment encore, à l'heure où j'écris, ma caducité un pied sur la tombe, et l'autre pied dans le gouffre..., il passerait sous ma fenêtre en criant :« Holà ! Diderot ! » soudain je quitterais ma page commencée, et m'en irais, encore une fois, sans que rien m'arrête, à la suite de ce cynique déguenillé.

C'est que, vraiment, il était un génie ! Il m'arrêtait et me poussait à son gré ; il me charmait, il me fascinait ! Il était la colonne ardente et ténébreuse emportant le peuple hébreu dans le désert ! Au bout d'une heure (on était entre chien et loup, et déjà plus d'un clin d'œil était échangé au coin des rues), mon homme enfin s'arrêta en certain passage étroit et sombre, et qui semblait assez mal hanté. Mais quoi ! la nuit tombait, l'endroit était désert, j'étais excité par tous ces retards ; enfin, sitôt qu'on n'y voit plus, je me comporte en vrai chevalier sans reproche et sans peur. Je n'ai peur de rien, dans l'ombre, et pas même des épigrammes de Jean-Baptiste Rousseau, des chansons de La Harpe ou des épigrammes de Fréron.

A la fin donc, nous nous arrêtâmes au bas d'un escalier... que je ne reconnaissais pas !

« Halte-là ! dit. Rameau. Rassurez-vous, rassurez, monsieur Diderot, votre innocence ! On dirait, à vous voir, rasant la muraille et votre nez dans votre main, d'une immaculée entrant de nuit chez le cardinal de Tencin ou chez l'abbé Cérutti...; vous êtes ici chez vous, monsieur, dans le vrai bureau de la philosophie et de la poésie ! Ici les discours épicés et les sauces les plus savoureuses ont bouleversé l'ancien monde ! Ici le poivre et le paradoxe, l'athéisme et le piment, la gourmandise et la négation ont accompli leurs plus rares et leurs plus succulents chefs-d'œuvre ; ici quatre ou cinq va-nu-pieds, pleins de doute et d'éloquence, affamés dans le fond, turbulents dans la forme, pensées ténébreuses éclairées de toutes les clartés du style ; une douzaine de grimauds sans feu ni lieu, sans croyance et sans titre, avec beaucoup d'esprit et non moins d'audace, ont fondé, couvé, fomenté, enfanté les plus rudes jouteurs des deux sexes que l'ironie ait mis au monde, à savoir : Fontenelle et d'Alembert, Voltaire et Diderot, Mlle de Lespinasse et Mme Geoffrin, Jean-Jacques Rousseau et Thérèse Levasseur, sans compter les tard-venus : Galiani, Saint-Lambert, Thomas, Raynal, Damilaville, Chastellux.

« Il n'est pas, en ce lieu de la déclamation et de la bombance, un verre à boire, une bouteille, une soupière, un plat d'étain qui ne redise les arguties, les arguments, les gros mots, les périphrases et les doubles sens de la secte naissante ! Ils vous diront par quels délires, quelles persécutions, quels arrêts de la Tournelle, quels bûchers, quelles rasades et quelles orgies, la philosophie a grandi dans ces murs, où elle s'enivrait de vin, d'espérance et d'orgueil. Ceci est la caverne et le temple, la cuisine et le sénat, la cour et la basse-cour, la tabagie et le château-fort, le Louvre et le tripot de la philosophie.

« Eh quoi ! Diderot, toi, le dernier resté sur la brèche après une bataille de vingt années, te voilà aussi inquiet et malheureux que Marmontel à la porte du maréchal de Saxe, et tu ne reconnais pas ce perron caché dans l'ombre, cet escalier dérobé, cette porte (*il frappe à la porte à coups redoublés*), cette porte ouverte aux vieux adeptes ?... »

Je ne sais pas où se fût arrêtée sa déclamation si la porte, ouverte enfin, ne nous eût livré passage... Alors seulement je reconnus que nous étions dans les petits salons de *la Grand'Pinte*, une fameuse hôtellerie, où nous étions venus bien souvent, dans nos beaux jours, pour causer de la naissante Encyclopédie. Ici même, d'Alembert avait tracé sur une table, de son doigt trempé dans le vin, un grand cercle, une espèce de serpent qui se mord la queue : — Amis, disait-il, voici notre ouvrage !...

Il y avait bien longtemps que je n'avais revu *la Grand'Pinte !*... Elle avait oublié l'Encyclopédie... elle était restée en toute sa joie. Aujourd'hui, comme autrefois, se faisait entendre au foyer savoureux le tic-tac du tournebroche, et la gourmandise à plein ventre et la soif à plein verre avaient maintenu leurs tabernacles sous les mêmes voûtes où, depuis tantôt plus d'un siècle, les beaux esprits de profession étaient venus chercher l'oubli, le repos, le rêve.

Et, chose étrange ! il advint que Rameau, qui avait dans tous les cabarets tant de comptes en souffrance, entre céans, la tête haute et le jarret tendu. L'hôte en personne accourut pour le recevoir, le couteau au côté, le bonnet à la main. Bon, cela! J'appartenais donc, en ce moment, à Rameau honoré et salué, à Rameau le bienvenu, à Rameau qui commande et se voit obéi !

« Nous venons, dit-il à l'hôte empressé, Diderot et moi, pour bien dîner. Nous voulons peu de vin, mais de bon vin de Bourgogne, de ma patrie de Bourgogne, heureuse en vins, féconde en grands hommes ! Bossuet, Buffon, Crébillon, *Electre* et le *Sopha,* le manteau de pourpre et le *laisse-tout-faire !* Ainsi, mon fils, voici la carte : Vin de Bourgogne ! andouillettes de Troyes et poularde du Périgord ; hors-d'œuvre, matelote et petits pieds... » Il parlait encore, et déjà la table était dressée et couverte. Alors seulement Rameau déposa son violon, qu'il portait précieusement sous son bras gauche, et même il eut grand soin d'essuyer le bel instrument avec un mouchoir de soie et d'enfermer l'archet dans son fourreau. Ainsi faisant, il contemplait d'un regard attendri ce vieux bois sonore et tout brillant du vernis précieux de Stradivarius le grand maître, non pas sans avoir porté le noble instrument à sa lèvre et l'avoir baisé tendrement, en silence... Il l'essuya une dernière fois, pour effacer la trace de son souffle.

« Ah ! dit-il, la belle chose ! et quelle fortune, ô mon cher violon... mon fidèle ami ! ma joie et ma consolation de chaque jour ! — Toi et moi, nous avons vu, l'un portant l'autre, bien des heures mauvaises, et plus que jamais nous voilà, toi et moi, pauvres, mendiants, dédaignés, persécutés... Mais qu'importe, aussi longtemps que tu me seras fidèle ? » En effet, reprit-il de sa voix naturelle, « vous voyez là, monsieur Diderot, toute ma fortune; je n'ai que cela dans le monde et j'y tiens, comme on dit que les honnêtes gens tiennent à leur honneur, les coquettes à leur miroir, le soldat à son épée, l'aveugle à son chien, et la petite Hus à son fermier général. J'y tiens tout autant que l'évêque de Grenoble à son casque, à son épée, à son haubert qu'il dépose sur l'autel avant de dire la messe et qu'il reprend à l'*Ite missa est!*

— Rameau, lui dis-je alors, prenant la parole à mon tour, avez-vous assez parlé? Je meurs de faim, et je vous croyais à jeun. »

A ces mots, il se mit à table, et, s'étant dégonflé en poussant un grand soupir d'allégeance, il se jeta sur la poularde avec rage. On entendait ses dents claquer comme les dents d'un tigre au milieu d'une bergerie ! Il ne mangeait pas la viande, il la buvait. Il était grand mangeur ; il ne dînait pas tous les jours, et si, par hasard, il rencontrait une franche lippée, il s'en donnait jusqu'au nœud de la gorge. Il mangeait comme un glouton, il buvait comme un sage, à petites gorgées, humant son vin et le contemplant, joyeux, dans le verre, ami de la transparence et du frais coloris. Il buvait comme un vrai Bourguignon, à sa posette, et volontiers, pour peu qu'il fût seul à boire, il eût fait rubis sur l'ongle :

« Ah! le bon vin! disait-il, le bon vin! »

En même temps il redoublait d'énergie à dévorer les andouilles, les petits pieds, la marinade et la matelote, où l'épice avait distillé ses plus véhémentes saveurs. Et il s'empiffrait, et il se taisait, et son petit œil riait clair, et cette voûte, habituée au bruit des mangeailles, répétait les appels de ce claque-dents. La fourchette en main, c'était un goinfre; il était, pour la grâce et le bel esprit, un vrai La Fare, un vrai Chaulieu, un second Crébillon fils, le verre en main.

Quand j'eus dîné, et quand je vis qu'il était quasi repu :

« A votre santé! lui dis-je. Voilà un vin de la Côte-d'Or, un de vos cousins, il s'en vante, et pourtant vous l'avez renié tout à l'heure. — En quoi l'ai-je renié? me dit-il. — Vous avez passé sous silence un des grands noms de la Bourgogne, un célèbre artiste, un fameux maître appelé Rameau; le même Rameau que son collaborateur, M. de Voltaire, appelait *Orphée*, et qui a vaincu M. de Voltaire, il s'en vante, au champ clos de ce fameux opéra de *Samson*, dont l'auteur de *Mérope* et de *Tancrède* n'a jamais pu se tirer.

RAMEAU. — C'est vrai pourtant ce que vous dites là, et je me sens tout humilié, tout malheureux, quand je viens à songer que M. de Voltaire (un si grand homme!) a baissé pavillon devant mon oncle Rameau! O ciel et terre! ô triomphe inattendu de ce cuistre enrubanné du cordon de Saint-Michel, contre un si grand poëte! Il n'avait qu'à me consulter, M. de Voltaire, en deux mots, je lui aurais donné le secret de faire un opéra si violent, si cruel, si charmant, si tendre et si merveilleux, que le *célèbre* Rameau, comme on dit, n'y aurait vu que du feu! »

Alors il se mit à déclamer, en chantant dans une mélopée narquoise une foule de mots qu'il appelait les lois mêmes de l'opéra : *Dieux du jour, cruel amour, aimable tendresse et belle jeunesse! Aimons-nous! vengeons-nous! Jolis printemps, méprisons la faux du temps; belle inhumaine, ô châtelaine; et vous zéphyrs, et vous plaisirs!* Notez bien qu'à chacune de ces paroles il donnait sa note et son accent, jusqu'à ce qu'enfin son improvisation se perdît dans un pêle-mêle absurde, incroyable et furieux : *d'orages, de naufrages, de tempêtes, d'horreurs, de furies, d'Euménides, de nature, d'humanité, poignards, spectres, éclairs, foudre, tonnerre, fer, glaive, couteaux, victimes, serpents, bourreaux, mort, autels de sang, traits de sang, lois sanglantes, ordres sanglants, jeune homme sanglant, sanglante imposture, nuages sanglants, Ténare et Tartare.* « Ah! grands dieux! reprit-il après ce pénible effort, que c'est facile à faire un opéra! et que M. de Voltaire eut grand tort de reculer devant le célèbre Rameau! Rameau *célèbre!* Un musicien sans génie, habile à trouver des airs de danse absurdes, et des ritournelles à contre-sens!

« Avez-vous entendu *Dardanus?*... Vous rappelez-vous les chœurs de *Zoroastre?* et les plaintes de *Titan?* Quel idiot, ce Rameau! Et songez qu'il se vante, en sa préface des *Indes galantes,* d'avoir imité Lulli : « Je tâche d'imiter Lulli, non en copiste servile, mais en prenant, comme lui, la belle nature pour modèle. » On t'en donnera du Lulli, on t'en donnera de la *nature.* Ah! le faquin! Il m'a dit, à moi-même, et parlant à ma personne, un jour : « que les plus beaux passages d'une musique étaient les passages les plus bruyants, parce qu'ils étaient les plus applaudis ! » Il me l'a dit ! Va donc, machine à bruit ! Va donc, théoricien de malheur ! Tu n'es pas Italien, tu n'es pas Français, tu n'es pas Lulli, tu n'es point Pergolèse, Alberti, Léo... même tu n'es pas Rameau, c'est moi qui suis Rameau, le génie ! Et voilà comment j'aurais fait le grand air de *Zoroastre,* le grand air de *Castor et Pollux.* »

Or, tous ces airs qu'il indiquait, il en chantait une partie, il en sifflait une autre, et quand il eut bien déclamé, chanté, crié, sifflé, je m'aperçus que le jeu me plaisait, et que je n'avais pas été si content depuis tantôt dix années. J'étais pris, malgré moi, d'un profond sentiment de pitié, de curiosité et d'intérêt. J'éprouvais pour cet homme, et tout à la fois, une immense amitié, une répulsion profonde. O Jupiter ! qu'il était beau ! par Apollon ! qu'il était vil ! C'était un mélange incroyable, inouï, d'enthousiasme et d'abjection, d'intelligence et de délire, avec tant d'éclairs dans ces paroles confuses, tant de grandeur dans cet abaissement ! Puis (c'est une observation que je fis comme il achevait son dîner), quand il mangeait, il était triste ; il y avait dans son regard un certain étonnement presque mélancolique ; on eût dit qu'il se demandait pourquoi donc et de quel droit il dînait aujourd'hui, lui qui n'avait pas dîné la veille ? En un mot, il n'était intéressant et curieux que lorsqu'il s'abandonnait librement à sa fête éloquente, agitant ses longues mains, ses grands bras, balançant sa tête formidable et couverte de cheveux grisonnants.

Il était facile, heureusement, de ranimer le discours de cet enthousiaste. Il était tout prêt à répondre à toutes les questions. Il avait tout senti, tout compris, tout expliqué. Il était lui-même une encyclopédie; il se comparait parfois au merle qui siffle, et Dieu sait qu'il sifflait toute chose, à tout propos : chansons, ballets, mandements, comédies, poëmes, journaux, traductions de l'anglais, tragédies, comédiennes, princesses et comédiens. Oui dà, si Rameau était un merle, il était un merle blanc.

En ce moment, à mon attitude, à mon regard, il comprit toute mon admiration :

« Vous avez raison, me dit-il, de ne pas vous moquer de moi, car je me sens la force d'écrire au pied levé toutes les tragédies de La Harpe, et tous les opéras de Cahusac! Certes, il ne me faut qu'un trognon de plume, et quand bien même il eût servi à Poinsinet le jeune pour ses *Egléides;* à l'abbé Leblanc, pour ses *Héroïdes;* à Marmontel, pour écrire son *Bélisaire;* à Dorat, pour traduire O*vide;* au marquis de Bièvre, pour rimer *le Séducteur;* au chevalier de Cubières, pour ses épigrammes; au marquis de Pesay, pour ses billets doux; à Palissot, pour ses infamies : à Louis de Boissy, autrement dit Bos de Poissy, pour attendrir ses élégies; à Masson de Morvilliers, pour rédiger *le Mercure...* oui, même avec la plume de Palissot, une plume abominable, et qui crache injure et délation, par son bec avachi, j'écrirais, à moi tout seul, les plus belles œuvres qui ont vu le jour sous toutes ces mains malhonnêtes. Ah! oui! ce serait une drôle de plume; il n'y aurait pas sa pareille en toute l'Europe, il ne lui manquerait plus que de finir par être au service de *Marin le Censeur.*

« Certes, il y a des plumes abjectes, il y a des violons bien à plaindre, il y a des robes de juge et des épées de capitaine dont on aurait pitié si l'on savait ce qu'elles coûtent. Ma peine, à moi, c'est d'avoir encore trop estimé l'œuvre d'autrui, et trop méprisé mes propres ouvrages. Avec une simple comédie en vers que j'aurais lue au café Procope, et mystérieusement colportée en tous les lieux où se fabriquent ces sortes de choses, au bout de cinq ou six mois le Théâtre-Français eût été à mes pieds; la Dangeville eût disputé le rôle à Mlle Dubois, Préville et Dazincourt se seraient inscrits à ma porte. On eût répété tout bas quelques vers sublimes et faciles à retenir; on eût dit : C'est lui! le voilà! ce grand indolent! il a fait un chef-d'œuvre, il le montre à peu de gens! Alors, peu à peu, quelle gloire et quelle renommée autour de ma comédie!... et vraiment ça n'est pas plus difficile que cela. »

En même temps il se promenait, menaçant le ciel de sa crête, haut la huppe, et de sa main brillante agitant un jabot imaginaire. « Ah! disait-il, voilà comme on arrive à côté de Rotrou, de Corneille, de Racine, de Voltaire et de Crébillon. Voilà comme on est le rival de La Fosse et de Pompignan; voilà comme on ajoute agréablement son nom vulgaire aux noms fameux des

Pradon, des Chapoton, des Chevreau, des Frenicle, des Pichon, des Pinelière, des de Boussu, des Dalibray, des Grenailles, des Chiniac, des Mailhol, des Marmontel :

> En se privant du commun avantage
> D'être caché dans la foule des morts.

« La comédie! ah! mon ami Diderot! Diderot! la comédie! elle est comme le jeu, elle vous fait l'égal de tout le monde. Vous appartenez tout ensemble à Pradon, à Le Bigre, à Chevillard, à la morale, à la réformation des mœurs.

« Cependant, sitôt qu'ils ont flairé le chef-d'œuvre (ils ont le nez fin!) messieurs les comédiens ordinaires du roi ne vous laissent plus en repos au sujet de votre comédie. Ils vous disent, en toute rencontre : « O génie! » Ils vous invitent à leurs fêtes; ils vous enguirlandent; à la fin, vous êtes pris, et vous lisez votre fameuse comédie (ou tragédie) à nos seigneurs du comité. Bonté divine! c'est alors que ces dames et ces messieurs ouvrent leurs petits yeux et leurs grandes oreilles. Ils crient au miracle! Laissez-les respirer, de grâce! ils ne se doutaient pas qu'un seul homme eût tant de génie! Ils n'ont jamais rien entendu qui soit comparable à ce chef-d'œuvre! Et les voilà qui se disputent les plus petits rôles; les voilà qui, pendant trois grands mois, sans cesse et sans fin, répètent ce grand ouvrage; et quand le soir de cette fameuse représentation est arrivé, Dieu sait le zèle et les empressements ! A quatre heures précises, déjà tout le monde est à son poste. Ici La Morlière et là-bas Fréron. Le balcon est un salon, le parterre une halle...; au paradis, même au paradis, vous trouveriez quelque habitué du café Procope. Après une attente insupportable, ô bonheur ! la toile est levée, et les comédiennes en robes neuves, et les comédiens en grand habit, déclament ces tirades splendides. C'est plus beau que le *Gustave* de Piron, plus intéressant que les *Barmécides!* Les dames pleurent, les hommes applaudissent ! Le fusilier sur son fusil, immobile, ose à peine essuyer une larme ! et quand le dénoûment, imprévu, a mis le comble à toutes ces émotions, entends-tu ces voix et ces trépignements : *L'auteur! l'auteur! l'auteur!*

« Alors apparaît, solennel ou souriant, Molé ou Lekain : — Messieurs, dit-il, la comédie (ou la tragédie) que nous avons eu l'honneur de représenter devant vous est de M. Bénigne-Octave Rameau, le neveu de Rameau. Ayant ainsi parlé, il se retire au milieu des vivat ! *Vivat* pour lui ! *vivat* pour moi, surtout pour moi ! et désormais me voilà célèbre, honoré, fêté, glorieux. C'est à qui m'invitera et me prêtera de l'argent. Plus de notes à payer, ni tailleur, ni ravaudeuse, et pas même le perruquier ! Les plus impatients, je les paye avec un billet d'amphithéâtre. Ils sont si fiers et si contents d'habiller, de loger, de raser, d'accommoder un poëte de ma sorte ! A son tour, l'Académie a vent de ma gloire; elle s'en inquiète, elle me fait mille avances. Comptez cela,

Diderot, trente voix d'emblée!... élu tout d'une pièce! Ah! que de monde à mon discours de réception! Je suis reçu par un évêque. Il convient qu'il n'a pas vu ma pièce et qu'il ne l'a pas lue... A n'en pas douter, c'est un chef-d'œuvre. A ce discours, les duchesses d'applaudir, les cordons bleus de m'accorder un petit signe de leur tête ambrée, et les petits abbés de reconnaître que je vaux l'abbé Daubignac pour le respect des règles de la comédie, et pour les pointes, l'abbé de Lattaignant!

« Dans cette foule heureuse, un prince du sang s'est glissé, qui me fait supplier le lendemain d'être le secrétaire de ses commandements. Alors la maîtresse régnante, au nom du roi, me fait une pension sur sa cassette particulière. Enfin, pour conclure, on me propose, en légitime mariage, une fille naturelle de M. de Beaufort, ou quelque demoiselle du Parc-aux-Cerfs, avec le titre et les honneurs de valet portemanteau du Roi! Et tous ces biens, tous ces honneurs, pour une comédie à la façon du sieur de Portelance, ou d'une tirade tragique du seigneur de Blesbois :

> Et n'oubliez jamais qu'une belle action
> Suffit à son auteur pour satisfaction.

DIDEROT. — Avec tant d'ironie et de verve, avez-vous eu tort de vous dépenser en petite monnaie! Et voyez donc où vous en êtes réduit, malheureuse créature croupissant dans la fange de toutes les débauches, quand il vous eût été si facile, à votre compte, de dire à Voltaire, à M. de Buffon, à Montesquieu, au cardinal de Bernis, au maréchal de Villars, au maréchal duc de Richelieu : *Bonjour, confrères!* Dites-moi, cependant, pourquoi donc, avec tant d'esprit, d'érudition et si peu de modestie, à *tu* et à *toi* avec la Duclos, la Deseine et la Balincourt, et tout le tripot des comédiens, des chanteurs, des batteurs de fer, des batteurs de pavé, des racleurs de guitare, des joueurs de flûte, et des tapoteurs de clavecin ; ayant tes entrées partout : dans l'antichambre et dans les cuisines, et jusque dans la garde-robe de Rebel et de Francœur... insolent et chien couchant incomparable, habile à mordre, à japper,... monsieur Rameau, vous n'avez jamais rien fait d'utile et de bon?

RAMEAU. — Hum! j'ai fait dans ma vie une chose plus difficile que la tragédie et la comédie... Un ballet! Voilà la vraie mer à boire! Il y faut le rêve, il y faut l'action, il y faut Vestris. Vestris! un si grand homme! Il n'y a pas longtemps qu'il m'envoya chercher par M. son premier laquais : — Mais comment donc! monsieur, je suis aux ordres de M. Vestris; marchez, je vous suis! M. Vestris m'avait envoyé son carrosse, et j'y monte ; j'arrive, et figurez-vous : un suisse en grande livrée, un hôtel, et peu s'en faut que le grand Vestris n'ait posé son marbre à la porte de son hôtel. Escalier, antichambre et seconde antichambre, petit salon et grand salon ; tout au fond de l'appartement, un cabinet d'étude où se tenait le grand homme... invisible et présent. A peine eus-je franchi la dernière feuille du plus riche des paravents que la Chine ait vernis, je vois un homme... un demi-dieu! Il portait sur la tête charmante un bonnet à la Camargo, brodé par la main des Grâces ou par la main de Mlle Salé; il était revêtu d'un ample justaucorps de velours-rubis, sur une veste d'un superbe tissu, qui m'a semblé d'or massif, à demi couché dans un vaste fauteuil, les pieds, un peu grands, je l'avoue, étendus sur un tabouret aux armes des Vestris. On disait qu'il était vieux!... Il n'y a que des méchants, La Beaumelle ou Fréron, pour trouver qu'il est vieux, ce joli mortel, à la peau douce et potelée, et des rides si bienveillantes, si charmantes, qu'on se les ferait faire exprès! Il parlait lentement, mignonnement, d'une voix douce et reposée; et sa main moulée. Ah! quelle main!... figurez-vous les doigts les plus blancs, les plus effilés, tout chargés de bagues éblouissantes : rubis, diamants, perles, cheveux, cheveux bruns, cheveux d'or. Cette main, disons mieux, ce nuage effilé, sortait galante des profondes cachettes d'une dentelle de Malines, et venait badiner, nonchalante, avec les glands d'or qui pendaient d'un beau jet à bec-de-corbin.

« Mon ami, me dit ce grand homme, aussitôt qu'il pensa que je l'avais assez contemplé, on m'a dit du bien de ton esprit, et que tu consentirais à écrire, à composer un ballet pour le modeste danseur que tu vois devant toi. J'ai rêvé bien longtemps au ballet que je veux faire : il y faut un beau rôle pour moi d'abord, et puis un rôle qui convienne à Mlle Allard. Veux-tu que nous cherchions ensemble? Allons! rassure-toi!

Ne tremblons pas ainsi. Prends ce siége et sieds-toi, je suis bon prince; on t'écoute, et les duchesses attendront.

« Je pris un pliant, je m'assis face à face, et les yeux baissés, les mains jointes, je proposai à M. Vestris un ballet intitulé : *la Fontaine de Jouvence*. Au premier acte, il se fût montré tout voûté par l'âge, et plus laid que l'abbé Desfontaines ou l'oculiste Janin de Blanchecombe; au second acte, il serait revenu vif et léger comme un papillon qui bat de l'aile, et tout semblable au jeune duc de Fronsac. J'avais déjà indiqué des poses convenables à la majesté de ce grand homme :

— Eh! dit-il, *la Fontaine de Jouvence,* il y a des gens qui en veulent à tous les piédestaux, et qui diront à ce propos, toutes sortes de sottises. J'ai des ennemis, mon ami; qui n'en a pas? Le roi de Prusse a les siens, j'ai les miens; Voltaire en a. Cherchons un autre sujet, s'il te plaît.

— Monsieur Vestris, lui dis-je, aimeriez-vous un ballet qui serait intitulé : *la Toilette de Vénus,* ou *les Ruses de l'Amour?* Mlle Allard sera Vénus, vous serez l'Amour.

— Oui, dit-il, c'est cela, c'est mon idée, et cette toilette de Vénus me convient. Donc, le théâtre représente...

— Un frais bocage, et dans ce bocage une touffe de roses, et parmi ces roses un miroir d'argent avec sa bordure en or. Mlle Allard, c'est-à-dire Vénus, est à sa toilette, entourée de ses nymphes. Elle donne un dernier coup d'œil à son pouff, à son chignon, à son tour de gorge, et d'un regard charmant elle consulte l'Amour... L'Amour, c'est vous, monsieur Vestris.

— Oui, mon ami, c'est moi; j'arrive, et plus Vénus me regarde, et plus je voltige, en dansant sur les fleurs, autour des nymphes. Ah! les pauvres nymphes! je les vois d'ici :

Brûlant de plus de feux que je n'en allumai!

Je les vois, je les tiens! Les voilà qui m'entourent; les voilà qui me contemplent; les voilà qui me disent en leurs provocations : « Jeune dieu d'Amour, enseigne aux nymphes bocagères la mollesse et le désir, l'inconstance et la passion, le sourire et le sérieux. » D'abord je résiste, et je leur dis : *Non!* comme ci, comme ça; bientôt cependant, vaincu par ces beaux yeux, je vais pour me jeter dans leurs bras... Vaine espérance, elles embrassent une ombre, et je m'enfuis, semblable à Galatée; elle se montre, a dit *Homère,* afin de se mieux cacher.

— Oui, monsieur Vestris; mais vous revenez bien vite, attiré par les faunes des bois, qui font la cour aux nymphes bocagères. A votre aspect les faunes sont vaincus, les nymphes sont contentes, et c'est à qui vous entraînera dans la forêt voisine; à la fin, quand il a bien voltigé de fleur en bergère, l'Amour retombe aux pieds de Vénus; mais Vénus, pour châtier le petit inconstant, le change en papillon *atropos* (c'est *Virgile* qui l'a dit). Voilà comment, monsieur Vestris, dans ce tableau charmant, nous réunirons les grâces de l'Albane, et la force des trois Carrache, à la couleur de M. Boucher, premier peintre du Roi.

« Telle fut ma petite composition. J'eus le bonheur qu'elle ne déplût pas au *diou* de la danse. Il me fit un joli sourire en me gratifiant d'une tape sur la joue; il me dit qu'il était content de moi, que j'avais bien compris son idée, et que peut-être il y aurait quelque chose à retrancher au rôle de Vénus. Puis il me fit donner dix écus par M. son valet de chambre, qui, pour sa part, en retint quatre, et je me trouvai encore bien payé.

DIDEROT. — Sans doute, il obtint un grand succès, ce ballet de *la Toilette de Vénus!*

RAMEAU. — Parbleu ! Vestris le dansa à Fontainebleau; il y mit son nom en toutes lettres, il en rapporta une pension de quinze cents livres, quatre portraits de marquises, six jarretières et deux tabatières d'or.

DIDEROT. — C'est bien fait; voilà ce que vous avez perdu à n'être qu'un franc vaurien. Qui nous eût dit cependant que vous tomberiez si bas, depuis le jour où je vous perdis de vue?

RAMEAU. — Et vous, maître, et vous, mon sage, à quelle hauteur êtes-vous donc monté?

DIDEROT. — Malheureux, vous voilà la fable de la ville et le jouet des petits enfants ! C'est à qui vous montre au doigt, dans cette souquenille de Versailles et de l'égout.

Rameau. — Mais, mon philosophe, en vous voyant passer, le bourgeois lève l'épaule. Il demande à son compère quel est ce philosophe à la portée... à la porte de tout le monde?

Diderot. — Ah! Rameau, quel malheur que vous ayez si misérablement usé de tant de grandes qualités!

Rameau. — Ah! Diderot, quand vous voyez vos subalternes se pousser à tous les buts qui vous étaient proposés : J.-J. Rousseau à la gloire, Grimm à la fortune, Helvétius au repos, d'Alembert, maître absolu de deux académies, Marmontel historiographe, Perres de Verdun chevalier de Saint-Étienne de Toscane, et lui-même, La Harpe, honoré de la Couronne de fer... Ah! fi de votre gaspillage, et n'êtes-vous pas honteux de vous être ainsi dépensé! »

Voilà comme il avait réponse à toute chose; il me battait avec mes propres armes. Il avait tout à fait perdu la conscience du bien et du mal, du vice et de la vertu. Il ne savait plus que chercher sa vie à travers toutes sortes de scandales, de misères et d'abjections. Il était vraiment le parasite effronté des temps d'autrefois, comme on en voit dans les satires de Juvénal. Il faisait peine à voir, il était charmant à entendre. Il était tombé plus bas que l'abbé Pellegrin, il était plus pauvre que le poëte May.

« Je l'ai connu beaucoup, le poëte May, reprit Rameau. Il s'était donné, sur la fin de sa vie, au duc de Ventadour, qui le logeait dans son écurie. Une fois que ce seigneur lui avait octroyé une perruque neuve, en le priant de la ménager, le duc le rencontra, le lendemain, qui portait justement sa perruque neuve :

— Oh ! dit-il, poëte May, le temps est mauvais ; pourquoi n'avez-vous pas mis votre perruque de tous les jours ?

— Monseigneur, parce que je l'ai vendue.

— Et pourquoi l'avez-vous vendue ?

— Parce que je ne pouvais pas vendre la neuve, monseigneur. »

Rameau dit cela d'une voix attristée, et moi, me levant alors, et déposant sur la table l'argent de la dépense :

« Il est temps de se quitter, Rameau. Laissez-moi cependant vous dire un mot du poëte May, qui est mort comme vous mourrez, un peu moins que sur du fumier, sur de la paille échauffée. Certes le malheureux était bien pauvre, après avoir été très-riche. Il était devenu la fable et le jouet des comédiens qui s'étaient assis à sa table. Il allait de cabaret en cabaret, à la suite de La Thorillière père et fils, qui se moquaient de ses comédies, après les avoir beaucoup admirées tant qu'il eut trente mille livres de rentes. Il avait soixante ans, lorsque, dans les jours les plus cruels du grand hiver, il fut rencontré mourant de froid, couvert d'un habit de toile, et cherchant son dernier morceau de pain !... Et comme on lui demanda par quelle force ou quel miracle il supportait un habit si léger, il répondit, tenant ses mains cachées dans une poche absente : *Je souffre!* Il ne dit que cela. Il rentre et meurt. Votre misère, à vous, Rameau, vient de ceci : vous êtes lâche, éhonté, vicieux, et fils de la paresse ; ajoutez que vous ne savez pas souffrir ! »

Sans mot dire, il reprit son violon, et nous gagnâmes la rue en silence ; il était une heure du matin.

CHAPITRE III.

MUSE, RAPPELLE-NOUS LES CAUSES...

Je le rencontrai le mois suivant (même j'avoue, assez volontiers, que je le cherchais un peu) dans un habit plus décent, qui se promenait, à pas comptés, comme un rêveur. On l'eût pris de loin pour quelqu'un de l'Académie. Il ne voyait personne. Il allait tout droit devant soi; et quand je l'abordai, il me salua sans trop d'empressement. Nous fîmes ainsi quelques pas comme deux inconnus qui suivent la même route ; à la fin, réveillé en sursaut, il me dit : *Je souffre!* Et le poëte May n'eût pas mieux dit.

DIDEROT. Vous souffrez, Rameau? C'est tant mieux; voilà, j'imagine, la première fois que vous convenez d'une souffrance avec vous-même...

Il leva l'épaule, et, d'un accent dédaigneux :

« Les philosophes, dit-il, race idiote! ils s'appliquent à comprendre, à deviner, à expliquer les secrets les plus cachés de l'âme humaine, et sitôt qu'ils ont sous les yeux quelque homme un peu dissemblable des créatures humaines, ils s'étonnent, et voulant tout comprendre, ils ne savent rien comprendre! En voilà un qui est un sage, à ce qu'on dit, grand ennemi du mensonge, ami patient de la vérité. Je me montre à lui, dans tout ce que j'ai d'étrange et de hardi; je lui raconte à satiété les tumultes de mon âme et les passions de mon cœur. Cet homme, à sa volonté, m'appelle ou me repousse. Il a, sous son air rustique, une habileté très-grande, et si j'oublie un instant la distance qui sépare un mendiant tel que moi, d'un parasite de bonne maison tel que lui, soyez sûr que d'un mot il me la fait sentir.

« Rien n'est plus simple; aussitôt que je lui dis : « Comment vas-*tu*, Diderot? » Il répond : « Mon« sieur Rameau, je *vous* salue! » Et si je lui dis : « Monsieur Diderot, bonjour, comment allez-*vous* ? » Il me répond : « Ça va bien, Rameau; et *toi*? » Cependant, je l'amuse et je le distrais; je suis, pour cet homme, un phénomène en morale; il m'étudie, il me cherche, et sitôt que j'échappe à son intelligence, il me dit des injures, sous le bon prétexte de me corriger. Mais quoi, ne te souvient-il, pas Diderot, de l'injustice et du hasard, qu'un grand poëte a dit en bon latin : « Ne s'étonner de rien est la véritable « et presque la seule condition du bonheur? » Or, M. Diderot s'étonne de Rameau chantant, dansant et jouant du violon dans la rue! Où diable veut-il donc que j'en joue? Il s'étonne à l'aspect de Rameau portant la défroque des grands seigneurs. Quel habit veut-il que je porte, sinon les livrées de nos seigneurs les gentilshommes de la chambre, et les souliers à talons de messieurs les marquis de l'Œil-de-Bœuf?

« Quoi d'étonnant qu'un pauvre hère, un humeur de vent et de fumée, un meurt-de-faim, s'affuble, en contenant sa honte, de ces misérables livrées? Et cependant M. Diderot ne s'étonnera pas s'il rencontre en son chemin un homme épais, grisonnant, mal bâti, en chapeau garni de panaches bleus et blancs, en hausse-col, en casaque de taffetas bleu, au milieu de la casaque une croix formée par une dentelle d'argent. Quoi de plus étrange et de plus inattendu sous la calotte du ciel? Ajoutons à ce costume étonnant des chausses de taffetas couleur de rose, ornées de rubans bleus et blancs qui pendent autour de la ceinture, et, pour compléter cette parade énorme, une longue pique, dont le fer est garni de rubans couleurs de feu. Voilà ce que j'appelle un phénomène, et la huitième merveille du monde! Eh bien, M. Diderot, qui s'étonne à ce point de Rameau sous l'habit de marquis, répondra tout simplement que cet étrange accoutrement est le costume de monseigneur le capitaine des gardes du corps de Sa Majesté. Moi-même, à mon habit brodé, si j'avais ajouté le cordon bleu et la plaque de l'ordre du Saint-Esprit, M. Diderot, que voilà, m'aurait salué plus bas que terre; il m'eût dit : « Monseigneur » gros comme le bras; il eût admiré ma danse, il eût honoré mes chansons.

   O mon habit, que je vous remercie!
   C'est vous qui me valez cela. »

Voilà comme il répondait à toute chose. A cette gouaille infinie, il fallait se soumettre! Il était dans son droit. Je voyais sa paille, il voyait ma poutre! Il riait cependant, mais son rire était semblable aux tristes gaietés du chevalier Rutlidge, ou de Sabatier de Cavaillon. On ne chantait pas d'une autre façon une chanson de M. Roux de la Pinadière, et *l'Iliade* de M. Rochefort. Tout à coup ce visage entouré d'ombre apparut content et radieux. Ces yeux cyniques brillèrent d'un éclat inaccoutumé; un doux sourire envahit cette lèvre acerbe, et toute cette personne, humble jusqu'à la bassesse, arrogante jusqu'à l'insulte, en ce moment se détendit et devint simple et naturelle. Cependant arrivait, de l'extrémité de la rue où nous étions, un jeune homme aux traits durs, aux regards féroces, et qui poussait un beau cheval; et l'homme et le cheval passèrent comme l'éclair, Rameau envoyant au cavalier son plus beau salut, son plus charmant sourire. A toutes ces grâces, le jeune homme répondit à Rameau par un coup de cravache en plein visage et, suivant son chemin, disparut dans le lointain.

Certes, j'étais révolté de cette cruauté sans excuse, et j'aurais donné tout au monde pour châtier ce misérable... Eh bien! Rameau, essuyant le sang de son front avec sa main droite, se servait de cette main ensanglantée pour suivre, en le saluant, d'aussi loin que son regard le permettait, ce brutal cavalier.

« Ce n'est rien, me dit-il, ce n'est rien. Le jeune homme est un peu vif; je le connais, il n'aura pas voulu frapper si fort. Prêtez-moi votre mouchoir, Diderot, j'ai oublié le mien, chez moi, avec ma bourse, à côté de mon violon. O jeune homme! ô mon demi-dieu, reprit-il, le cherchant dans l'espace!... On n'a pas les yeux plus vifs, le regard plus perçant, le nez mieux fait, la bouche plus vermeille... Il serait trop petit s'il avait deux pouces de moins; mais que sa taille est droite et que sa jambe est belle!

« Et si vous saviez, Diderot, tout ce qu'il est encore! — Un esprit délié, une âme à deux fins, une ambition sans mesure, un caractère décidé contre la vertu! Il se plaît au désordre : il voit clair dans les ténèbres; il sait pêcher dans l'eau trouble. Il est habile à se plier aux circonstances, à en tirer tout le parti possible! Ah! le câlin, et le dangereux drôle avec son extérieur modeste et son air de candeur! Il a, tant qu'on en veut, des idées et des paroles. Il flatte en maître; il obéit en esclave; il est galant pour toutes les femmes, et surtout pour les vieilles généreuses.

« Son maître, ici-bas, c'est l'argent! L'argent est sa maîtresse! Il est son dieu! Je ne sais pas un duc et pair, un fils de courtisane, un intrigant plus gai, plus amusant, plus vif, plus facile à jurer, à se parjurer, à trahir, à mentir, à promettre, à mendier... Un fourbe admirable : il l'est d'instinct, par nature et par état, par réflexion, par habitude et par nécessité; ingrat comme un roi, ignorant comme un prince, et vaniteux comme un danseur. Il commande à la honte, aux préjugés, au vice. Où va-t-il, à cette heure? à quelle intrigue? à quelles amours? à quelle roulette? à quel espionnage? à quelle délation? chez quel fermier général? Ah! si j'étais seulement son domestique!... Hélas! il ne voudrait pas de moi pour son dernier valet! »

Ces derniers mots furent dits si tendrement, ce visage en lambeaux ajoutait une si grande éloquence à ces tristes plaintes, que je me sentis touché jusqu'aux larmes. Mais qui donc oserait prendre au sérieux les douleurs et les adorations de Rameau? C'est un si grand comédien; il excelle, au degré suprême, à se moquer des bonnes gens; son rire est presque toujours une méchanceté, et son baiser une morsure.

« Au fait, dit-il, quand il se fut essuyé et qu'il eut mis mon mouchoir dans sa poche, nous voilà aussi sots, vous et moi, que si nous sortions du *Fils naturel* ou du *Père de famille*. O mes enfants! mes chers enfants! O Germeuil! bon Germeuil, O Lisimond, Dorval, Rosalie, André, Justine et Clairville, et Constance! Et comme c'est gai à voir, *Dorval commandant des chevaux de poste;* Dorval, triste, accablé, et disant : « Rosalie, ah! Rosalie! Je ne la « verrai point?... Non. L'amour et l'amitié n'imposent « point ici les mêmes devoirs. »

A ces mots, qu'il disait avec la voix de Molé, il promenait çà et là des yeux égarés et distraits. L'instant d'après, il faisait semblant de lire une lettre qu'il tenait d'une main tremblante : « Je vous aime et je fuis... hélas! beaucoup trop tard! Je suis l'ami de Clairville... Les devoirs de l'amitié, les lois sacrées de l'hospitalité! — Ami, disait-il encore en me prenant la main et se moquant des paroles de mon propre drame, je ne suis *point étranger,* croyez-le bien, à cette pente si générale et si douce qui entraîne tous les êtres, et qui les porte à éterniser leur espèce... »

Puis, de sa voix naturelle :

« N'est-ce pas que je ressemble à Dorval ?... Il est sombre, rêveur, triste ; il a de la vertu, mais elle est austère ; des mœurs, mais sauvages. Il est comme un fou, il va, il vient, il s'arrête, il s'appuie les coudes sur le dos d'un fauteuil, la tête sur ses mains et les poings dans les yeux... Il se mord la lèvre et se frappe la poitrine... D'un ton ému... avec un étonnement mêlé de reproches... il se renverse dans un fauteuil ; il jette ces mots par intervalles, etc., etc. Et songer, monsieur Diderot, que ces belles choses se passent à Saint-Germain-en-Laye... à deux lieues d'ici ! »

En ce moment, je n'avais pas de quoi rire. Il se moquait, agréablement, c'est vrai ; mais enfin c'était une moquerie, et je comprenais que le drôle avait raison. Il m'avait entraîné dans une allée assez sombre du Luxembourg ; peu de gens y passaient à cette heure. Il était à peine midi ; c'est l'heure où l'on dîne sur ces hauteurs, et comme il vit que j'avais sur le cœur *mon Fils naturel,* déchiré sans pitié par ce maître insolent : « Pardieu ! dit-il, vous voilà bien, vous autres les faiseurs de tragédies, vous n'êtes contents de rien, vous critiquez tout le monde, et vous ne voulez pas qu'on vous critique ! Étiez-vous hier à l'Opéra, par hasard ? Avez-vous vu le marquis de Saint-Marc, qui

refait les opéras de Quinault, et qui fait les vers de
Madame de Saint-Hulet? Le nom de *saint* leur convient
assez mal, mais leurs vers ont prouvé qu'ils ont
l'esprit d'un ange. Avez-vous entendu Mlle Fel beuglant
le rôle d'Aricie, et regardant le baron de Grimm
en coulisse?

> Oubliez-vous qu'on nous sépare?
> Quel temple redoutable, et quel affreux lien! »

Quand il eut chanté, de sa voix tonnante, ces tendres
paroles : « Êtes-vous descendu aux enfers, me dit-il,
avec Thésée? Avez-vous vu Pluton et les trois
juges? Eh bien, si vous avez entendu toutes ces beugleries
de la gamme à mon oncle, si vous avez vu tous
ces braves gens rire et pleurer, et si vous êtes encore
tout pénétré de ce joli rondeau de l'abbé Pellegrin :

> Mes yeux, vous n'êtes plus ouverts
> Que pour verser des larmes!

dites-moi si Proserpine et Pluton, Minos, Æaque et
Rhadamante ne sont pas plus dignes de notre intérêt,
de notre pitié, de notre curiosité, que *le Père de
famille* ou *le Fils naturel*? Et songer que j'en aurais
pu faire autant, si mon cher oncle avait voulu! Mais
il n'a pas voulu, le bandit; sitôt qu'il a vu que je
commençais à comprendre, et qu'avant peu je deviendrais
un grand artiste, il m'a pris en haine, il m'a
chassé, il m'a fermé sa porte. Il ne s'est pas souvenu
que j'étais le fils de son frère, et que je cirais ses

bottes chaque matin! Ah! père sans entrailles! père sans gages! Mais aussi que je l'ai ennuyé! que je l'ennuie encore! et que j'ai cassé de vitres à son intention!

Diderot. — Eh quoi! Rameau, il y a tantôt six semaines, cette sérénade à cette ombre invisible ?...

Rameau. — Elle est donnée à mon oncle Rameau, par moi, le vrai Rameau, le neveu de Rameau!

Diderot. — Et ces gros sous jetés à sa vitre...

Rameau. — Ils ont cassé les vitres, et soyez sûr qu'il a ramassé mes gros sous avec une certaine satisfaction.

Diderot. — Et pourquoi lui jouer des airs de Lulli ?

Rameau. — Afin de rappeler à cet homme curieux que Lulli était le musicien de Louis XIV, le compositeur et surintendant de sa musique de chambre ; qu'il avait épousé la fille de Lambert avec vingt mille écus de dot ; qu'il était l'ami de Molière et qu'il obtint, en 1672, le privilége de l'Académie royale de musique. Chaque grincement de mon archet, sur une note des *Indes galantes* fait grincer les dents de mon oncle. Oui, monsieur mon oncle, ce Lulli était un homme de génie, il était chef d'orchestre et maître de chant ; il était chorégraphe et déclamateur ; il commandait à l'orchestre, à la danse, aux choristes, aux costumiers. Il a découvert Quinault, le poëte ; il a lassé le vieux Corneille, il a fatigué La Fontaine. Il était si riche! Il vendait si bien ses ouvrages! Il avait tant de pensions, d'argenterie et de bijoux ! Il possédait, à Paris seulement, quatre maisons des plus belles ! L'Opéra lui appartenait tout entier. Quand il est mort, on a trouvé chez lui, dans son coffre, une somme de deux cent cinquante mille livres, argent comptant, et tout cela gagné avec des violons, des violes, des basses de violes, des doubles basses de violes, des flûtes à quatre becs ; hautbois, bassons, trompettes, trombes, une paire de timbales, plus un clavecin dans lequel il s'est précipité, un jour qu'il jouait le *Bourgeois gentilhomme*, et qu'il pensa faire crever de rire le roi Louis XIV, qui fit de ce bouffon... un conseiller du roi !... »

Ici, selon son habitude, il rentra dans le silence ; il redevint l'automate qui digère. Sa joie et sa science obéissaient au même hasard. D'où venait son rire et d'où venaient ses larmes ? Je ne saurais vous le dire. Je lui disais souvent : « Rameau, tu n'es pas un homme, et tout au plus, un automate de Vaucanson ; Rameau, tu es le cousin germain du *flûteur* qui flûte et du *canard* qui digère ! » Il riait, il ne disait pas que j'avais tort, seulement il soutenait qu'il était un chef-d'œuvre d'automate, et qu'il n'y avait pas son pareil.

« Certes, disait-il en frappant sa poitrine, j'ai là des ressorts, des poulies, des rouages, des machines qui se montent et se démontent à volonté. Quand, devant moi, les automates bipèdes de mon espèce parlent, celui-ci de son âme, celui-là de son cœur, ça me fait rire. Au contraire, un ressort qui se monte et se détend, en dehors de ma volonté, voilà une façon très-modeste d'expliquer comment on pense, et pourquoi ? D'où vient ma colère, et d'où vient ma tendresse ?

Aujourd'hui, je suis bien monté, mon grand ressort marche à la façon d'une pendule de Le Roy ; je suis gai, je suis content, je souris à la terre, au soleil, aux belles femmes, aux bons enfants, aux beaux-arts. Pitoyable et rempli de bienveillance, il n'y a rien de plus abandonné que moi au vent qui souffle, au temps qu'il fait, au mouvement de la rue, au murmure incessant de tout ce qui se passe et s'agite autour de ma sensation. J'étouffe, en ce moment, de sympathie et de tendresse... Attendez à demain, attendez une heure : crac, un cran de moins au rouage ! et vous reverrez le bouffon, le boursouflé, le butor ! Sancy le censeur royal, ou le chevalier de Saint-Marcel. Aujourd'hui, je suis triste et tendre, et ne saurais vous amuser : bonsoir.

— Croyez-vous donc, Rameau, que vous soyez une machine ? et si vous êtes une machine, en effet, pensez-vous être une perfection parmi toutes les machines d'ici-bas ?

— Non, certes, dit-il ; je n'ai pas entendu flûter le flûteur de Vaucanson : il devait être un assez triste exécutant. Je n'ai pas vu digérer le canard... *Digérer*, dites-vous, ce qui est la plus difficile et la plus essentielle opération de l'être intelligent. Mais j'ai vu un petit bonhomme de trois pieds, assis sur un tabouret, devant une table ; il écrivait des vers qui valent bien les vers de Flins des Oliviers, ou du marquis de Pezay. Son aspiration était calme et reposée ; il vous avait un faux air de Bret, de Croizetières, ou du chevalier de Cubières, qui faisait plaisir à voir. Évidemment, il travaillait pour *le Mercure* ou pour l'*Almanach des Grâces,* et sa petite main trempait si bien sa petite plume en son petit encrier!... L'instant d'après, ce même enfant dessinait, au crayon, le portrait de sa propre image qu'il regardait dans la glace ; et si le crayon laissait sur sa trace un brin de poussière, il l'enlevait d'un souffle. Enfin, chose étrange au superlatif, il ouvrait la table qu'il avait devant lui ; soudain, la table était changée en clavecin, et, de ses deux mains bien ajustées, son pied battant la mesure, il jouait : *O ma tendre musette!* avec une grâce, un goût, une aptitude, à désespérer l'abbé Pellegrin. Or, dites-moi, Diderot, ce joli automate, habile à la musique, au dessin, à la poésie, et qui volontiers en remontrerait à Valigny, à Vacher de la Feutère, à Bacherot lui-même, l'auteur de *Vénus en colère,* à Valadier, n'est-il pas supérieur à la statue de Condillac, la statue-âme, la statue-esprit ? Au fait, elle m'a souvent inquiété, cette statue de Condillac, et, si vous vouliez me l'expliquer en deux mots, vous me feriez grand plaisir.

— Ma foi, lui dis-je, à vous parler vrai, je n'ai pas là-dessus des idées plus claires que les vôtres. Je crois cependant que voici la chose : Une statue étant donnée, une statue en marbre, organisée à l'intérieur comme nous le sommes, nous autres, les statues vivantes, on lui présente une rose ; aussitôt son odorat s'éveille, et voilà *l'attention!* La rose exhale une odeur suave, et voilà *le plaisir!* Eloignez la fleur, le marbre animé se souvient de cette heureuse sensation, voilà *la mémoire!* Approchez de cette narine entr'ouverte un pavot, un Thévenot, les deux Lancignys ou toute autre odeur nauséabonde, elle détourne la tête, et vous avez *la comparaison!*

« Si tôt donc (suivez mon raisonnement) qu'il y a comparaison, il y a jugement, et, grâce au jugement, la statue a des idées générales. Et l'une après l'autre, une idée appelant une autre idée, la statue ainsi passera aux idées particulières, et de celles-ci aux idées générales. Bref, la statue, avertie uniquement par l'odorat, est attentive, se souvient, compare, juge, discerne, imagine, forme des désirs, a des passions, aime, hait, veut, espère, craint, s'étonne; en un mot, la statue a des *sensations*. Or, vous le savez, *sentir* embrasse les opérations de l'âme, en tant qu'elle est attentive, en tant qu'elle désire : sentir dit tout.

« Telle est mon explication; la comprenez-vous, Rameau?

— C'est tout au plus si je la comprends, reprit-il, et je plains la statue avec son unique odorat. Comment fera-t-elle pour compter? Comment pour compter son argent, prêter son argent, et reprêter son argent? Et s'il vous plaît, le moyen d'apprendre, avec une rose, un coquelicot, tant de choses qu'il faut savoir : la théologie et la métaphysique, la médecine et les mathématiques, la physique et l'histoire? Et comment feront Lekain et la petite Luzy, par exemple, qui sont camus et camuse, pour jouer, celui-ci Orosmane, et celle-là Zaïre? Ainsi, faute d'un cartilage, et pour un os qui tourne un peu court, votre satue est aussi bête que le *Venceslas* de Rotrou, châtié par Marmontel. »

C'est ainsi qu'il se moquait tout haut de mes explications philosophiques, jouant de Condillac, s'amusant de Diderot; détruisant les rêves du premier, renversant les commentaires du second. Sa bouffonnerie était une logique même. Esprit retors, logicien perfide, on ne sait jamais avec cet être-là ni qui vit ni qui meurt. Rien de plus cruel que ses complaisances, rien de moins sûr que ses gaietés.

« Cependant, lui dis-je, s'il est vrai que vous soyez tombé dans le tendre et le sérieux, pourquoi donc ne me raconteriez-vous pas, à cette heure, et dans ce coin solitaire, l'histoire de vos jeunes années? » Sus donc, y avait-il une extrême indiscrétion à s'informer de son origine? « Qui donc êtes-vous? Êtes-vous un problème, un paradoxe, un fantôme, êtes-vous fait à l'image de Dieu? »

A ces mots, il prit sa tête à deux mains; ses mains tremblaient; et de droite, et de gauche, on pouvait voir la rougeur de chaque joue aller et venir, au gré d'une émotion mal contenue. A la fin il releva la tête, et d'une voix solennelle :

« Çà, me dit-il, avez-vous donc pensé que j'étais né déshonoré, perdu, plein de honte, un Durande, un Corretière, un Coquebain, un gazetier des *Nouvels*, une franche canaille, en un mot? Statue ou non, rose ou chardon, croyez-vous que dès le berceau je mordais la main qui m'était tendue, et que je déchirais le sein qui m'allaitait? Etais-je un ivrogne à six ans? étais-je un satirique, un pamphlétaire, un misérable insulté et souffleté par tous les lâches, un parasite envieux de toute renommée ? Hélas ! non. J'étais un doux enfant ; j'étais un rêveur timide, ingénieux, et tout rempli des admirations naturelles. Je souriais au soleil, à l'étoile, à la fleur. J'étais plein de génie, et, content, j'obéissais, sans le savoir, aux sentiments poétiques, à la muse, à l'inspiration, aux chastes sœurs. J'étais né pour être un poëte, un musicien ; mon front contenait sans peine et sans effort toutes les joies et toutes les douleurs de l'humanité. N'allez pas rire ! En ce temps-là, j'admirais les objets immortels, parce que j'avais une âme immortelle en ce temps-là ; une âme et non pas un ressort.

« Enfant, j'étais déjà un honnête homme, un bon fils. A dix ans, j'étais un artiste ; à quinze ans, j'étais amoureux du plus chaste et du plus tendre amour. Si peu me suffisait pour vivre ! En ce temps-là, la prière était sur mes lèvres, et non pas le blasphème. Hélas ! quand on vient de si bas que je suis venu, quand on naquit dans la honte et le désordre, entre la potence et la sébile, il n'y a pas d'étoile, il n'y a pas de soleil, il n'y a pas de clarté, tout au plus des ombres, des fantômes, la nuit et le néant ! Souvent je me suis demandé : Pourquoi donc tant de nobles, ici-bas, tant de comtes, vicomtes, vidames, chevaliers, marquis et barons, ducs et pairs de France ? A quoi bon tant de cordons bleus, cordons rouges, cordons noirs, tant de Gouffier, d'Escars, de Durfort, de Gontaut, d'Auroy, de Maulevrier, de La Beaume, de Pracontal, de Chabannes, de La Rochefoucauld, de Boulainvilliers de Sully, de La Trémouille, d'Harcourt, d'Orange, de La Tour d'Auvergne; tant de couronnes, de mortiers, d'uniformes, de manteaux, de capitaines, de princes, de rois, de seigneurs, gouverneurs de province, maréchaux de France, lieutenants généraux des armées du roi, maréchaux de camp, brigadiers de cavalerie et d'infanterie, inspecteurs généraux des régiments, colonels, officiers, commissaires des guerres; tant de grandeurs, de majestés, de toute-puissance, et tout le tremblement des tremblements? »

Ici, Rameau, comme emporté par l'enthousiasme lyrique, et pris d'une fureur de rimer, se mit à déclamer les plus grands noms de la France militaire. Il récitait cette liste héroïque en véritable énergumène, emporté par Pindare, au milieu de l'ode éclatante, et dont la tête se perd dans les cieux :

> C'est vous que je salue, ô terribles seigneurs!
> Et c'est vous que j'invoque, ô superbes vainqueurs!
> D'Eu, Penthièvre, d'Harcourt, Gallerande, Tonnerre,
> De Pons, Dannois, Thomond, Bavière d'Aubeterre,
> Béranger, Lowendahl, Chabannes, Langeron,
> Chabrillan, du Cayla, Dapcher, Croissy, Biron...

« Hé! vous tous de l'*Almanach royal*, et de la maison du roi, seigneurs les nobles, voudriez-vous de moi, voudriez-vous de Rameau pour être un valet de votre écurie? O princes et seigneurs! tout couverts des glorieuses poussières, fils de la guerre et des siècles d'autrefois, auriez-vous un coup d'œil pour cet humble avorton, le triste enfant de la misère et du déshonneur? Seigneurs, seigneurs qui vous croiriez déshonorés si vous faisiez une heure de corvée, s'il vous fallait donner une pièce de trente sous pour payer l'impôt de toutes vos terres, sommes-nous du même sang? Avons-nous vraiment la même âme et le même Dieu? Sommes-nous attendus, comme on le dit, dans le même enfer?

« Je n'en sais rien; mais ce que je sais bien, monsieur Diderot, c'est que mon père, un pauvre homme, un soldat, fut pendu, — que dis-je? il fut pendu deux fois, car nous autres les pauvres gens, nous ne sommes pas attachés aux mêmes cordes que les heureux de ce bas monde. Un gibet de rebut, un sabre ébréché, un cordon trop long ou trop court, c'est toujours assez bon pour des gens de notre espèce. Et puis, savez-vous que la justice est impitoyable envers les malheureux? De la haute et moyenne et basse justice, nous ne connaissons que la basse justice, et les plaids misérables, plaids de route et de moulins, plaids de forêts, plaids de moutures.

« Où je suis? où je vais? Ce qui me menace, ce qui m'attend? Je l'ignore! Il n'y pas un jurisconsulte, et pas un juge en hermine, en rabat, qui le sache! Ah! malheureux! l'évêque et pair possède à lui seul cinq cents rues, en sa qualité de prieur de Saint-Éloy et d'abbé de Saint-Germain-des-Prés! L'abbé de Saint-Michel en a vingt-cinq! Le reste appartient à l'Hôtel de Ville! Échappe à celui-ci, tu n'échapperas pas à celui-là! Échappe au droit d'aubaine, échapperas-tu aux assauts des receveurs, à l'impôt du son, à l'impôt... du cresson? Autant de fiefs, autant de gibets. La vie humaine est un jouet entre ces mains avares et brutales. Verser le sang d'un homme, ou brûler cet homme, ou l'appliquer aux tortures, c'est un droit que se concèdent volontiers l'une à l'autre ces justices impitoyables. Pille! et tue! Ils ont sous la main, rien que dans cette ville aux abois, quarante mille pauvres, sur quatre cent mille habitants, qui sont à leur miséricorde, à merci! De ces malheureux, nul ne tient compte! On les parque, on les prend, on les enferme! Oh! qui le dirait? les fermiers généraux eux-mêmes, ces vautours, ils achètent, avec leurs fermes, le droit de vie et de mort sur nous autres! Ils ont leurs bastilles! ils ont leurs justices! ils ont leurs bourreaux! ils sont cruels même par économie, et, prodigues pour leurs passions au delà de toute limite, ils lésinent de leurs instruments de supplice!

« Autrefois le bûcher de la grève était une imposante montagne de bois de charme, un bois réservé au palais des rois. On voyait de loin la flamme et le feu, la fumée en montait jusqu'au ciel, aussi haut que le cri des misérables... Ils vous brûlent aujourd'hui sans cérémonie, avec quatre ou cinq voies de petit bois, un demi-cent de fagots, un cent de bottes de paille, et brûle comme tu pourras brûler. J'en ai le frisson! On vous dit que c'est la coutume des bastilles de se débarrasser vite et bien des prisonniers qui n'en doivent pas sortir... La simple humanité le commande... Il n'y a pas longtemps qué Daminois, le doyen des commissaires, a délivré des cachots de la Bastille un malheureux nommé Pidou, qui était le doyen des prisonniers. Pidou était le premier prisonnier de Daminois, qui avait commencé de fort bon matin, à dix-huit ans! Or, Daminois, à cette heure, est un beau vieillard de quatre-vingt-douze ans! Avec quelle étrange terreur il a contemplé son captif! Quelle image à présenter à ces yeux éblouis! Quel drame à faire! Essayez-en, monsieur Diderot.

« Tout fort que vous êtes, et damné par-dessus le marché, passez-vous quelquefois, sur le minuit, aux abords de la tour de Montgommery, entre la grand'-salle et la Sainte-Chapelle? Heu! c'est un vrai charnier cette tour de Montgommery! Là sont entrés Damiens et Ravaillac! On voit passer leur ombre infernale! — O les pauvres bêtes! s'écriait une jeune marquise, une innocente, assise aux meilleures places de la Grève... Elle parlait des robustes chevaux qui, depuis cinq quarts d'heure, s'efforçaient d'écarteler le régicide... ô les pauvres bêtes! Un seul homme, un seul, qui n'est pas de notre nation, qui n'appartient pas aux capucins de l'Encyclopédie, le marquis de Beccaria, frémissait d'épouvante à ces histoires de tenailles, de tombereaux, de chemise, de torche ardente, de claie et de pieds nus, de corde au cou, de confiscations, de maisons sautées, et de famille exilée, et de ces cendres humaines jetées aux quatre vents du ciel. J'allais oublier le procès fait au cadavre! En un mot, les chefs-d'œuvre du petit et du grand criminel, s'est ému d'une immortelle sympathie, et du fond de la cité des Borromée, il a fait entendre une plainte éloquente. O malheureux! disait-il, ces accusés que l'on traite en coupables! malheureux ces coupables que l'on traite en martyrs. Plus cruel est le châtiment, plus les crimes sont atroces. » Voilà comme il parle! Et, depuis le bourreau qui rédigea la constitution criminelle de l'empereur Charles-Quint, jusqu'au greffier Million qui signe en ce moment les arrêts de mort à la Tournelle, aucun législateur n'a trouvé la moindre pitié dans son cœur!

DIDEROT. M. le lieutenant de police est un dieu! M. le lieutenant criminel est un dieu! Le marquis de Beccaria est un factieux! son livre est une trahison! Son livre est brûlé par le bourreau, qui n'a jamais brûlé avec tant de joie! En effet, si l'on écoutait le marquis de Beccaria, le bourreau le plus habile à torturer, à tenailler, à brûler, à découper, à écarteler, à bâillonner, à dépecer M. de Lally-Tollendal, deviendrait un mortel inutile... Aussi, comme il a brûlé le *Traité des délits et des peines*... Ah! brûler était vraiment pour maître Samson le plaidoyer *pro domo sua!* C'est bien fait, c'est bien fait.

RAMEAU. Ne riez pas! Ce serait un mauvais rire. A tout prendre, on vous ménage encore un peu, vous autres philosophes; on vous choisit vos prisons, et vous avez ce qu'il y a de mieux dans leurs gardemeubles. On vous brûle en effet, mais en effigie; à la ville, à la Cour même et dans le Parlement, vous avez des amis, parfois des complices, ci-joints tous les honneurs du martyre! O ciel! comparées à nos destinées, que les vôtres sont dignes d'envie! Ah! tant de prévôts et de justiciers, tant de seigneurs, de sergents qui nous pillent, qui nous chassent, qui nous tuent! Amendes, coups de fouet, mutilations, tortures; morts viles *après humilité et dévotions!* La mort, pourquoi? La mort pour tout, la mort pour rien; attachés à la glèbe, attachés aux galères, c'est même chose. A chaque pas une sénéchaussée, un cachot, une trappe, une oubliette, une pile, une géhenne, une rame, un parlement, un donjon, une bastille, un gibet, une chaîne, un billot, un poteau, un pilier, une grève, un pilori! A tout propos, la confiscation perpétuelle, arrachant à l'enfant le lange et le berceau, et ce mot-là écrit partout, sur tous les rocs, sur la poussière des chemins, sur l'eau des fleuves : *Respect au droit royal!* Ainsi pourquoi s'étonner que nos pères aient été pendus? Comment donc auraient-ils échappé *au droit du glaive, au bourreau dont ils étaient la proie?* Et ne savez-vous donc pas, monsieur le philosophe, qu'il y a cent quinze motifs pour qu'on nous attache aux potences, et qu'on nous traîne aux gémonies?

« Un pain volé, un écu dont l'effigie est douteuse, un brin de contrebande, un lapin tué dans certaines conditions, vous êtes un homme mort. — « Allons, malheureux, courbe la tête, obéis et résigne-toi! »

Après un instant de silence, il reprit la parole en ces termes, dans l'accent même de *l'infandum Regina jubes...* :

« Mon père était soldat. Il fit obscurément une de ces guerres sur le déclin de Louis XIV. Pourquoi se bat-on? du soldat au maréchal de France... on l'ignore. On se bat... *pour le bon plaisir!* peu de coups, peu de gloire. Il fut blessé, guéri, maltraité; il eut ses jours de pillage et de bombance. On dit que c'est abominable à voir, la guerre, et je le croirais assez. C'est un vrai désordre, et malheur aux faibles, et vive la raison du plus fort! Un jour de maraude, où M. le grand prévôt était de mauvaise humeur pour avoir perdu je ne sais quelle proie, il fit saisir mon père, et, sans autre arrêt que son caprice, il le fit suspendre, haut et court, à quelque arbre du chemin. Le voilà pendu, le voilà dépouillé. Comme sa chemise et ses souliers étaient en lambeaux, celui qui le pendit lui laissa chemise et souliers. Déjà il entrait dans l'agonie; encore un coup de vent, il était mort, lorsque d'autres soldats, passant et plaisantant, donnèrent un coup de sabre à la corde, et le pendu tomba. Heureusement, la terre était humide et le vent frais; le nœud coulant, noué sans grâce et sans art, s'était arrêté au nœud de la gorge, et le pendu...

« Ma foi! le pendu ressuscite, et le voilà, par la pluie et le froid, sur une terre en friche... haletant et traînant sa peine et sa corde. Il était de ma taille; on voyait qu'il avait été bel homme avant les guerres. Au coin d'un village appauvri par les soldats, par les maraudeurs, par les maltôtiers, par les gabelous, par la grêle, par la dîme et par la corvée, il voit un cabaret misérable, il frappe, il entre : il était, comme je vous l'ai dit, dans un piètre accoutrement. Par bonheur, la cabaretière était seule, et puis elle avait déjà vu tant de misères! celle-là ne l'étonna pas. Elle ne dit que cela : *Ah! pauvre homme! ah! pauvre homme!* Elle le fit asseoir sur un banc, auprès d'un feu de tourbe, un feu de veuve. Et mon père, à son tour, eut pitié de cette abandonnée. « Oh! fit-il, j'arrive à temps; vous n'avez plus de quoi vivre. Ils ont volé jusqu'au bouchon qui vous sert d'enseigne. Aidons-nous, ma mie, et d'abord, auriez-vous, par hasard, de l'encre, une plume, une feuille de papier?... » Chose heureuse, elle avait tout cela, mais elle n'avait que cela. Le dernier huissier, en ce lieu de plaisance, avait oublié son cornet. Aussitôt, mon père (il avait la main belle, il savait écrire en bâtarde, en coulée, en lettres rondes) composa sur ce papier son affiche : « On fait à savoir à Messieurs et Mesdames les habitants de cette ville (il disait *ville* pour les flatter) que le fameux Espagnol don Verasino, maître en fait d'armes, et maître chanteur italien, donnera, ce soir, un opéra, à grand spectacle. On entendra des merveilles. Entrez, Messieurs; entrez, Mesdames. Les premières places à six sous, les secondes à deux sous. » Il entoura ce beau placard d'une suite d'arabesques représentant Arlequin et Colombine : Arlequin agitait sa batte, et Colombine, une rose au sein, provoquait le sourire et le regard. Nous sommes comme cela, dans la famille des Rameau, un tas de propres à rien, mais faisant très-bien toutes sortes de choses inutiles et de pur agrément.

« Cependant, à peine affichés, il fallait songer à la comédie, au théâtre, à la danse, aux acteurs, à la musique, au ballet... Mais nul ne savait, mieux que mon père, ajuster son vers à sa flûte ; il avait le masque de tous ses emplois et de tous ses rôles. En fait de comédie et d'opéra, il en savait plus long, à lui tout seul, que l'abbé Pic, l'auteur des *Saisons,* Antoine Danchet, l'auteur d'*Hésione,* Menesson, l'auteur de *Mento la Fée* et d'*Ajax.* Il en eût remontré, pour l'épigramme à Ponteaux, pour l'ellipse à Moutonnet de Clerfons, pour le commentaire à Fressinet de la Géranique, pour l'éloge à l'Angloys, pour la satire à l'Escalier. Près de mon père, Laroque et Cambert étaient deux pleutres, Pascal Collas et Théobal deux faquins, Marc-Antoine Carpentier et Jean-Joseph Mouret deux bélîtres. Or, voici comme il s'y prit pour suffire au spectacle annoncé. Jamais Grand Jaquet, Grand Fontaine et Grand Gousier ne se seraient aussi bien tirés de ce mauvais pas.

« Il dédoubla un vieux sac, et d'un lambeau il fit une toile à son théâtre ; il fut assez adroit pour déchirer en cinq lambeaux (sauf votre respect) ce lambeau de chemise, et il en fit cinq poupées, sur chacun de ses doigts, barbouillées avec de l'encre et un peu de sang. La première poupée, grâce à ses grands sourcils et sa bouche en cœur, vous avait un faux air de mademoiselle Desmatins, dans l'opéra d'*Hippodamie.* La seconde, aussi plate qu'un garçon de quinze ans, rappelait la rondeur de mademoiselle Pélissier, dans le rôle de Thétis. La troisième, à tête rouge, était semblable à mademoiselle Petipa, représentant Thisbé poursuivie par la lionne. Il y avait aussi mademoiselle Le Maure, assise effrontément sur le petit doigt de mon père, et mademoiselle Sallé, une grande dégingandée de la danse sérieuse.

« Ah! que mon père était un drôle de corps! Comme il trouvait le trait, l'œil en coulisse et la tête penchée! Il se tenait derrière sa toile, et, pour appeler la foule, il chantait toutes sortes de chansons composées par toutes sortes de musiciens, grands et petits. A sa grande surprise, il trouva que cette corde à son cou serrée avait étranglé une douzaine de *chats* qui se tenaient dans sa gorge, et que, grâce à ce remède héroïque, il avait la voix plus claire que jamais. Naturellement le restant de son *simple appareil* avait été employé à peindre une suite de décorations dignes de la foire Saint-Germain. Il avait fait, à la *sanguine,* un temple, un salon, un tombeau, une mansarde, une prison, une place publique ; en un mot, tout le courant de la comédie et de la tragédie. Il eût joué, sans hésiter, Corneille et Molière, et tout Voltaire, et Bonnet de Valquier, et Caminade et Vasselier, avec l'aide unique de ses cinq décorations. Deux bouts de chandelle complétèrent l'agrément de ce spectacle. Enfin, jamais on ne vit rien de pareil dans les fameuses troupes de Bertrand, de Dominique ou de Francisquine. A voir surgir si vite et si bien, dans la désolation de son cabaret, ces comédiens, ces machines, ce luminaire, et surtout ce poëte *in naturalibus,* qui joue et qui chante avec la voix des tempêtes, une parade éclatante au dehors, la cabaretière était éperdue, ébahie... amoureuse. Où diable, ami Diderot, l'amour va-t-il se nicher?

« A ces bruits étranges, à ces chants de fête, à cette affiche où tant de plaisirs étaient promis, ces pauvres gens foulés par la guerre oublient soudain la pluie et leur désespoir; ces bourgeois et ces bourgeoises qui n'avaient plus rien à perdre, ni rien à donner, accourent dans cet hôtel garni du froid, de la famine et de la soif. Chacun y mit du sien, et fut assis selon sa condition; la dame sur une chaise d'honneur, les femmes sur des bancs, les hommes sur leurs pieds. Il y eut vraiment foule et grande recette, et mon père, inspiré par cet auguste auditoire, et surtout par le désir de remplir son estomac vide, inventa et joua des choses à tout ravir.

« Il commença par une comédie en prose; et de sa petite voix la plus douce et la plus coquine, de sa voix la plus ronflante et la plus superbe, il copia tour à tour la Dangeville et M. Poisson, la petite Briant et M. Dubois, mademoiselle Gaussin et M. Grandval. Pour les avoir entendus deux ou trois fois, il avait gardé toutes ces chansons dans sa tête, et pensez-vous, Diderot, que la comédie et la tragédie improvisées par un malheureux pendu, derrière un sac à charbon, en présence de villageois déguenillés, n'aient pas valu, pour le moins, toutes les pièces de Boursault, de Hauteroche et du papa Champmeslé?

« Pensez-vous que nos cinq poupées n'aient pas laissé bien loin : *Arminius, Alcibiade, Tiridate* ou l'*Hypermnestre* de Théodore Rioupéroux? Mon père en savait plus long que Legrand, Alain, Boindin, Soly. Aussi comme on riait, comme on pleurait! Jamais *Caliste, Aménophis* ou la *Cléopâtre* de Marmontel n'ont soulevé tant d'émotions, tant d'admirations. Et plus mon père s'emparait du public, plus il se sentait gagner par des transports inconnus. Si bien qu'à sa dernière scène, au moment où il chantait le couplet final, il fit tomber d'un geste impertinent le voile qui le protégeait. Jugez de l'épouvante à l'aspect de ce grand buste osseux, recouvert d'une peau mal tannée, de ces yeux pleins de flamme, de ces dents brillantes, et de ce cou décharné où s'enroulait comme une couleuvre à la peau rugueuse la trace ardente de la corde à laquelle il avait échappé!

« Ainsi, grâce à son talent, à sa bonne humeur, à cette inépuisable singerie, à ce ragoût de poésie et de chansons, le pauvre homme à demi pendu eut, le même soir : du vin, du pain, une éclanche, un habit, une cravate, et deux petits écus. Eh donc! il fut sauvé; il se sauva, trois jours après, du côté de l'Allemagne, emportant la cabaretière enceinte de ce pauvre enfant, de ce Rameau que vous avez sous les yeux. C'est moi-même! Ainsi, vous aurez beau chercher dans les livres de M. d'Hozier, dans les cahiers de M. de Saintot, dans l'*Armorial* de La Chesnaye des Bois, dans le *Nobiliaire de la Bourgogne,* ou tout simplement dans l'*Almanach royal,* vous ne trouverez pas, à l'arbre généalogique des Rameau (*inter Ramos*), les onze saints reconnus pour tels dans la maison de

Clermont-Tonnerre ; vous ne trouverez pas la généalogie de la maison des ducs de Lévis, qui remonte à la sainte Vierge... Un gibet, une corde, une besace, un violon : voilà mes armes parlantes, et je n'ai pas raison d'en être fier. »

A ces mots, il rentra dans son silence, et me quitta brusquement, sans faire plus de bruit que le *Coriolian* de Mauzer, le *Caton* de Deschamps, ou *Denys le Tyran* de Marmontel.

CHAPITRE IV

LE PRÉCEPTEUR DANS L'EMBARRAS

uand je le revis, le lendemain, qui longeait le ruisseau bruyant, il marchait d'un pas héroïque et la tête haute. Il était semblable au neveu de Rameau, mais du *neveu* qui se serait allégé du grand fardeau, la honte, et qui marche enveloppé du respect de soi-même. — « Ah! me dit-il, du plus loin qu'il m'aperçut, je suis content de vous voir; j'ai passé une bonne nuit, j'ai bien déjeuné, ce matin, d'une tasse de lait chaud qui sortait du bain de mademoiselle Théophile (un autre aura la rôtie); ainsi soyez le bienvenu. Dites-moi cependant, j'ai besoin de le savoir, la rétrospective histoire de notre éloquente rencontre. En quel lieu vous ai-je vu pour la dernière fois? Que faisais-je alors!? Quels ont été mes discours?

DIDEROT. — Rien ne m'est plus facile, et vous allez vous souvenir tout aussi bien que moi. C'était quelques jours avant mon départ pour la Russie, au café de la Régence où vous regardiez, faute de mieux, jouer aux échecs. Ce jour-là, soudain, fatigué de ces *pousse-bois* qui n'allaient pas à la cheville de Philidor, vous vous prîtes pour moi d'un véritable enthousiasme; à vous voir m'écouter, me sourire et m'applaudir, il n'est pas d'agaceries, il n'est pas d'avances que vous ne m'ayez faites, et des récits, en veux-tu, en voilà! Tenez, maintenant je m'en souviens, vous me parliez du jour funeste et glorieux où la petite Hus, une drôlesse, une vraie coquine, dont vous étiez le commensal, le flatteur et le boute-en-train, vous avait mis à la porte de Bertin, *Bertinus* des *parties casuelles*, parce que, dans un glorieux moment de vérité sans excuse, vous aviez eu la folie et l'audace inexplicables d'admirer en sa présence un chef d'emploi de la Comédie, une rivale de la petite Hus, mademoiselle Dangeville!

« Ah! disiez-vous à la petite Hus, la Dangeville! Elle a la grâce et l'esprit; elle a le charme et le gazouillement; on aime à la voir, à l'entendre; elle est gaie, elle est prompte, intelligente; et rien de faux, de compassé, de fanfreluché dans son jeu. »

Voilà ce que vous disiez; et la dame effarée, étonnée aussi de trouver tant d'audace à ce maraud de flatteur, livide, et n'y tenant plus, vous a pris au collet et jeté à la porte avant dîner : « Va-t'en d'ici! Va-t'en, bélître, animal, butor! Va-t'en dîner chez la Dangeville! » Et vous, l'excommunié de la bulle *In cœna Domini,* resté seul sur le pavé du roi, par la pluie et le froid, sans savoir où dîner, où coucher, vous avez dit : *Raca!* à cette opulente maison. Vous n'avez pas voulu rentrer, en demandant pardon, dans le paradis savoureux de ces cuisines brûlantes où chantaient vingt casseroles, où la lèchefrite était une confusion de mille arômes, où le tournebroche garni à foison de faisans et de perdreaux était un vrai mouvement perpétuel.

C'est ainsi, ô Polyeucte du bon goût, que vous vous êtes fermé, vous-même, à vous-même, cette salle à manger où vous étiez à *bouche que veux-tu* avec l'abbé Delaporte, avec Saurin, avec Poulain de Flitz, Poulain de Nogent, Carbon Flins des Oliviers, avec Liégeon l'architecte, et le sieur Larrivée et madame Larrivée, son épouse! — Une salle à manger perpétuelle, où l'on se tutoyait, s'empiffrait, s'enivrait, se gaudissait que c'était une bénédiction! Vous n'avez pas voulu, lâche esclave d'un ventre affamé, obéir plus longtemps pour des grillades et des pâtés à l'orgueil de cette efflanquée, et plus longtemps mentir aux lois les plus évidentes de l'art poétique! Et pour être enfin quelque peu fidèle à l'équité de vos yeux, de vos oreilles, de votre entendement, vous avez quitté ce bon financier qui mettait tant de petits soufflets sur votre joue et de petits écus dans votre poche, ô martyr généreux du bon sens! C'est cela! Vous avez déchiré la ceinture dorée de cette abominable saltimbanque, et vous êtes rentré, définitivement, dans la bonne renommée de votre propre esprit. Cependant vos boyaux criaient, votre estomac hurlait, votre gorge râlait, le vent sifflait... Vaines menaces! plainte inutile! Vous êtes resté, comme un juste, inébranlable sur les ruines de votre dîner. Gloire à vous! votre dignité est saine et sauve, et vous voilà délivré de la nécessité de dire à cette infante, à toute heure : « O grand esprit! » quand elle est bête comme une oie : « O grand talent! » quand elle est sotte comme un prunier sans prunes. Ah! que vous avez bien fait de la planter là, avec son Mallet, avec son Palissot, avec son Baculard, son Patrat, son Pain du Loiret et son Panis, avec ce tas de gueux qui l'encensent, à tout bout de champ, pour une culotte ou pour un dîner.

Parlant ainsi, Rameau me suivait de la tête et m'approuvait des yeux. Il exagérait mon geste ; il ouvrait une bouche énorme ; il se posait comme un héros sur un piédestal, comme un dieu sur son autel.

DIDEROT. — Et voilà comme, ô Rameau, vous avez échappé à cette ménagerie, où Palmezeaux de Cubière donnait la réplique à Nougant, l'illustre auteur du *Vidangeur sensible,* où l'abbé Leblanc et l'abbé d'Olivet montraient patte blanche, où Dorat trônait à côté de Mlle Fanier ; où Criquette et Micou, la chatte et le chat, faisaient le gros dos quand vous paraissiez, et miaulaient douloureusement s'ils ne voyaient pas leur ami Rameau! Quel supplice... héroïque, ô maître! et quel sacrifice aux autels d'Apollon!

Vous m'avez dit encore, ce même jour, avec des larmes dans la voix, que vous aviez un fils naturel ; que ce fils, naturellement digne de vous, vous l'éleviez avec un zèle, un dévouement tout paternels ; même il me souvient que cette éducation *libérale,* on peut le dire, vous avait poussé à de folles dépenses. Vous souvenez-vous de tout cela?

Rameau. — S'il m'en souvient! Le plus bel enfant du monde! Un rien qui vaille, doué de tous les vices dès sa naissance; un petit brigand déjà gourmand, patelin, paresseux, lâche, abject, mais là, d'une parfaite abjection, et menteur plus que son père. Mon fils! la chair de ma chair! Un chien sans fidélité, chassant de race, un lion sans courage, un singe adroit, un serpent venimeux. Il lui fallait un dieu... je lui fis adorer un louis d'or. — « Mon fils, mon cher fils, tu vois ce louis? c'est un dieu! Il te donne, à ta volonté, des billes, des dragées, des toupies, des biscuits, des jouets, tout ce qu'un enfant peut désirer. A genoux, mon fils, à deux genoux, ce louis d'or est un dieu. »

Diderot. — Voilà bien comment vous l'éleviez, et je suis sûr que cet aimable enfant faisait de grands progrès à pareille école. Eh bien (sans être indiscret), je voudrais savoir ce qu'il est devenu, et quelles ont été les conséquences d'une semblable éducation.

Ici, notre homme, après avoir regardé, de droite à gauche, à la façon de Malherbe Offreville envoyant une épigramme à l'*Almanach des Grâces :*

O reine! à quels récits condamnez-vous Rameau!

« Vous réveillez, me dit-il, bien des douleurs; mais, puisque vous voulez savoir ce chapitre de ma vie, écoutez l'histoire de trois éducations que j'ai faites, et dans lesquelles vous me retrouverez tout entier.

« Avant d'avoir un fils, et d'en faire un *Émile* à ma façon, j'étais entré, comme précepteur, chez monseigneur le duc de... Je ne vous dirai pas ce nom-là, c'est dangereux pour moi, ce serait dangereux pour vous. Quand nous autres, les petits, nous prononçons certains noms superbes, les murs ont des oreilles, les délateurs sortent des pavés, les bastilles s'ouvrent d'elles-mêmes. Quoi que nous ayons vu, entendu, suivi, nos maîtres ne nous font pas l'honneur de nous prier d'être discrets, tant ils comptent que nous serons prudents. Le jeune duc avait perdu son père à la chasse ; il était le maître absolu d'une duché-pairie et d'une grande maison. Il était assez semblable au jeune duc de la Trémouille actuel, premier duc de la cour, qui possède à dix-huit ans deux cent mille livres de rente en fonds de terre, et que l'on veut marier avec Mlle de Soubise, fille du premier lit, qui n'a guère que quatre cent mille livres de rentes. Des miracles qui dépassent votre imagination ! Vous ne savez pas exactement, vous autres philosophes, ce que c'est qu'un duc et pair ; vous vous figurez que sa maison ressemble au boudoir de Mme d'Herville, à la ménagerie de Bertin, à la Sorbonne du baron d'Holbach. Ainsi le pasteur de Virgile comparait sa cabane au Capitole, et son hameau à la ville aux sept collines.

« J'entrai dans cette duché-pairie en qualité de valet de chambre répétiteur, car il eût été malsain de donner d'emblée un titre de précepteur à un homme tel que moi. Chaque matin, j'attendais que mon jeune maître fût disposé à entendre mes leçons, et quand, par hasard, il me faisait prévenir qu'il était prêt à me recevoir, je le trouvais, au préalable, en robe de chambre et caleçon de taffetas, en pantoufles de maroquin jaune, attifé, poudré, fanfreluché, gravement assis dans un grand fauteuil à baldaquin, et moi, debout, je demandais humblement à monseigneur quelle espèce de leçon il voulait prendre ce matin.

« Comme il appartenait à une très-illustre maison, il ouvrait volontiers les livres de M. d'Hozier, et je lui expliquais de mon mieux les lois héraldiques : *or, argent, gueules, pourpre, hermine, contre-hermine; tranché, taillé, gironné.* Je lui disais quelles sont les pièces honorables : *bande, chefs, fasces* et *sautoirs;* les attributs : *tréflés, ondés, crénelés, danchés, brochants, surmontés.* De là, nous étudiions les armoiries de quelques grandes maisons du royaume : Senneterre, Vaudré, Bussi, Courtenay, Tonnerre, Tavannes, Albertas, Nicolaï. Ça l'amusait, ça lui plaisait. Il connaissait les oiseaux : *aigle, paon, coq, canette* et *merlette.* Il connaissait les poissons : *dauphin, barbot, chabot, coquille.* Les plantes, les fleurs, les fruits héraldiques, les raves tigées et feuillées, il les préférait à toutes les fleurs des jardins et des prairies. Il se retrouvait sans peine en tous ces *casques, couronnes, chausse-trapes, écussons, gonfanons;* enfin, pour conclure, comme il portait deux fleurs de lis dans ses armes, il avait toujours à la bouche la devise de la maison de Bourbon : « Les lis ne travaillent pas! » Si bien que dans cette abrutissante étude il avait puisé un immense orgueil, pendant que j'y trouvais un immense ennui.

LE PRÉCEPTEUR DANS L'EMBARRAS.

« Quelquefois nous remplacions le blason par l'histoire, et, de l'histoire, il voulait savoir comment se comportaient les sénateurs de Rome; à quelle heure ils recevaient leurs clients nombreux; dans quel ordre ils plaçaient sous leurs portiques les images enfumées de leurs ancêtres. Des travaux de la guerre et des honneurs qu'elle apporte avec elle, il ne s'en inquiétait pas; mais bien des jeux de toutes sortes, de la paume et du bain, des promenades, des galeries, des théâtres, du champ de Mars, des esclaves surtout, des poëtes, des parasites, des affranchis, de tous les malheureux qui tendaient la main à la sportule insolente; et enfin parmi tant de princes, de vaillants capitaines, tant de dames illustres, l'honneur de leur sexe, il choisissait Antoine et Cléopâtre. Il adorait Héliogabale, il s'inclinait devant Néron.

« La corruption lui plaisait; le luxe était sa fête. Il n'aimait que les récits d'une délicatesse outrée. Il côtoyait l'impossible... il me faisait peur! Héroïsme et gloire, honneur, patrie, étaient lettres mortes pour ce jeune homme. Il estimait le connétable de Clisson comme il estimait Crassus, et parce que le connétable avait possédé trente millions de notre monnaie. Il n'était pas loin d'admirer le maréchal d'Ancre; il honorait Fouquet pour ses dépenses, Mazarin pour ses pillages, Louis XIV pour ses bâtiments et pour avoir donné cent mille écus par mois à Mlle de Fontanges, ce qui faisait sept millions chaque année. Et dans ses désordres, dans ses dépenses, il n'avait pas un regret, pas une pitié pour le pauvre, et pas une charité! Ou bien, si parfois, rencontrant un héros dans sa maison, Crillon, par exemple, il prêtait une oreille attentive à ses hauts faits, et comme enfin j'espérais le tenir dans un bon sentier, soudain entraient chez lui ses amis les petits-maîtres, les turlupins, les diseurs de bons mots, et la leçon était finie, et l'on parlait d'autre chose : « — Chevalier, savez-vous qu'au dernier Longchamps, le duc de Bourbon a causé à la portière du carrosse de la Beaupré? — Marquis, avez-vous entendu dire que le prince de Conti était amoureux de Mlle Beaumesnil? — Baron un tel, j'étais hier au jeu du prince de Clermont, il a joué Mlle Quoniam contre mille louis que tenait le prince de Conti; les uns disent que le prince de Conti a gagné, les autres qu'il a perdu. — Une fois lancés dans ces aventures, ils ne s'arrêtaient plus.

« — Mlle Michelot, de l'Opéra, a mis au jour un enfant mâle; il est inscrit au compte du duc de Bourbon. — Mlle Renard porte le deuil du prince de Montbarrey qui se porte aussi bien que vous et moi. — Vous savez bien la vieille dame Alexandrine Guérin de Tencin, l'ancienne à M. Law, le conseiller général, la sœur de l'archevêque d'Embrun? A cinquante ans qu'elle a déjà, voici qu'un chevalier de la Fresnaie a pris du poison pour les beaux yeux de la chanoinesse! — On a mis en vente hier les meubles de la Deschamps, dans ce fameux hôtel que lui a bâti M. de Brissart, son fermier général. Tout se vendra, les chevaux, les chiens, les plumets de la dame et les plumets de son écurie; ses sourires et ses diamants, ses habits, son linge, et ses cuvettes. Tout l'entassement que contient un vaste appartement de dix pièces de plein pied. Porcelaines de Sèvres, de Saxe et de Vincennes, — elle-même en habit de printemps, le jupon relevé jusqu'aux chevilles. La dame affirme à tout venant que tout est à vendre; et des duchesses, des marquises, s'arrachent, au poids de l'or, jusqu'aux *gratte-langue* de cette toilette de Vénus!

« — Ceci n'est que bouffon, reprenait un cinquième seigneur, mais voici qui touche au superbe. Il fait de La Pélissier une amie à cette affreuse Deschamps. Vous le savez, rien n'est plus chaste au premier abord que cette Athénaïs Pélissier; c'est une ingénue à tromper M. de Fronsac; elle zézaie, elle bégaie, elle dit *pizeon*, pour un rien elle tombe en langueur! Bon, cela! La dame, après avoir dévoré jusqu'aux moelles un joaillier nommé Du Lys, lui vole un collier de diamants, et convole en nouvelles noces avec le sire de Coigny (*il chante :*)

<blockquote>
Deux mille à qui Coigny succède
Dirent ici
Ce qu'a la *fée* qui l'obsède
Dit Tanzaï...
</blockquote>

« Quand il voit que sa chère maîtresse est infidèle, savez-vous ce que fait Du Lys? Il soudoie un porteur de contraintes et de billets d'enterrement pour qu'il ait à corriger la Pélissier et à lui reprendre les diamants qu'elle a volés; en effet, comme elle sortait, à la nuit tombante, elle reçoit en plein visage un coup de cravache, et perd son collier. Elle crie : « On me vole, on m'assassine! » Le guet arrive, et l'homme est pris. Le voilà au Châtelet, le voilà sur la sellette! Il dénonce enfin son complice, et montre un billet non signé de Du Lys! Grande était l'inquiétude parmi les juges, et, faute de preuves, ils relâchaient le malheureux... Que fait la Pélissier? Elle s'en va chercher un contrat par devant Feldejuive et Baptiste, son collègue, notaires à Paris (ils sont tous les deux en déconfiture, et le petit monde en est ruiné) ; puis, son contrat en sa blanche main, elle apporte au grand criminel la preuve qui lui manquait pour condamner Du Lys à la roue! Or, par ce contrat qui l'envoie à l'échafaud, le bon israélite constitue à la Pélissier trente mille livres de rente! Sur quoi nous avons fait, l'autre nuit, cette chanson :

> Pélissier, Marcille a des chaînes
> Bien moins funestes que les tiennes !
> Sous tes fers on est accablé,
> Sans que jamais rien tranquillise ;
> Quand on les porte on est volé,
> On est roué, quand on les brise.

— Je ne serais pas étonné, reprit mon jeune maître en s'habillant, que la Pélissier, grâce à ce meurtre, devînt à la mode et éteignît les deux filles de Mgr Cornelio Bentivoglio, archevêque de Carthage, et nonce de Sa Sainteté. L'aînée est très-belle et débute à l'Opéra, ce soir, avec sa sœur cadette...; or savez-vous comme on les appelle au magasin de l'Opéra? *la Constitution* est le nom de l'aînée, et *le Bref* est le nom de la cadette — elles sont les élèves de Mlle Lenain pour la bonne grâce, et de Mlle La Guerre pour la vertu :

>Bouillon est preux et vaillant,
>Il aime La Guerre ;
>A tout autre amusement
>Son cœur la préfère.
>Ma foi, vive un chambellan
>Qui toujours s'en va disant :
>Moi, j'aime La Guerre, ô gué !

« Sur les propos et les chansons de ces jeunes fous, monsieur le précepteur était congédié pour tout le reste du jour ; mais l'instant d'après revenait, dans ma personne, le valet de chambre, et nous partions, mon maître et moi, pour courir les aventures. Mais enfin, un beau jour, mon jeune seigneur se prit de dispute avec un sien cousin qui l'étendit roide mort, en dépit des serments que le roi prête à son sacre. Ainsi finit cette belle éducation. Qu'en dites-vous, monsieur Diderot?

DIDEROT. — Mais qu'a dit votre jeune maître, avant de mourir? Comment est-il mort?

RAMEAU. — Mon Dieu! il est bien mort, non pas sans peine, au moins sans peur. Il me fit ouvrir sa cassette et jeter au feu toutes sortes de portraits, lettres, cheveux, gages compromettants. Et voyant un vieux domestique à lui, qui pleurait : « Courtois, lui dit-il, nous sommes tous mortels; mais puisque c'est toi qui conduiras mon corbillard et qui me mèneras au caveau de mes aïeux, prends soin de ne pas m'arrêter sur la route, à la porte des cabarets. » Il demanda ensuite à voir Mme la duchesse sa mère; on lui répondit que Mme la duchesse était au cercle de monseigneur le cardinal, et qu'elle serait ici dans une heure... Au bout de dix minutes, il expirait, et pendant que déjà le monde était consolé d'avoir perdu ce haut et puissant seigneur, chef des noms et armes, juveigneur, pair de France, prince, comte, marquis, vicomte, baron, vidame, chevalier, et avoué haut baron, second baron, etc., etc., j'avais la faiblesse de pleurer ce faquin sans entrailles, ce prince idiot qui me menait à la baguette, et n'avait pas eu pour moi une grâce, un sourire, un mot d'amitié! En ce temps-là, j'étais jeune encore, ignorant, innocent!... Écoutez, Diderot, ma seconde éducation :

« Dans cette maison splendide, une des merveilles de Paris, dont les chambres d'apparat étaient dorées, dont les voûtes étaient chargées de peintures, où l'on voyait, accrochés aux murailles, le *saint Jean* et le *saint Sébastien* de Guide, la *Diane* du Titien, la *Vénus* du vieux Palma, le *Scipion* de Rubens; dans ces murailles où la fortune avait entassé, depuis quatre ou cinq générations, l'argent de l'Église et l'argent de la cour, l'argent de la guerre et l'argent de la paix, tout ce que les beaux-arts ont de rare et de précieux, se cachait, comme une ombre en peine, une enfant mal vêtue, une abandonnée! Elle était sordide, en cheveux mêlés et pleins de vermine, et pas un ne regardait cette enfant. Elle dînait au bout de la table des principaux valets... Par pitié, je m'étais assis à côté d'elle et je la faisais manger.

« D'abord, elle fut effarouchée, elle eut peur et se recula, comme si j'avais voulu la battre. Il n'y eut jamais rien de si humilié, de si triste à voir que cette infortunée. Elle avait dix-sept ans; on ne lui en aurait pas donné douze : et, depuis tantôt dix-sept ans qu'elle était de ce monde, j'étais la seule créature humaine qui lui eût montré quelque sympathie. Eh bien, monsieur Diderot, le croirez-vous? cette enfant était la propre sœur de mon seigneur et maître! A défaut de monseigneur, elle était l'héritière de cette illustre maison; c'est pourquoi on ne l'avait pas mise encore au couvent. On attendait que monseigneur fût marié et qu'il eût un fils, pour cloîtrer cette abandonnée en quelque grande abbaye royale, où elle serait descendue comme on descend dans la tombe. Il me fallut bien du temps pour l'apprivoiser; et quand enfin elle consentit à répondre à mes questions, je m'aperçus qu'elle était muette.

« Ah! que de peines je me suis données pour lui apprendre à lire, à écrire, à me répondre, à m'interroger! Qu'elle allait lentement dans cette voie, et comme elle allait d'un pas tremblant! Je lui ai tout appris : à se décrasser, à se peigner, à se laver, à se vêtir, à se regarder dans un miroir. Hélas! si je ne lui avais appris que cela! Mais nous étions vraiment seuls dans ce vaste hôtel; nous vivions, elle et moi, sous les combles, dans le galetas des pauvres du logis, comme à Versailles, où l'on n'a songé qu'au maître! Ah! les grandes chambres sans parquets, sans feu, mal fermées, les insectes, la solitude et le froid, voilà ce qui revient à ces cadets, à ces filles des bonnes maisons. Nous étions seuls! nul ne songeait à s'inquiéter d'elle ni de moi! Je l'aimais! Je l'avais rendue à la vie!... elle devint mère! Elle eut un fils! Elle accoucha sans un cri, sans une plainte, au sommet de cette maison où elle était moins qu'une étrangère, et moi, sous mon manteau troué, j'emportai l'enfant, ce même enfant que nous avons rencontré l'autre jour, que je saluais jusqu'à terre, et qui m'a frappé de son fouet!

« Mais voici le plus affreux de l'histoire. Un jour que nous étions, elle et moi, dans les mansardes, et que je lui racontais, de mon mieux, l'esprit de la duchesse de Grammont, les séductions de la princesse de Beauvau, les amours de la princesse d'Hénin, la grâce de la comtesse de Simiane et de la marquise de Coigny, nous entendîmes un grand bruit dans l'escalier qui menait aux mansardes. On montait à grands pas, on criait : Madame! où donc êtes-vous, madame?... On la prit, on la porta dans le salon, éperdue, épouvantée, et moi je la suivais en criant : Grâce et pitié, miséricorde! Ah! que j'étais loin du drame affreux qui allait s'accomplir!

« Dans l'intervalle, en effet, cette enfant au rebut, cette idiote et cette mal peignée, inconnue à sa mère, et si méprisée que maîtres et valets l'avaient laissée à ma discrétion, ma maîtresse enfin... ma maîtresse! elle était devenue une espèce de reine! Elle avait conquis, par la mort du haut et puissant seigneur qui était son frère, et qui ne lui avait jamais dit : *ma sœur!* pas plus que sa mère elle-même ne lui avait dit : *ma fille!* une douzaine de châteaux, de forêts, d'hôtels, de domaines, de titres, de seigneuries. Elle était pair de France; elle avait la grandesse en Espagne; elle portait dans son tablier déchiré une des charges de la couronne. Elle était duchesse de Péguilain, comtesse d'Asterac, de Gore et de Pontgibeau, marquise de Létour; enfin, tout ce que l'on pouvait être, elle l'était. Sa mère elle-même, à son aspect, dans un respect mêlé d'obéissance et de terreur, se leva de son fauteuil, disons mieux, de son trône, et, s'inclinant devant la fortune de sa fille, elle lui demanda ses bonnes grâces, la suppliant de lui pardonner l'oubli qu'elle en avait fait jusqu'à ce jour!

« Vraiment, déjà ce n'était plus la même femme; elle s'était redressée, elle avait relevé la tête; elle avait trouvé tout à coup le geste insolent, le regard terrible et l'orgueil de sa race. Elle donna sa main à baiser à tous ses gens, prosternés devant elle, et quand enfin elle me vit à mon tour, qui, d'un air souriant, en vrai gentilhomme et sûr de son fait, voulais toucher de mes lèvres cette main qui était à moi, cette main dont j'avais coupé les griffes, que j'avais instruite à tenir une plume, un crayon, voire une épingle, ah! la cruelle! elle retira sa main; elle me lança un regard indigné, et, brisant soudain tous les liens qui retenaient sa langue enfin délivrée : — « Holà! fit-elle en me désignant d'un doigt plein d'insulte et de fièvre, holà! loin d'ici, loin de moi, cet homme; holà! qu'on le chasse et qu'on le tue! » Et je fus chassé comme un voleur, à coups de pieds, à coups de bâton, et maintenant elle est une des grandes autorités de Paris et de Versailles... Elle a un évêque pour directeur, un Berri pour écuyer, une tribune à Notre-Dame, un tabouret à la cour :

> Lise, qu'est devenu le temps?...

« Mais ce souvenir m'étouffe, adieu! J'en ai assez pour aujourd'hui!

DIDEROT. — Et quand vous reverrai-je?

RAMEAU. — Pas avant huit jours; de toute une semaine, je n'ai pas besoin de vous :

> Je tiens de ma semaine un plan bien arrondi :
> Un joli *Requiem* pour dimanche à midi;
> *Item,* chez *Curtius,* les grands voleurs lundi;
> *Item,* chez Arlequin, *Jenneval* pour mardi;
> *Item,* chez Poquelin, *Beverley* mercredi;
> Le combat du taureau, près de Pantin, jeudi;
> Le Spectacle infernal, où l'on sait, vendredi;
> Deux malheureux pendus, prendront mon samedi. »

CHAPITRE V

LA HALLE AUX MENSONGES

uand je le retrouvai, huit jours après, il avait encore changé d'allure et d'aspect; il sortait du café Procope, et se frottait les mains, en homme très-content de lui-même. « On ne vous voit guère au café, me dit-il, et chacun s'en étonne. Auriez-vous peur de Piron et de ses bons mots? Piron vous aime, et Piron vous craint. Vous avez la dent mauvaise; il rit, vous vous fâchez; il vous égratigne, et vous l'assommez. D'ailleurs, vous avez pour vous sourire et vous applaudir toute l'Encyclopédie et le parti des philosophes. Voltaire est de votre côté, Piron est tout seul avec son chef-d'œuvre. Et puis, c'est un bon homme, et, quand il a battu son adversaire, il en est fâché tout le premier. Ce café Procope, on s'y amuse, on s'y plaît; on y dit tout ce qu'on veut; on y débite à voix basse, à voix haute, mille atrocités contre tout le monde, et tant de calomnies, de médisances, de chan-

sons, d'épigrammes, de gueulées, de bouts-rimés !
C'est un pêle-mêle insensé de platitudes, que chacun
s'arrache et colporte avec une rage, un plaisir, un
contentement ! C'est à qui frappera sur ses meilleurs
amis, et, faute de mieux, à qui se daubera soi-même.
Témoin La Harpe ; il a décoché contre sa *Mélanie*
une épigramme, et son épigramme a réussi plus que
Mélanie ! Ah ! oui !

« Nous sommes là-dedans un tas de gredins de la
plume et de bandits de l'écritoire, sans sou ni maille,
sans feu ni lieu ; de vrais aboyeurs, tous le collier au
cou, l'oreille coupée et la gueule ouverte, et pille et
pille ! Et nous mordons, et nous sommes mordus ! Et
nous nous réjouissons de toutes sortes de pots-pour-
ris, et rien n'échappe à notre espionnage, à notre ironie anonyme, à nos morsures ! Ah ! le joli métier ! et
les jolis écrivains ! Alibert de la haute Guyenne,
l'honneur des Muses provençales, Alliot, les délices
des sociétés chantantes, Agency le gascon, Montgau-
bet, le poëte d'*Abimelek,* Merville, d'un poids si lourd
dans la littérature légère, Antilly, Château-Lion,
Davines, le juge suprême du tribunal d'Arcadie, et
Léouville, et Lemancel ; puis Chevrier *la bête,* Chevrier qui est mort de peur, avant-hier, quand il a cru
qu'on venait le prendre et le conduire au Châtelet ;
Bablot, poëte et médecin, comme Apollon ; Babie, l'auteur de *Liaxare,* et de trois tragédies de société ;
Desportes, qui a fait cinquante volumes, dont vous
n'avez pas lu le premier mot ; le docteur Riballier,
l'ennemi de Voltaire ; et Coqueley de Chaussepierre, un

animal monstrueux. Il porte en sa poche un drame intitulé : *le Roué vertueux,* et si vous saviez, Diderot, quel gredin! Nous avions aussi l'abbé Cerutti, cidevant jésuite. Il était le plus jeune de la bande; il avait les yeux noirs et les cheveux bouclés; il était aussi dangereux et aussi méchant que La Grange de Chécieux, censeur royal... Amours, pleurez! Grâces, pleurez! l'abbé Cerutti vient d'épouser, des deux mains, la vieille duchesse de Brancas. Cerutti est pis que duc, Cerutti mange et ne mord plus. Sa fortune étant faite, il ne se gêne avec personne. Il m'a rencontré l'autre jour (il était en carrosse), et ce prestolet m'a éclaboussé de la tête aux pieds, en me désignant à sa duchesse.

« Bardinet, Basin qui publie en souscriptions tout son théâtre, Ambroise Beaudart, l'innocent auteur des *Saturnales,* Beaudrin de la romance, et Bastien de la chanson, Bodillier, Beaunoir, Beaujour, Beaucarron, Bocquet, tous marqués à la lettre B ; que direz-vous?

Nous avons aussi chez Procope, en fait d'aiguiseurs de vers, Lemierre et Sainte-Foy, Rochon et Duclayron, auteur de l' *Arlequin sauvage,* et Pélerin et Flomel, et le premier de tous, Marin, le gazetier Marin, le pourvoyeur de bastilles; ce même Marin que l'on montre à la foire, au milieu de toutes sortes d'animaux féroces : *C'est ici que l'on voit le monstre marin, cet animal sans pareil, né à la Ciotat!* N'ayez garde aussi que je vous oublie, ô mes chers confrères de la chronique scandaleuse : Linguet, l'abbé Grosier, l'abbé de La Porte, l'abbé du Tertre, ex-jésuite, de Caux,

Resseguier, Palissot, Bret, Berlan, de Bruix, Dorat, Louis Bergier, d'Arnauld, Coste, Blondel, Patte, Poinsinet, Vandermonde, de Sivery, Le Roy, Castillon, Colardeau, Beaulaton du *Paradis perdu,* Beaudisson de l'*Impromptu,* Boisard de la fontaine du Marais, d'Éon de Baumont, homme et femme, espion et catin.

« Que dis-je ? Et ce fourbe à petit collet, Gossard ? Et le roi des fourbes, le chevalier de La Morlière, un tyran de comédie, un pirate de coulisses, un claqueur, et disputant avec une voix de Dujardin et ferraillant avec une plume d'oie. Pour un dîner, il eût applaudi le *Régulus* de Dorat, et l'*École du Sage,* de Bessir! pour un souper, il insultait la Dangeville. O le méchant homme ! A peine si deux ou trois fois il a écrit une page illisible, et partant, tel qu'il est, il s'est fait l'arbitre de toutes les renommées. Chacun tremble à son aspect, et la maîtresse et l'amant. Chacun le flatte et le supplie, il fait peur à Lekain ; il intimide Molé; le regard faux de La Morlière suffit à troubler cette grande cavale de Clairon. Il a fait réussir par son bon goût le *Varuckma* du sieur Codier, et, par son caprice, il a fait passer Mlle Deplan avant Mlle de Beaumesnil. Il est le bienvenu chez le prince de Soubise; il est l'ami de Palissot, le collaborateur de Voisenon, le parasite de M. de Marigny. Voyez-vous, à son petit lever, le petit lever de La Morlière ! Oison de Carrière, Ignace Varron, et Castillou le chantre des Roses ! Il n'y a pas jusqu'à Château de la Rocheberre qui ne lui ait dédié ses *Préludes poétiques !* une dédicace à La Morlière! Chacun le hait et le salue. Quand il entre à la Comédie, on s'incline; à l'Opéra, sa présence est une fête; au Café, il est le maître absolu. Il me protége, il me tutoie; il m'appelle son petit Rameau; je suis son témoin dans ses duels à coups de canne. Eh! oui, je le méprise et le recherche. Et voilà ma compagnie habituelle, et, quand huit jours se passent sans le voir, je suis comme un corps sans âme... il me semble que je ne suis plus bon à rien.

Diderot. — Sans doute, en ce café de Trophonius, ce matin même, avez-vous fait à vous tous de la bonne besogne?

Rameau. — Une besogne excellente! on a déchiré la ville et la cour; hormis le roi et le lieutenant de police (on ne touche guère à ces deux-là), nous n'avons épargné personne, et ce soir je vous promets que nos chansons et nos anecdotes ne tomberont pas dans l'oreille des sourds. Ce soir, tout Paris saura que Dugazon a surpris, dans la poche de sa femme, une lettre du marquis de Langeac; on saura que Mlle Doligny est partie en poste pour Villers-Cotterets; que Mlle Contat... Elle est amusante l'histoire de Mlle Contat, je vais vous la dire. Elle a reçu avant-hier la visite d'un prince du sang, et par mégarde elle avait laissé traîner sur les meubles plusieurs assignations de ses créanciers, lesquelles tombèrent entre les mains de Son Altesse. « N'est-ce que cela? dit le prince, eh bien je m'en charge! » En effet, le surlendemain il revint avec un arrêt de *surséance* pour une année. O les bons billets de mademoiselle Contat!

« Dans cette même séance à tout brûler, nous autres, les jurés-peseurs de l'honnêteté des femmes et de l'honneur des hommes, nous avons arrêté que Mlle Guimard avait trompé le prince de Soubise pour le maréchal de l'Hospital ; que le comte de Lauraguais était l'auteur du mémoire intitulé : *Pour moi, par moi!* que l'ambassadeur d'Autriche, le comte Mercy d'Argenteau, avait acheté une baronnie, une terre à clocher, à Mlle Levasseur ; que Mlle Dumesnil avait bien fait d'enlever le rôle d'Éryphile à Mme Vestris, et que Molé (j'ai fait déclarer ceci pour vous, monsieur Diderot) était pathétique et touchant dans le *Père de famille.*

« Avons-nous mangé de la Clairon ! de la Rosalie et de Mme la duchesse de Mazarin ! Avons-nous signalé l'abbé de Saint-Germain logeant chez lui, à Bercy et rue de Richelieu, Mlle Leduc, de l'Opéra ! les RR. PP. de l'Abbaye attendant chez la dame et l'heure et le bon plaisir de Monseigneur ! Et nous avons *crossé* de la belle sorte Mlle Leduc. Avons-nous ri de M. de Créqui, s'arrêtant devant une auberge, à lire : « Ici, bon vin, bon logis, jolie servante à pied et à cheval, » et ne voyant pas qu'il est à la porte de monseigneur l'évêque de Rennes ! Quant aux chansons, c'est à n'en pas finir. Nous tournons le couplet sans rime et sans raison, avec des refrains à l'emporte-pièce, et sur des airs à la diable :

> La Vestris achète à grand prix
> Les bravos de la populace ;

A force d'art et de grimace,
Elle fait applaudir ses cris ;
Elle ne vaut pas, à tout prendre,
Pas un sou.....

DIDEROT. — Merci de moi! Je ne sais rien de plus bête que vos chansons.

RAMEAU. — Certainement, c'est bête, et justement il y a dans cette ville un tas d'oisifs qui ne vivent pas d'autre chose. Il faut leur fabriquer, chaque matin, l'esprit qu'ils auront le soir ; ce sont des échos que nous ne laissons pas mourir d'inanition. Puis, cachés dans nos trous, nous écoutons le bruit de ces fariboles ; nous étudions le désespoir de ces messieurs et de ces dames, nous voyons le grincement de la Comédie et les rages de la Tragédie, et ça nous amuse, et ça nous venge! Et tant pis pour Mlle Asselin si nous avons signalé sa ressemblance avec la grenouille, et tant pis pour Dauberval si nous avons visité le salon carré de son superbe appartement.

« Nous savons tout, nous voyons tout, nous disons pis que tout. Nous étions le samedi-saint à la Sainte-Chapelle, où l'abbé de Sailly, grand chantre de cette collégiale, a touché les possédés, et les a renvoyés hurlants et guéris. Nous avons assisté à la répétition d'*Aline, reine de Golconde,* et nous avons compté les œillades assassines de Mmes Heinel, Asselin, Peslin, Myon, Pitrot, dirigées contre le sieur Bertin, *des parties casuelles.* A la séance publique de l'Académie, où M. Thomas a remporté le prix de poésie, nous avons découvert, les premiers, dans la loge du directeur, M. de Moncrif, une prêtresse de Cythère appelée Mlle Mazarelle, et sa digne associée la petite Armande. Pensez à la fureur de Moncrif... De toute part il cherche quelqu'un à bâtonner : c'est un vrai *sauve qui peut!* Nous savons aussi quelles seront les armoiries de Mlle Duthé : la housse du cocher, les supports des laquais, les roues, les moyeux, les marchepieds du carrosse, autant de merveilles! Mais nous, de rire et de compter combien peu cela coûte à la dame, et tout ce que ça coûte au monsieur! Ah! nous avons de la morale et de l'esprit à revendre! et nous nous sommes indignés vraiment, quand nous avons vu sur les panneaux de ce beau carrosse,

<blockquote>Où tant d'or se relève en bosse,</blockquote>

se becqueter ces deux colombes amoureuses, dans un nid de fleurs de lis ou fleur de la royauté de la France, au dire du roi Louis le Grand!

« Nous savons aussi que la grande Clairon sera tantôt princesse et margrave de Baireuth. Elle sera reine; elle aura sa cour, ses chambellans, sa maison, son almanach, ses ducs et pairs, ses gouverneurs et lieutenants généraux, ses brigadiers d'infanterie, et sa chambre souveraine. Elle aura son garde-meuble de la couronne, son école royale militaire, et son gouvernement de l'hôtel royal des Invalides. Elle aura son arsenal, son château royal de la Bastille, son état-major de la cavalerie légère, et ses chevaliers de la Toison d'or.

Elle aura son chancelier garde des sceaux, son prévôt maître des cérémonies, ses trésoriers, ses ministres, ses ambassadeurs. Elle aura sa chapelle et son grand maître, son grand chambellan ; elle aura sa garde-robe et ses capitaines des gardes du corps ; elle aura sa petite écurie et sa grande écurie, et ses Cent-Suisses, et son maître d'hôtel, et ses gardes de la porte, et ses secrétaires de la chambre et du cabinet. Voilà ce qui l'attend, cette auguste Clairon, la plus mauvaise comédienne de la Comédie. Et songer que M. de Voltaire, un si grand homme, n'a pas de honte d'écrire, à la louange de cette infante, des vers de mirlitons :

> Les talents, l'esprit, le génie,
> Chez Clairon sont très-assidus...

« Nous vous dirons aussi demain, pas plus tard, comment le sieur Rebel, directeur de l'Opéra, a surpris Mlle Petit dans sa loge avec M. de Meslay, président de la Chambre des comptes, et par quel triste accident Mme de Charnois, la protégée du marquis de Permengle, au moment où elle montait sur le théâtre, a été prise et conduite aux Madelonnettes ; et, l'infortunée, un vil exempt a brisé son sceptre et sa couronne. On l'a rasée, on l'a fouettée, on l'a condamnée à la bure, au pain noir, pour le reste de ses jours, pendant que Mlle Rosalie était portée au troisième ciel de l'Opéra.

« Messieurs, pleurez Mlle Dangeville, elle a perdu le duc de Praslin, membre de l'Académie des sciences.

Messieurs, pleurez Marmontel ; il est en train de quitter la femme de son financier, pour épouser une Agnès de la rue Saint-Denis :

Ce Marmontel si gros, si long, si lent, si lourd...

« Pleurez Mlle Guèle, une danseuse surnuméraire; elle se croyait morte... elle a donné tout son bien à ses parents pauvres; elle est ressuscitée, et son bien est mangé. C'est une fortune à recommencer. Plaignez Mlle Cléophile, elle porte à son palais une feuille d'or, et, qui pis est, elle a pour son poëte M. de la Harpe :

> Quoique Amour m'ait dans ses chaînes
> Engagé plus d'une fois ;
> Quoique Amour, malgré ses peines,
> M'ait fait adorer ses lois,
> Par une erreur très-facile
> Dans un cœur bien enflammé,
> Je crois, près de Cléophile,
> N'avoir pas encore aimé.

« Ce même soir, dira la chronique, Mme de Sénac a quitté le comte de La Marche pour le duc de Fitz-James, et le comte de La Marche a convolé avec Mlle Prévost. Dans la rue Meslay habite une belle fille appelée Mlle d'Argent; elle était peu connue. Aujourd'hui sa fortune est faite; un conseiller au Parlement, M. de la Gaspillère, en personne, s'est jeté par la fenêtre de la dame en criant : *Je meurs pour elle!* et s'est bravement cassé le cou. Mlle Châtillon est condamnée à un an d'hôpital pour avoir séduit, sur la brume, un Cent-Suisse des Tuileries. *Plaudite cives!* La Magarelli épouse en légitimes noces le comte de Saint-Chamond; Babulaud est son témoin. Une autre fille du monde retirée du service, Mlle Fauconnier, a *mis* aux pieds de Palissot sa fortune et sa main ! Mlle de Navarre, enlevée au maréchal de Saxe par Marmontel, deviendra demain la marquise de Mirabeau... et s'en repentira dans huit jours! Mme de Chanbonnas, la digne mère de Mme de Langeac, a perdu son procès contre Mlle Fanier, sur le rapport d'un vieux grand'chambrier, M. Pasquier, revenu depuis longtemps des erreurs de la jeunesse :

> Fanier disait en s'en allant :
>   Moi, sans art je sais plaire.
> On peut se passer de talent
> Quand on est minaudière.
>   Mon nez retroussé,
>   Mon maintien pincé,
> Ont toujours fait merveille.
>   Mon ton, mon caquet,
>   Tout est déjà prêt
> Pour quand je serai vieille.

Voilà, ou peu s'en faut, le travail de la nuit passée, et vous pensez bien, Diderot, que, parmi nous, c'était à qui ne s'en irait pas le premier, tant chacun avait peur de servir de plastron à tous les autres. Nous nous connaissons si bien, nous nous estimons si peu !

Sans compter ceci, que le café est plein de mouchards ; monsieur le lieutenant de police a déjà sur son bureau la fleur du panier de nos calomnies, le dernier couplet et le premier couplet de nos chansons. Ça l'amuse ! il fait son profit de nos badinages ; il en divertit la favorite, et la favorite, à son tour, en fait des gorges chaudes avec Sa Majesté. Puis, bonté divine ! si la comtesse a négligé de sourire, si le maître a froncé le sourcil, si le lieutenant de police a jugé

> Que nous faisons un bruit
> A rendre les gens sourds :

A Saint-Lazare ! à la Bastille ! au fort de Joux ! ces mécréants, ces trouble-fêtes ! Tout n'est pas rose et jasmin dans notre métier ! Un bon mot nous tue, un couplet nous enferme. Il y a contre nous des rancunes qui durent vingt années. Je suis encore épouvanté de ce que j'ai vu l'autre soir, avant de venir dans nos cavernes chercher peut-être la même peine et le même châtiment.

Un pauvre homme oublié, Dieu le sait ! nous revenait du château de Ham, en Picardie, où, depuis vingt-sept ans, il était enfoui dans un cachot de huit pieds carrés, sur la paille, en proie à tous les supplices, sans feu, sans vêtement, sans lumière. Il était seul, abandonné, plus que mort, et toutes ces misères, en châtiment d'une action qui ferait envie aux plus honnêtes gens. Ce pauvre homme était à l'Opéra lorsque fut arrêté, contre le droit des gens, le prétendant, le dernier des Stuarts, qui réclamait en vain l'hospitalité de la France. Il vit le dernier des Stuarts, l'amant de la princesse de Talmand, une cousine de la reine, le petit-fils de Jacques II, le fils de Clémentine Robieska, une sainte, indignement lié à des cordes, et traîné à travers les cuisines du Palais-Royal, par des sergents des gardes françaises! Il entendit cette voix royale appeler à son aide, et se débattre en invoquant le nom de Louis XIV... Le nom du grand roi se perdit dans l'espace... à peine si les échos du château de Saint-Germain l'entendirent, et le Stuart fut traité comme un pamphlétaire! Rentré chez lui, le pauvre indigné dont je parle écrivit d'une main pleine de fièvre cette adjuration au peuple français :

> Peuple autrefois si fier, peuple aujourd'hui servile
> Des princes malheureux vous n'êtes plus l'asile.

Pourquoi donc, tout d'un coup, l'avait-on rendu à la douce lumière du jour? Comment rentrait-il soudain, après tant d'années, dans ce café Procope, où l'exempt l'était venu prendre? C'est encore un mystère. Il est revenu... Ses yeux éblouis n'ont reconnu personne. Il a pleuré, et, quand on lui a demandé son nom, il n'a su que répondre. On eût mieux fait de le tuer tout de suite, il aurait moins souffert. C'est un fantôme... et pourtant il n'est pas mort!

Vous soupirez! Consolez-vous avec les quatre vers que les garçons de Procope ont inscrits sur le collier du chien de Riballier :

> Passant, lisez sur mon collier
> Ma décadence et ma misère :

> J'étais le chien de Bélisaire,
> Je suis le chien de Riballier.

Enfin, n'étaient ces cachots, ces chaînes, ces étrivières, ces pailles pourries, tout va le mieux du monde. Le prince de Monaco est toujours aux pieds de Carabine, M. de Voltaire est toujours amoureux du génie et du talent de Blin de Saint-Maur. Le sieur Collinet, fils du bourreau d'Amiens, fait toujours des livres pour l'instruction de la jeunesse, et, cette année encore, nous avons un mandement sur l'air :

A Paris l'y a deux lieutenants.

> A Paris sont en grand soulas
> Deux saints prélats :
> L'un est le chef et l'autre son
> Premier garçon.
> Leur carnaval est d'annoncer
> Qu'on peut laisser
> Filles, garçons, femmes et veufs,
> Casser des œufs...

DIDEROT. — Ce que vous dites là, Rameau, est la critique amère de cette profession des lettres, qui serait la plus honorée et la plus honorable des professions, si elle n'était pas livrée incessamment à tous les aventuriers de la plume et de l'écritoire. O misère ! est-ce vrai qu'il faille un diplôme, un chef-d'œuvre, une maîtrise, avant qu'un homme ait le droit de faire un bouton de guêtre, et que le premier venu se croie autorisé à faire un livre ?

Quelle foule, hélas! de nos chers confrères les écrivains, si nous comptions les princes, les ducs, les comtes, les marquis, les barons et les chevaliers qui écrivent, en prose ou en vers! Ouvrons les livres nouveaux des six derniers mois de cette année, et nous trouverons, acharnés à cette œuvre de ténèbres, des maréchaux de France, des lieutenants généraux, des maréchaux de camp, des brigadiers, des colonels, des gardes du corps. Les uns et les autres, chacun s'en mêle : chevaliers du Saint-Esprit, chevaliers de Malte, chevaliers de Saint-Louis, chevaliers de Saint-Lazare, chevaliers de Saint-Michel, chevaliers d'industrie et chevaliers sans chevalerie.

Et, dans cette liste, il ne faut pas oublier les gens d'Église : abbés, prélats, chanoines, curés, vicaires et sacristains. La magistrature, à son tour, arrive avec ses présidents, conseillers, maîtres des requêtes, maîtres des comptes, avocats, greffiers et procureurs. Les financiers de leur côté, ne s'en gênent guère : fermiers généraux, receveurs généraux, payeurs des rentes et leurs commis. Ils font presque autant de livres que les médecins, les chirurgiens, les apothicaires et les dentistes. Chaque artiste de différents états possède aussi son orateur, son historien, son démonstrateur : peintres, musiciens, violons de l'Opéra et joueurs de vielle. Enfin, parmi les artistes et les artisans, nous trouvons des horlogers, des maréchaux ferrants, un maître maçon, un maître boutonnier. Il y a aussi quelques libraires, Luneau de Boisgermain, par exemple ; mais ceux-là écrivent peu, tant ils ont peur de se ruiner eux-mêmes.

Encore, si chacun de ces écrivailleurs s'en tenait à sa partie, à sa profession, à ce qu'il sait plus ou moins bien ! Mais non, ces messieurs n'ont point de cesse qu'ils n'aient été sur les brisées les uns des autres. C'est ainsi que messieurs les curés font des tragédies, les magistrats des romans, les maîtres-serruriers des ouvrages de métaphysique et de morale. Les ordres religieux brillent également dans l'*Almanach des Beaux-Arts,* par le nombre des plumitifs. J'en ai compté soixante-cinq parmi les jésuites, quarante-sept chez les bénédictins, quatorze dans la congrégation des oratoriens, dix parmi les chanoines réguliers, huit chez les jacobins, six parmi les capucins, trois ou quatre chez les augustins, deux parmi les prémontrés, autant chez les cordeliers et les carmes. J'en trouve (et ceci soit dit à leur louange) un seul chez les célestins, un seul chez les théatins, pas un chez les minimes. Les femmes auteurs sont au nombre de vingt-cinq, tant dames que demoiselles, etc. Les provinces qui fournissent le plus d'écrivains sont la Normandie, la Bretagne, la Provence et le Languedoc.

Rameau. — J'en conviens ; mais si les poëtes étaient moins rares, nous n'aurions pas l'ode à *la Patience,* de M. Lemierre.

Diderot. — Nous n'aurions pas les deux épîtres de l'abbé Delaunay, l'une *Au chien du roi,* l'autre à monseigneur l'évêque d'Orléans.

Rameau. — Et *le Mercure!* on lui couperait les vivres en le privant de Mme Dubocage et de la petite

Bligny! Comment donc ce grand *Mercure* pourrait-il renoncer à l'esprit de ses poëtesses : Mme de Pomponne de Molac, Mme de L'Estival; M. D. X. D. S., *garde du corps du roi, compagnie de Noailles;* aux inventions de M. Buy de Mornas, de M. Charuel d'Autrain, de M. Cholet de Jetphort, infidèles pour le *Mercure*, à l'étendard de l'*Almanach des Grâces*, et des *Étrennes de Polymnie?* En même temps que faire et que devenir, si nous étions sevrés des innocentes épigrammes de M. Sireuil, des fables de la Chabeaussière, des chansons de Chapuis et de Nivelle, et des rondeaux de Chasseville, véritables flèches de l'arc d'Apollon? Et chaque trimestre, au renouveau de l'abonné, arrivent à la rescousse et tout flamboyants de poésie, Armand Chaudon, armé du poignard de l'épopée, Ustariz de Correp, un Basque, et Clairfontaine, ode et madrigal tout ensemble; et M. Oye, à Oye, et tous ces grands auteurs qui nous envoient de la province une foule de petits poëmes, dont le seul titre est une suite d'enchantements :

CHANSON

Présentée par une fille, enfant de onze mois et demi, à sa mère, le 15 août, jour de sa fête.

LE BERGER CORYDON

A son serin favori, en l'envoyant à Corinne, bergère illustre par l'union des grâces et des talents avec la vertu.

LES ÉLÉMENTS

POEME GALANT

*Par M. de Lavergne, conseiller au présidial de Villefranche,
en Rouergue.*

ÉPITRE A M. LE CHEVALIER D'ALIEZ

*Secrétaire perpétuel de l'Académie des jeux floraux
de Toulouse, sur ce qu'il m'en a envoyé un recueil,
et sur ce qu'il y a inséré une pièce de ma façon, etc.*

VERS A MADEMOISELLE ***

CARESSANT UN CHAT
Et lui mettant, en forme de laisse, un ruban couleur de feu.

Et voilà *le Mercure!* Un tas d'énigmes et de logogriphes! Il est ainsi fait, ce fameux dépositaire et confident de la poésie et des libertés de la France! Admirez, peuple! Honorez, nation! Voilà pourtant le recueil qui sera la gloire ou la condamnation du xviiie siècle et du roi son maître! Ah! que, si j'étais roi, j'aurais de honte en songeant que l'avenir dira, parlant de ma triste majesté : Voilà pourtant ce que l'on écrivait sous son règne! Il était le prince et le premier des beaux esprits... il s'amusait de ces fadaises. Son palais en était rempli! Sa cour en était obsédée; on ne voyait que cela sur la toilette de ses maîtresses, dans l'antichambre de son confesseur. O *Mercure!* au niveau de toutes les intelligences misérables... immédiatement au-dessous de rien. O *Mercure!* un contemporain de l'*Encyclopédie* et du *Contrat social!* Dix-huit millions d'hommes pour l'écrire, et vingt censeurs pour le censurer !

Le Mercure! Il est le Mécène des belles-lettres ! l'Empereur Auguste des beaux-esprits ! le Pollion des poëtes ! La plus grande ambition d'un écrivain qui se respecte est d'obtenir une pension du *Mercure!* Il est le pain quotidien de La Harpe et de Marmontel, et d'un tas d'autres affamés de la poésie et du *conte moral* qui mourraient de faim, si pendant vingt-quatre heures *le Mercure* oubliait de publier les épîtres de M. de Relongue de la Louptière, de la Côte-d'Or ; les chansons de M. Gampon, crieur public de la ville de Montélimar ; la poésie fugitive de MM. de Volgar le jeune, Conchon, Grignon, Croizetières, d'Hané, Ducray, Pulvy, Gervais, Corsay, Grouvelle, Imbert, Lalleman, Laurenvel, Marsollier des Vivetières, Rançon, Mus, Pain, Piis écuyer, Regnéant de Beau-Caron, Sabatier de Cavaillon, Sainte-Aldegonde, Saint-Pérai, Thiard, Tiberge, Traversier, Voudière, *soldat du roi François,* Vergier !... Tant que cela, dites-vous, pour rédiger *le Mercure?* Hélas ! oui, pas un de moins ! Ils y sont tous pour leur part, les Compan, les Clottereau, les Claudet, les Collignon du Mart, les Connink, les Coutant d'Orville, les Coquillot, les Coquart, les Coquelin ; incontestablement nous sommes une nation de beaux esprits ; nous produisons chaque jour des œuvres charmantes, et la postérité s'étonnera, soyez-en sûr, de tout le génie et de l'invention que nous avons dépensés! Mais voici l'heure où je vais au *Mercure,* uniquement pour remettre sur leurs pieds les *énigmes* de la Normandie et les *logogriphes* du Languedoc! C'est une pièce de trente sous que ça me rapporte ainsi tous les mois... »

Et il s'en fut en chantonnant.

CHAPITRE VI

LES FINANCIERS

 la suivante rencontre : « Il faut convenir, me dit-il en m'abordant, que je suis un grand maroufle et que vous avez bien de la bonté de me suivre en toutes mes stations. Je vais sans cesse d'une idée à l'idée opposée à mon idée, et c'est seulement quand je vous ai quitté que je me souviens de toutes les belles choses que je voulais vous dire, et que j'avais mises, exprès pour vous, dans une case à part de mon cerveau. Reparlons, s'il vous plaît, de mon fils, et des soins que j'ai prodigués à son éducation.

J'assistais l'autre jour, en Sorbonne (elle me plaît assez, cette vieille Sorbonne : elle est calme, entêtée et violente ; elle enterrera l'*Encyclopédie*), à l'examen pour la *licence* du jeune comte de Montmorency-Laval, et de son charmant condisciple et camarade, M. de Persan. Ils étaient entourés de tout ce que la ville et la cour, l'armée et le parlement, Saint-Sulpice et l'archevêché ont de plus rare et de plus exquis. Plus d'une femme en grand habit assistait, dans les tribunes, à cette imposante cérémonie, et le fameux docteur Petit-Pied la présidait.

DIDEROT. — Le docteur Petit-Pied ! N'est-ce pas le docteur Pont-Neuf, ainsi nommé parce qu'il n'a jamais traversé le Pont-Neuf?

RAMEAU. — Eh! dites mieux : ce pantouflier de Sorbonne est-il donc le bourreau des *Lettres persanes*, de l'*Émile*, du *Dictionnaire philosophique*, de la *Lettre sur les Aveugles* et de la *Confession du Vicaire savoyard*?... C'est lui-même! Il ne connaît que saint Augustin, saint Thomas, saint Basile, et autres lumières d'Orient et d'Occident. C'est le Bœuf de la Sorbonne! Il ne donnerait pas ça de Buffon, de Raynal, de Voltaire, d'Helvétius et de mon ami Diderot. Il les regarde ; il les lit ; il les condamne, il les damne ; il s'en lave les mains, et de vos colères, de vos ironies, de vos mépris, de vos injures, il ne sait pas le premier mot. Il est solide, il n'a pas d'esprit. Il est un bon théologien, et la théologie est parfaitement dédaigneuse de tout le reste. Ça me fait rire et ça m'enchante, un pareil homme, ignorant des foudres de Ferney et de tout le bruit de votre petit monde ! Il tiendrait le roi de Prusse entre ses grandes mains théologales... il étranglerait le roi de Prusse avec aussi peu de cérémonie que s'il avait nom : Jean Huss, Calvin, Diderot, Zwingle, Voltaire ou Martin Luther. Le docteur Petit-Pied, voilà le maître absolu... après M. le lieutenant général de police et M. le lieutenant criminel !

La Sorbonne, le docteur Petit-Pied et sa censure, il n'y a au delà que le donjon de Vincennes ou la Bastille! Et si vous saviez qu'il était heureux, ce brave homme, superbe et content, quand, délivré de Jean-Jacques, de Montesquieu...

Diderot. — Et de l'abbé de Pradt!

Rameau. — Et de l'abbé de Pradt, qu'il a chassé de licence et de Sorbonne, pour avoir appelé *miracles* les cures d'Esculape : *Habent vultum et habitum in aliquibus ab Æsculapio factis!* Tant pis pour Esculape, on l'excommunie avec Diderot son compère et l'abbé de Pradt, son complice... Ah! qu'il était heureux, le docteur Petit-Pied Pont-Neuf ce jour dont je parle... il prêtait une oreille attentive et charmée aux beaux discours de M. de Montmorency-Laval, qui parlait couvert et les mains gantées (un droit de sa seigneurie), aux belles paroles de M. de Persan, qui argumentait tête nue et les mains nues, c'est vrai, mais de si belles mains, une tête bouclée, et des yeux d'un si beau feu! Quant à moi, perdu dans cette foule intelligente, il me semblait que j'assistais à la thèse du jeune prince de Condé, qui fut docteur en cette même Sorbonne, et j'admirais le jeune bachelier, M. de Montmorency-Laval, demandant à M. de Persan les motifs de la guerre que Darius et Xerxès firent à la Grèce, et l'explication du récit de la bataille de Marathon, qui se trouve dans Justin. Ces messieurs expliquèrent ensuite les scènes les plus intéressantes des *Adelphes* et de la fable de Phaéton. Ils répondirent, sans hésiter, à toutes les questions d'histoire, de géographie, de sphère et de mythologie. Ils récitèrent enfin une ode en latin de leur composition, que le docteur Pont-Neuf compara aux *Néméennes* de Pindare, au Chant séculaire d'Horace, et chacun s'extasiait et félicitait le collége Mazarin de ces deux élèves... — Par Dieu ! me disais-je, ils nous la donnent belle, avec leur science et leur vertu ! La science et la vertu, c'est leur devoir. Quand on s'appelle à la fois Montmorency-Laval et Luxembourg, quoi de mieux que d'être un honnête homme ? Et lui-même, le jeune M. de Persan, qui sera, dans huit ou dix ans, avocat général au parlement de Paris, je comprends que déjà il parle en sage. A chacun sa tâche : à ces messieurs la gloire, à mon fils le gain.

DIDEROT. — Et la honte !

RAMEAU. — Quelle honte ? Être un riche, et marcher dans les sentiers de diamants et de perles, semés de poudre d'or ! Porter ce grand nom de Samuel Bernard, ce juif que promenait Louis XIV dans les jardins de Marly que le juif allait payer, ce serait de la honte ? Et marier le même jour la fille de son fils aîné, avec huit cent mille livres de dot, avec le fils de M. de Lamoignon, président à mortier ! La honte ? Accorder douze cent mille livres à M. Molé de Champlâtreux, un de messieurs du grand banc, pour qu'il daigne épouser notre fille de second lit ! La honte ? Élever à Passy pour sa maîtresse un palais, une seigneurie, et la meubler, et trois cent mille livres de rentes ! La honte ? Marier avec un million chacune des trois filles de cette dame et seigneuresse de Passy ! La honte ? A quatre-vingt-deux ans payer cent cinquante mille livres rien que pour ses dîners ! Prêter des millions au roi Stanislas, au beau-père du roi de France, pour l'aider à retrouver sa couronne. La honte ? Avoir à sa table, et familièrement toute la maide Guyze ! Ah ! si quelqu'un doit rougir de cette fortune, ce sont les petites gens qui l'accablent de leurs mépris :

> O temps ! ô mœurs ! ô siècle déréglé
> Où l'on voit déroger les plus nobles familles :
>   Lamoignon, Mirepoix, Molé,
>   De Bernard épousent les filles
> Et sont les recéleurs du bien qu'il a volé !
>   *Cris impuissants ! Fureurs bizarres !*

Avec seize millions, qui donc eût refusé la fille de Samuel Bernard ? Avec beaucoup moins, quelle fille de maréchal de France eût refusé le fils de M. de Boulogne, de M. Cromot (tout court), de M. Hamelin (tout court), de M. Boësnier sans *de*, de M. Collet de Hauteville ? Il n'avait cependant que huit millions, M. Collet de Hauteville : il maria sa fille à un *duc et pair !* duc et pair et cordon bleu. *Fumer ses terres !* voilà le problème. — Allons, mon fils, appartiens au fumier !... Ramassons du fumier ! Aussi bien, dès qu'il eut l'âge de raison, à Dieu ne plaise que je lui aie parlé de Darius et de Xerxès, des Grecs et des Athéniens, ou de tout autre héros de *la Morale en action*. Non, non, il saura toujours assez tôt les bons mots, les belles reparties, les vertus extraordinaires, un tas de choses qui ne mènent à rien... Le fumier! le fumier!... Et je faisais passer sous ses yeux éblouis quiconque a touché, a gardé, gardera et touchera de l'argent : les fermiers généraux, les trésoriers de l'extraordinaire des guerres : caisse des emprunts, billets de monnaie et lettres de change de *Bernard* et *Nicolas*, et des frères *Hoguez*.

Je portais même envie au *rat de cave!* — Oui, mon fils, il vaut mieux être un rat de cave opulent, que d'être un chevalier de Saint-Louis, de porter la *traîne* à la procession du cardinal de Chevreuse; et, si les gens invoquent la philosophie, on rit au nez de ces gens-là; et l'on répond : Un peu de philosophie et beaucoup d'argent... Le fumier! le fumier! le fumier!

Diderot. — Eh quoi! vous avez eu ce funeste courage? Il n'a pas vu d'autre dieu qu'un louis d'or? Il n'a jamais entendu parler que des hommes d'argent? Il ne sait pas encore, à votre compte, les noms de Socrate et de Phocion, de Caton d'Utique et de Trajan, de Marc-Aurèle et d'Aristide, d'Harmodius et d'Aristogiton? Il ne sait que la finance! il ne connaît que le bruit du coffre-fort? Ah! le malheureux, il vivra donc, il mourra donc sur son fumier?

Rameau. — Dites plutôt l'heureux jeune homme! A peine il eut l'âge de raison, qu'il s'est enfui, emportant mon louis d'or. Il m'a volé le dieu que je lui faisais adorer! Oui-da! mais il lui a fait suer l'usure; il l'a prêté et reprêté à la petite semaine! Ah! le gaillard! quel chemin il a fait sur cette pente rapide où je l'avais lancé! Il fut tout de suite un petit, un second Bouret, un autre Monteauround, mais un Monteauround qui n'eût pas donné dix écus du *Cinna* de Corneille. Pas si bête! Et voilà comme il est déjà devenu, grâce à moi, son père, un commis de la première condition; sa noble mère elle-même en serait fière, si elle le connaissait.

Je suis, moi, son Plutarque, et dans mes meilleurs chapitres, quand mon aimable enfant, presque à jeun (la nécessité est une Muse!), était bien attentif à mes enseignements : « Muses, chantons les héros de la ferme générale! » alors je lui parlais du fameux Bouret ou Bourette, l'Alcide et l'Ajax de ce siècle, un fils de laquais, mais un laquais dont l'âme était plus haute que l'âme d'Alexandre. Il n'avait pas vingt ans, ce Bouret, qu'il était déjà directeur des aides à la Rochelle. — « Moi, Bouret, disait-il à ses camarades ébahis, dans vingt ans d'ici j'aurai vingt millions, ou je serai pendu. » A vingt et un ans, ce brave enfant avait déjà affamé toute une province. Il avait accaparé tous les blés à prix d'argent, pour les revendre au poids de l'or.

On ne l'appelait, de toutes parts, que le grand Bouret; tout se portait *à la Bouret :* habits, chapeau, carcan de pierreries à la Bouret! Il était assez joli homme; il plaisait aux femmes de Mme de Pompadour, il prêtait de l'argent à la marquise, il plaçait ses laquais dans les gabelles; mieux que cela, Bouret, il achetait des bons mots tout faits, qu'il prêtait pour rien à M. de Machault; c'est pourquoi tout lui fut permis, et qu'il eut son entrée et sa part royale au *Pacte de famine!* Ah! Bouret! — Il a mangé, disais-je à mon fils, à lui tout seul, sans donner un petit écu à un pauvre, oui, mon cher enfant, comprends-moi bien, trente-six beaux millions, et si complétement il les a mangés, qu'il est mort, non pas d'une indigestion, comme le poëte Barthe, mais tout simplement à l'hôpital. Bouret, qui fit bâtir un pavillon dans la forêt de Sénart et qui dépensa trois millions pour le bonheur de voir Sa Majesté manger une pêche au pavillon Bourette! Et je le vois d'ici, Bouret, suivant d'un regard avide et content le jeu des muscles de Sa Majesté... Quelle envie il portait au noyau de sa pêche! et ce noyau, il l'avait fait monter en bague; il le portait à son petit doigt comme le plus beau joyau de sa couronne... Un jour il voulut le mettre en gage chez les Lombards; ils n'eurent pas de honte de lui en offrir une pièce de quinze sous. — Malheureux! disait Bouret. S'il eût été Jupiter, il les eût foudroyés.

DIDEROT. — Vous oubliez, de ce Bourette, une flatterie. A peine il eut bâti et doré du haut en bas, ce pavillon de Croix-Fontaine, il réserva son plus beau cabinet pour une bibliothèque de mille volumes, reliés par le relieur du roi, en maroquin rouge, aux armes des Bourette. Il y avait sur chaque volume, écrit en lettres d'or : *Le Parfait bonheur*, et tant fit Bouret, après que le roi eut mangé sa pêche, que le roi finit par prendre au hasard un de ces beaux livres, à l'ouvrir, et voici, mot pour mot, ce que contenait de la première ligne à la dernière de chaque page, à cinq cents pages par volume, ce traité du *Parfait bonheur :* Le Roi est venu chez Bourette, il est venu chez Bourette, il est venu chez Bourette. Alors le roi se prit à sourire, et Bourette commande encore un millier de volumes du *Parfait bonheur* — Le Roi a souri a Bourette... etc... Cherchez chez les sultans d'Asie, à la cour de Tibère, à la cour de Néron, vous ne trouverez pas un gredin de flatteur de cette force. Le roi a... etc., chez Bourette !

Rameau. — Une fois il a commandé à Boucher, peintre du roi, un pantin de trois mille livres, pour les étrennes de Mlle de Sens. C'est lui, Bouret, qui nourrissait une vache avec des petits pois à dix louis le litron, dans l'espérance d'envoyer un verre de lait à Mme de Pompadour, au mois de décembre. Hélas ! le grand homme, il est mort, et aussi son frère Bouret de Valroche. Un *De profundis,* mon fils, pour Bourette ou pour Bouret, car lui-même il n'a jamais bien su l'orthographe de son nom glorieux. »

Et l'enfant, joignant l'une à l'autre ses petites mains, faisait semblant de marmotter une prière, à la façon de l'orang-outang de M. de Buffon, ou du donneur d'eau bénite à Saint-Roch.

Une autre fois, je lui apportais en grand triomphe et comme une merveille inestimable le billet d'enterrement de Mme de Beaujon, afin de lui montrer que l'argent mène à tout, même aux honneurs :

« *Vous êtes prié d'assister au convoi, transport et enterrement de très-haute et très-puissante dame Élisabeth Bontems, femme de très-haut et très-puissant seigneur Nicolas Beaujon, conseiller d'État, secrétaire du roi, maison et couronne de France et de ses finances, receveur général des finances de la Rochelle.* »

S'il avait bien répété sa leçon, je le menais par les cuisines, dans les jardins de M. de Beaujon, lui faisant admirer toutes les violences que l'argent peut faire à la nature : les bassins, les ruisseaux, les jeux de l'eau, obéissante aux caprices du maître; les statues de marbre et de bronze, les fleurs, les gazons, les cabinets, les collections, la chapelle avec son chapelain, la bibliothèque avec son bibliothécaire... « Car M. de Beaujon possède un bibliothécaire appelé Meunier de Querlon. Et de même qu'il a ses poëtes, il a ses flatteurs; il a même sa favorite et ses gardes du corps. Sa favorite a nom *la Gabelle;* il a, pour l'entourer, pour la défendre et la protéger, une maison militaire plus nombreuse et moins payée que la maison militaire du roi : les aides, les impôts sur la viande, l'impôt sur les cuirs, le monopole du tabac, les droits sur l'huile et les suifs, les impôts sur le poisson, les légumes, le beurre et le fromage, et sur la toile et les étoffes de laine. Impôt sur le cresson, impôt sur le *trop bu,* impôt sur le mouron pour les petits oiseaux ! impôt sur l'air respirable ! impôt sur le soleil !.. que d'impôts ! mais aussi pour les défendre et les protéger, que de juges ! que de bourreaux ! A eux seuls, ces soixante fermiers généraux, ces soixante colonnes de l'État, entretiennent autant de janissaires que le roi Louis XIV en avait pour surveiller les protestants. Sur un scrupule, ils font mettre à la potence, à la roue, à la torture un suspect de faux saunage, un suspect de faux tabac. Ils ont leurs cours de justice, à leurs gages, et de leurs juges fiscaux les arrêts sont sans appel. Il y a là-bas, mon fils, nos deux cousins issus de germain, Collau père et Collau fils, qui pour le droit du *trop bu* vous appliquent à la question préparatoire, à la question préalable, et toujours le feu, le fer, les tenailles... *Le trop bu, le trop bu!*

Et le soir venu, à l'heure où les pauvres diables tels que toi, tels que moi, mon fils, ont à peine dîné, et, lassés de vivre, aspirent au sommeil, se disant tout bas : « *Qui dort dîne!* » et quand je frémis à la seule idée, ô misère! d'étendre, en criant de faim, mes membres nus sur la paille, et de dormir tout crument entre deux draps glacés, sous une couverture en lambeaux, songeant au matelas du jeune et beau de Laborde, à qui son père accorde un matelas neuf tous les soirs, M. de Beaujon, digne héritier du grand Samuel Bernard, du fameux Pâris de Montmartel, de Magnan de la Balue et de tous les tyrans de l'Artois, de la Bourgogne, du Languedoc, du Béarn, de la Bretagne et de la Provence (ô sangsues gorgées de sang, qui tiennent à notre peau jusqu'à la mort!); M. de Beaujon, après son *trop bu* des meilleurs vins de la Côte-d'Or, se retire en ses alcôves que Martin a vernies et que les Gobelins ont tendues. Il a près de lui messieurs ses quatre valets de chambre, qui le frisent comme un page et vous l'étendent doucement dans un lit de brocart, brodé par les fées. Trois oreillers relèvent cette tête en plein sourire. On entend dans le lointain de vagues harmonies : flûtes, rebecs, violons, parfois l'archet de Rameau, quand M. de Beaujon est content de Rameau ; puis les valets ouvrant discrètement les portes dorées de cette chambre aux suaves parfums, vous verriez entrer sur la pointe du pied, retenant leur haleine, le froufrou de leur robe et le craquement de leur soulier de satin... les *berceuses* de M. de Beaujon.

Six berceuses des plus belles et des plus jolies. L'une a vingt ans, l'autre un an de plus ; l'une est blonde et l'autre est brune ; celle-ci est comtesse... Il est vrai de dire que celle-là n'était qu'une bourgeoise, mais le grand Beaujon n'a pas voulu de bourgeoise parmi ses berceuses ; il a fait de sa bourgeoise une baronne de Cangé en lui achetant la terre de Cangé ; puis il l'a royalement mariée à Fenouillot de Falbaire, l'illustre auteur de *l'Honnête Criminel*. Et quand ces belles endormeuses ont pris place autour de ce lit du Parc-aux-Cerfs, où le sommeil et le rêve ont posé leur plus doux tabernacle, les berceuses, d'une voix douce et dolente, élégante et tendre, avec des murmures gracieux, de petits rires ingénus, de provoquants silences, des chansonnettes composées tout exprès pour Crésus, le bercent doucement, passant d'un conte à l'autre, et de l'ogre à la fée. On n'aurait garde, en ce Décaméron du dieu Plutus, en ces heures recueillies, de lire à ce brave homme une seule page de l'*Essai sur les Mœurs*, de l'ode sur *la Grandeur de l'homme*, de l'*Éloge de Marc-Aurèle* ou du *Discours sur l'inégalité des conditions*... Non, non ; dormez, sire, et dormez en paix !

Au bruit des louanges les plus tendres et des plus doux murmures, dormez! Et quand il est bien endormi, quand sa pensée a quitté cette terre indolente sur laquelle il doit retrouver, le lendemain, à son réveil, toutes ces misères d'où lui viennent toutes ces délices, les berceuses s'en vont souper, pareilles aux songes qui entrent et qui sortent par la porte d'ivoire, dans le palais du Sommeil. »

Telles étaient mes grandes leçons! Dieu sait si mon digne enfant m'écoutait, bouche béante! Et quand il avait bien savouré la pêche de Bouret, dans ce jardin planté sur le penchant du coteau, dans ce pavillon de marbre et d'or… quand il avait, déjà! soulevé, dans ses concupiscences naissantes, les dentelles et le linon des berceuses de M. de Beaujon, je lui racontais que le financier Palerne avait marié sa propre fille au propre fils de M. de Gontau et, des Gontau et des Beaujon, en suivant Mlle Renard, qui allait au pas, dans son carrosse attelé de quatre chevaux gris-pommelé, avec des harnais en soie cramoisie brodés d'argent, nous allions au jardin de Tivoli, chez le protecteur de Mlle Renard, le fermier général Boutin, un autre faiseur de merveilles, qui a jeté six cent mille livres *de rente* sur deux arpents de boue et de sable.

« Et si, par hasard, M. Boutin se rend à sa maison des champs pour y passer des jours alcyonniens, sais-tu bien, mon fils, mon cher adorateur du Veau d'or, ce qu'il emporte, accompagné, suivi, précédé de tous ses gens?…

« On dirait le train du roi. M. Boutin marche à

trente chevaux, six carrosses, un fourgon, neuf grands paniers d'osier, douze malles, couvertes de cuir et de peaux de sanglier, un porte-manteau, quinze écuyers en habit bleu galonné d'argent, et quatre piqueurs. Le peuple le voyant passer, et croyant, pour le moins, que c'est un prince, se jette à genoux dans la poussière du chemin, et porte ses mains tremblantes à sa bouche affamée, en s'écriant : « *Du pain, monseigneur!* » — Le financier écoute avec un sourire ces malheureux, dont il est la faim et la soif...

« Il est sourd! Il n'a entendu que ces deux mots : *Vive monseigneur!* Et s'il a compris leur geste : « *Ah!* dit-il, *sont-ils heureux d'avoir bon appétit! Mais ils ne se doutent pas que moi aussi je veux manger du pain de ménage!* « Et si tu savais, mon fils, que le fils de M. Delahaye, un simple commis, a perdu pas plus tard qu'hier huit cent mille livres sur une seule carte!... As-tu vu, par bonheur, passer ce matin, dans son carrosse, avec Mme de Belleveaux, la chanoinesse, M. Gauthier de Montd'orge, trésorier de la chambre aux deniers? Quelle fleur! quelle santé! quelle opulence! Ah! les belles heures!.. Il allait rendre sa visite à M. Houdry de Souci, qui a fait, avant-hier, cette magnifique banqueroute... Les braves gens, ces enrichis, ces Plutus! qu'ils ont d'esprit, quand ils s'en mêlent et comme ils savent goûter les joies du monde! Encore un coup d'œil à Boutin, s'il te plaît; le Boutin qui a placé sur la tête du médecin Bouvart douze mille livres de rente, lesquelles douze mille livres de rente s'éteignent avec lui, Boutin. Boutin, un gaillard qui repose, en vrai

Jupiter, ses membres fatigués dans une corbeille en bois de rose, entre Flore et Pomone !

« Et que dirais-tu de M. Beaudard de Saint-James, trésorier des dépenses du département de la marine, qui s'en va chercher, dans la forêt de Fontainebleau, un rocher, et qui transporte, en moins d'un an, tout ce rocher dans le bois de Boulogne, à la grande admiration des passants ? Voilà des fortunes ! Voilà comme on est riche ! Et M. de Brunoy, qui dépensait, dans une seule procession, deux cent mille livres, et qui mangea, comme on avale un œuf à la coque, vingt-quatre millions, si bien mangés que, dans l'église qu'il a bâtie, il est chassé du banc seigneurial ; il n'est plus question de lui, vivant, dans les prières de la chapelle, qu'il a dédiée *in æternum* à saint Pantaléon, son patron !

Apprends de bonne heure, ô mon Télémaque, ô mon Émile, ô mon duc de Bourgogne, à quels honneurs peut s'élever même un fils de laquais avec cinq ou six petits millions seulement. » Et je lui mettais sous les yeux la carte de M. de Boulogne que j'avais empruntée à la servante de Mlle Liancourt, de l'Opéra : « Ma mignonne, je suis venu pour vous voir, mais vous étiez au salut. Acceptez le mien, je reviendrai ce soir. » Signé : *de Boulogne,* chevalier, comte de Nogent-sur-Seine, baron de Marigny-le-Châtel, seigneur de Montereau-faut-Yonne, La Chapelle, Godefroi, Murnai, Mâcon, Saint-Fleury, Prunay, Échemines, Saint-Loup, Ocei, Faulx, Bassou, Saint-Germain-Laval et *autres lieux ;* conseiller d'État, et aux conseils royaux des finances et du commerce, commissaire du roi de la Compagnie des Indes, etc.

Mais le plus fameux exemple, et le plus utile à mes projets, le vrai héros de cette éducation surnaturelle était Son Altesse Sérénissime le maréchal prince de Guéméné, de la maison de Rohan, un riche entre tous les riches, allié à la maison de Condé. — « Mon fils, mon cher fils, triste enfant d'un père à qui tout manque : habits, pain, souliers, linge, honneur, logis ; mon fils, le premier-né d'une princesse et d'un vagabond, entre le trône et la borne... à votre bel aise admirez, contemplez le prince de Guéméné, jusqu'à ce qu'enfin vous soyez tout rempli de ce grand spectacle !... O ciel ! celui-là, le prince de Guéméné, il a fait une banqueroute, en trois heures, de deux millions soixante dix-huit mille livres de rente ! Et de ces hauteurs, voisines des fables, avec les *honneurs* du Louvre et les *honneurs* de Versailles, *altesse* et *monseigneur*, et maréchal de France, et premier gentilhomme, et tout ce qu'on peut être ici-bas, moins *La Majesté*, il a volé tout le monde ; il a volé les grands et les petits, les princes et les chanteurs, les reines et les comédiennes ; il a volé les filles de joie, il a volé même des musiciens, il eût volé Rameau votre père ! Il avait plus de dettes à lui seul, ce grand prince, grand chambellan de France, que les rois de Suède et de Sardaigne, de Pologne et de Danemark réunis ! »

. Et j'achetais à mon fils, à bon marché, c'est vrai, le portrait du prince de Guéméné, que j'attachais au chevet de son lit. Puis je le menais à la vente de ses meubles, de ses tableaux, de ses plaques, de ses cordons. Si bien que cette ruine, étalée aux yeux du jeune homme, l'excitait à bien faire. Et quand je l'avais bien tenté par la contemplation de ces fortunes volées, je lui faisais toucher du doigt la fortune jumelle des femmes perdues. Je lui montrais la Guimard, étincelante d'or et de diamants, qui avait payé huit cents livres sa table de cuisine; la Deschamps, dont la chaise percée était ornée d'une dentelle de six mille livres; Agnès Laforêt, à qui le prince de Lamballe, à peine marié, donnait le collier de sa propre femme, une sainte! Adeline, une fille étique, allant à Lonchamps dans un carrosse de vingt mille livres; Mlle Beauvoisin vendant aux duchesses ses quatre-vingt-dix robes et ses trois jupons; Mlle Grandi, la servile, danseuse en double de l'Opéra, voyant arriver à sa porte un char traîné par trois chevaux, et contenant deux cent trente mille livres dans un coffre en vieux laque! Mlle Félemé en déesse, avec tous les attributs de la Fortune, et semant de sa corne d'abondance un tas de bracelets et de carcans de pierreries. Je racontais à mon cher enfant les dîners de Mlle Arnould, les soupers de Mlle Duthé, les entre-sols de la princesse d'Hénin, les dettes de Mlle Sainval.

Tout l'Opéra, je le savais par cœur : Ribbé la blonde, Villette la brune, Lari *la chouette,* Dorange *la pelote,* et Vernier *le squelette,* aussi laides que le péché, plus redoutables que l'arsenic. Il n'y avait pas de secrets pour moi, sitôt qu'il s'agissait de mon fils. Je lui disais les mystères de l'Opéra, les mystères de l'écurie et du chenil. J'avais les confidences de Mlle Beaumesnil et de Mlle Hingel, de Mlle Darcy et de Mlle Duplan, qui appartenait en chef, mais non pas sans partage, à l'ambassadeur de Venise. On savait aussi avec quel argent Mlle Testar avait acheté sa maison, Mlle Beauvoisin son domaine, et de quel or Mlle Des Orages avait rendu à M. Gangier douze cents louis qu'il lui avait prêtés le matin même. Ah! les belles histoires du Rempart, du tapis vert, des ruelles vénales, des petites maisons, des logis suspects, des coulisses fameuses, des comédiennes qui se déguisent! Mlle Fanier joue un rôle d'officier. « Voulez-vous parier, disait-elle, à Dazincourt, son camarade, que la moitié du public m'a prise pour un homme? — Hélas! ma chère camarade, répondit celui-ci, ne vous inquiétez pas; l'autre moitié est parfaitement sûre du contraire. »

DIDEROT. — Je vous écoute et je vous admire; à votre compte, il n'y aurait de possible ici-bas qu'un vil troupeau d'êtres heureux; tous les hommes vivraient ivres, et mourraient *enragés*... Mais est-ce bien possible, est-ce vrai, cette étrange *cyropédie*, et que vous proposiez, de bonne foi, ces ignobles exemples à monsieur votre fils?

RAMEAU. — Pourquoi pas? Comme je voulais en faire un coquin sans reproche et sans peur, je ne lui cachais rien de ce qui pouvait contribuer à sa perfection morale. A cet âge heureux où l'âme est docile à toutes les impressions, surtout aux mauvaises, il était très-gentil, leste et très-bien fait; je le présentais à toutes ces dames à leur toilette, et je l'habituais à ramasser leur mouchoir, à leur présenter leur rouge et leurs mouches, à épeler la devise de leur jarretière, à leur baiser la main bien doucement.

En fait d'honneur, je lui choisissais les meilleurs *honneurs,* les plus dignes d'envie, à savoir les honneurs qui nous rapprochent le plus du *corps* de nos maîtres, et de leur chaise percée. — Ah! mon fils, quelle place auguste égala jamais, pour la fortune et la considération, la première des grandes charges de la couronne, la grande maîtrise de la garde-robe du Roi! Je lui démontrais comment le sommelier du corps, en Espagne, répond au grand chambellan de France, avec cette différence, qui est tout à l'avantage de l'Espagne : ici, chez nous, le premier chambellan donne au roi le bassin, et le retire, mais sans essuyer son maître ; au contraire, en Espagne, il a le triple privilége de donner le bassin, de l'ôter et de torcher Sa Majesté. Même un jour, le comte de Bénévent, sommelier du corps, le roi étant à sa garde-robe, en son cabinet particulier, se plaignit que Sa Majesté le privait, lui Pimentel, comte de Bénévent, de l'*étendue* de son service et, par conséquent, lui *diminuait* ses honneurs. « Comprends-tu cela, mon fils ! » Et je le forçais à contempler ce grand vieillard, couvert de lauriers et chargé d'années, qui se prosternait aux pieds de son maître, en lui disant, les mains jointes : « O mon maître, ayez pitié d'un vieillard, défenseur de votre couronne, et lui rendez, aux yeux de tous, les honneurs dont ses ennemis l'ont privé ! »

« Voilà, mon cher monsieur Diderot, comme on élève un garçon destiné à faire son chemin dans le monde. On ne va pas chercher pour l'instruire un philosophe, un Diderot, un d'Alembert, un Jean-Jacques Rousseau : Fénelon y perdrait sa peine, et Bossuet son génie... on s'adresse à Gardel pour les belles grâces, à Dauberval pour la danse, à l'abbé Robbé pour les bonnes mœurs, à Marin pour la justice, à la Beaupré pour la vertu, à Mlle Verrière pour l'innocence ; on écrit sur la muraille horrible et nue une inscription pareille à celle-ci :

Souviens-toi :

De désirer,		*Te plaît,*
Croire,	tout ce qui	*Te sert,*
Affirmer,		*T'arrange,*
Et faire enfin		*Et t'enrichit.*

« Ces sortes de tableaux synoptiques sont très-favorables à la moralité d'un jeune homme. Et quand enfin, car il faut tout prévoir, on vient à songer que ce petit drôle aura quelque jour une *affaire d'honneur,* comme on dit, pour quelque soufflet reçu en public, et si publiquement qu'il ne pourrait le nier, je sais un maître d'armes admirable, et c'est lui, disons mieux, c'est *elle,* que j'irai chercher pour lui confier la vie et l'honneur de l'héritier de mon nom. »

Ici il fit semblant de porter la main à son épée absente ; il tira cette épée imaginaire, et la fit siffler dans les airs avec beaucoup de grâce et de méthode.

Une! deux! tierce! quarte! il plie, il se relève, il pare, il blesse, il tue... il se relève, il remet l'épée au fourreau. « Ce coup-là, me dit-il, me fut enseigné par Mlle de Maupin. Le charmant maître, et que cette jolie femme-là eût fait un joli homme ! Elle avait cinq pieds à peine, elle était faite à ravir. Un front couvert de cheveux châtain-blond, de grands yeux clairs, brillants, menaçants ; le regard et le nez de l'aigle, et des dents ! et si blanches ! Elle tenait l'épée aussi bien que Mlle Salé tient l'éventail. J'étais son maître à chanter, elle fut mon maître en tout le reste. Elle a joué Pallas à l'Opéra, dans la tragédie de *Cadmus,* et, très-applaudie, elle ôta son casque avec un beau salut, auquel hommes et femmes applaudirent. De son épée, elle a souffleté Dumesnil, elle a bâtonné Thévenard, elle a tué deux chevaliers de Malte. Une fois en garde, et pour peu que l'on ne fût pas sur ses gardes, elle avait une certaine façon de vous regarder qui vous entrait dans la vue et dans le cœur. Voilà ce que j'aurais voulu qu'elle enseignât à mon fils ; c'était ce regard demi-louche et demi-vrai qui vous troublait, qui vous brûlait. Ah! quelle pointe ; ah! quels grands yeux !

« Et quand j'eus bien appris à cet enfant de ma prédilection l'enthousiasme et l'adoration des hommes d'argent et des filles de plaisir annoncés dans le saint livre : *Populum meum exactores spoliaverunt ;* quand je lui eus bien démontré que là seulement était la richesse avec le crédit et l'honneur bien entendu, je lui enseignai, dans le plus profond de son âme, à pâlir, à trembler, à se prosterner devant les puissances d'ici-bas. Il parlait à peine, que déjà il bégayait les noms terribles de la Reynie et de d'Argenson ! A quatre ans, il distinguait parfaitement un commissaire d'un exempt, un exempt d'un commis. Il connaissait Puissant, Boussaton et de Vadencourt, les chefs de la police. Il tirait la langue... et, sitôt qu'ils pouvaient l'apercevoir, son petit chapeau à M. Spire, à M. Basselin. Je lui montrais..., avec un geste d'admiration, M. Rigoley d'Ogny, ce petit homme à l'air bon enfant. « C'est ce monsieur-là, mon fils, qui décachète, avant tout le monde, les lettres que nous nous écrivons les uns aux autres. Il a, voilà sa gloire et son bonheur, *le secret de la poste*, et ne le partage qu'avec le roi ! Il sait le premier, pour les avoir dérobés dans l'ombre, nos vœux les plus cachés, nos espérances les plus discrètes, nos pensées les plus intimes. Nos soupirs, il les arrête au passage, et nos larmes il les pèse ! Et, chaque soir, pour amuser son maître, il rapporte à son maître, qui s'ennuie et qui l'écoute à peine, les fêtes, les passions, les intrigues de vingt millions de sujets. M. d'Ogny, mon fils ! les honnêtes gens en ont peur... Ils ont peur de tout, les honnêtes gens ! M. d'Ogny ! au fond il est bon homme, il aime à rire, il rit de tout : de la fille en mal d'enfant, de l'enfant volé, du père au désespoir, de la mère insultée et du jeune homme éconduit. » Et pour qu'il gardât le souvenir de M. d'Ogny, je donnais à mon fils un grand soufflet, comme faisaient les mères prévoyantes à la suprême ascension de Cartouche et de Mandrin.

« Souvent, le jeudi, qui est le jour des bûchers, je menais mon tendre élève à la cérémonie du pilon, au Palais de justice, au pied du grand escalier, où se tenait, entre deux hoquetons de Monsieur le premier président, maître Dagobert Isabeau, le greffier en chef. Mon rejeton, protégé par maître Isabeau, contemplait dans ces lieux de la désolation et des ténèbres, ce misérable et ce suspect... livre, attaché, garrotté, brûlé par le bourreau, ou traîné à la Bastille comme un simple chrétien. C'étaient, tour à tour, les *Lettres chinoises, la Philosophie du bon sens, les Commentaires sur Gallus, la Vie de l'empereur Julien, l'Histoire du peuple de Dieu jusqu'à la clôture de la synagogue!* Un jour c'était le *Contrat social,* le lendemain les *Lettres de la montagne,* une autre fois l'*Esprit* d'Helvétius, ou l'*Émile,* ou quelque livre à vous, Diderot. En même temps, le bourreau et ses aides avec un petit rire aigu, vous brisaient, sans rémission, les presses qui avaient servi à imprimer ces *assertions erronées, hérétiques, malsonnantes, blasphématoires :* jumelles, train, marbre, vis, barreau, tympan, frisquette... O bonheur de l'anéantissement ! Grâce à ces petits *auto-da-fé* de précaution, le trône était sauvé, l'autel était sauvé, et mon fils comprenait, si jeune encore, la vanité du génie. Il se disait, au retour de ces bûchers où ce n'est jamais le livre condamné que l'on brûle, mais quelque innocent théologien qui n'a pas un lecteur — : « Non, non, ce n'est pas moi qui serai jamais Étienne Dolet, Voltaire, Rousseau, Montesquieu, voire l'abbé Raynal. Ce n'est pas moi qui serai du côté des livres que l'on brûle et des auteurs que l'exempt Quidor entraîne à la Bastille, à Bicêtre, au Châtelet. Je serai plutôt mouchard comme Morande! Et ce n'est pas moi qui ferai les livres dangereux, mais j'irai les chercher en Angleterre, en Allemagne, avec de bons louis d'or que M. Lenoir aura mis dans mes poches, et rien ne m'arrêtera, ni les protestations du pamphlétaire, ni les larmes de sa femme, ou les cris des enfants, et je chanterai par les chemins la chanson de Cahuzac :

> Les pauvres sont toujours des sots;
> Les petits sont mangés des gros.

« Ou bien je ferai semblant d'être un faiseur de pamphlets moi-même, et je verrai tous les faiseurs venir à moi sans crainte, et je les dénoncerai à M. Lenoir... » Tels étaient les enseignements *in petto* de ces livres brûlés par la main du bourreau !

Quand mon *Émile* eut grandi, je lui montrai bien en face (il avait la tête nue, et se tenait dans l'attitude étonnée du plus profond recueillement) le marquis de La Vrillière, assisté de M. Marchais et de M. Renard. — « Mon ami, mon cher fils, sois encore attentif à celui-là! L'homme que voici, suivi de ses deux acolytes, est plus terrible et plus puissant que le roi de France. Il a dans sa poche un cahier de petits papiers, sur lesquels il lui suffit d'apposer sa signature en se jouant, pour retirer de l'espace et du soleil, pour les retirer à tout jamais, *éternellement*, entends-tu bien? sans procès, sans plaidoirie, et sans défense, uniquement parce que *tel est son bon plaisir,* les pauvres gens qui lui déplaisent. Il marche entouré d'ombre, de fantômes, de tortures. Il ouvre et ferme au nom du roi, qui n'en sait rien, cinquante prisons, cinquante bastilles : le château du Taureau, le château de Saumur, Château-Trompette, Pierre-Encise, le fort de Brehon, le Mont-Saint-Michel, *au péril de la mer,* le château de Ham, les îles Sainte-Marguerite : et toujours, et toujours Saint-Lazare, Bicêtre et Charenton, Charenton, Bicêtre et Saint-Lazare.

« Et partout, et partout des prisons : Angers, Nancy, Rouen, Beauvoisis, Tanlay, Amboise, Armentières, Lille, Château-Thierry, Romans, Cadillac, Pontorson, Poitiers. Et j'en oublie. Et quant aux femmes... les femmes, elles aussi, obéissent à la lettre de cachet... sans procès, sans jugement, elles sont rasées, elles sont fouettées, elles sont meurtries, elles sont brisées ! Pour un regard qui déplaît, on les jette aux déserts de l'Afrique. Sur un signe... au premier geste, un seul de cet homme, elles ont pour prison et souvent pour tombeau : le Refuge à Dijon, les Annonciades à Clermont, la Madeleine à La Flèche, Notre-Dame-de-Charité à Guingamp, les Ursulines à Chinon, les Hospitalières à Gomont; et la Salpêtrière, et Sainte-Pélagie, et les Madelonnettes, et le château de Valdonne !... Que dirons-nous ? La maison du Saint-Esprit, la maison de Scipion, les Enfants rouges, l'Hôpital général. Enfin, pour mettre le comble à cette adoration de la force, à ces implacabilités du pouvoir absolu, je le menais sous les murs de la Bastille et lui faisais savourer, longtemps comme il convient, cet isolement, ce silence, et les désespoirs muets qui pesaient sur le vaste faubourg. Ce mot-là dit tout, mon enfant : *la Bastille!* Il n'y a pas d'enfant de Paris qui ne tremble à son aspect. »

Cependant nous longions le fossé formidable, épiant le regard de la sentinelle immobile. Alors l'enfant se serrait près de moi en disant : « Mon père, allons-nous-en, veux-tu ? je serai bien sage ! » Et moi, à ce seul mot : « Je serai bien sage ! » ô bonheur, me disais-je, il sera un lâche, un hypocrite, un traître, un banqueroutier, un Thévenot de Morande ; il sera complet ! Et véritablement, orgueil à part, sans vanité, je le jure ici, Diderot... il est complet !

DIDEROT. — J'en suis fâché pour vous, mais j'ai connu un autre enfant aussi complet que le vôtre, et cet enfant était une fille. Elle avait été élevée avec beaucoup moins de soin que votre jeune homme, et pourtant elle valait son pesant d'or. Son père était un honnête prêteur à la petite semaine; il obligeait de son mieux les enfants de famille. Il tomba peu à peu dans la vieillesse; il devint tout décrépit; alors il eut peur; il fit venir un prêtre, et le prêtre eut horreur de cette fortune. « Il faut restituer, disait-il, restituer ! restituer ! sinon, vous êtes damné ! »

Sur quoi le moribond s'épouvante, il se repent ; il fait appeler sa fille à son lit de mort; il expose, en tremblant, le péril où il se trouve... Un grand trouble ! un grand repentir ! Puis les flammes et l'enfer éternel! En même temps, avec un sourire attendri, il prenait les mains de sa fille! Il la priait du regard! il la priait en silence! « Hélas! disait-il, si tu voulais racheter mon âme, et si tu me permettais de restituer un peu de cet argent mal gagné, mon enfant!... quelle mort paisible tu donnerais à ton père! »

Rameau. — Eh bien?

Diderot. — Elle écouta tranquillement cette prière! Elle vit d'un œil sec les douleurs, les remords, les spasmes de ce pauvre homme! « Oh! la la! dit-elle enfin, mon cher père, y pensez-vous? *restituer!* vous en mourriez. Et puis je vous connais, mon père, et vous êtes injuste envers vous-même. Or çà raisonnons : est-il vrai que votre vie ait été un long jeûne, une longue privation de toute chose, un oubli complet de bien-être et de bienfaisance? Avez-vous assez méprisé les bons repas, les bons habits, le feu en hiver, la glace en été, l'estime et la bonne opinion de vos voisins? Et toujours comptant votre argent, gardant votre or, la haine au cœur, le trébuchet à la main? O brave homme! ô bon père, oublieux de votre paradis ici-bas! Vous aurez vécu dans l'enfer, pour laisser une enfant riche, entourée, obéissante aux sept péchés capitaux! Voilà l'enfer! vous y êtes. Quant à l'autre enfer, vous le trouverez un paradis, comparé à votre enfer d'ici-bas. »

Rameau. — C'est joli... mon enfant eût dit cela.

Diderot. — Mais elle, aussitôt que ce père aux millions eut rendu ce qu'il appelait *son âme,* elle eut soin de l'ensevelir. Elle chercha longtemps dans ses défroques : ce drap-ci était trop neuf; ce drap-là décomplétait la douzaine! Enfin, dans un vieux coffre, elle trouve un habit d'arlequin sur lequel le défunt avait prêté un petit écu, le dernier mercredi des Cendres, et la dame ensevelit son père en ce linceul de toutes couleurs! Que dis-tu de cela, Rameau?

RAMEAU. — Mon fils eût gardé pour lui l'habit d'arlequin! et le même soir il eût dansé au bal masqué de l'Opéra, ce fameux bal masqué inventé par le chevalier de Bouillon, qui en eut six mille livres de pension.. Turenne et le bal masqué!

CHAPITRE VII.

LA MALLETTE.

DIDEROT. — D'où venez-vous, Rameau?
RAMEAU. — Ne savez-vous donc pas que nous sommes au trente du mois?
DIDEROT. — La fin du mois! Que vous importe? Auriez-vous, par hasard, des billets à payer?
RAMEAU. — Et qui diable aurait la curiosité d'endosser mes billets? Mais le dernier jour de chaque mois, ne faut-il pas renouveler la valise du colporteur? C'est déjà beaucoup d'être accepté par la chambre syndicale, et reçu par M. le procureur du roi, d'avoir une médaille, une patente, une mallette. Encore faut-il se procurer de la *morue*. Or, nous sommes, dans la bonne ville de Paris, une douzaine de gens de lettres que l'on pourrait appeler les courriers de cabinet du colporteur! Nous désignons à ces messieurs les livres permis, les livres défendus, les brochures tolérées, la *morue*, en un mot. Ici, les ouvrages anonymes; plus loin, les signatures contrefaites; ce qu'il faut à l'éco-

lier, à la duchesse, à la servante, au mousquetaire, à la religieuse, aux capucins, au maître à danser. Le colportage! il n'y a rien, dans toute la littérature, qui soit de plus grande importance : et Voltaire, et Rousseau; Crébillon père et Crébillon fils, et vous-même, ô Platon, vous ne travaillez que pour le colportage, et pour le colporteur.

Les meilleurs livres, les plus courus, les plus utiles aux saines doctrines, aux bonnes mœurs : *Candide, Acajou, la Religieuse,* et *les Bijoux indiscrets* et autres éditions de Hollande, seraient encore sous le boisseau, sans l'aide et l'assistance du colporteur. Il est la joie intime de la maison, la fête du boudoir, l'ami de l'antichambre. Il plaît au vieillard, au jeune homme, à la suivante, à la maîtresse; il apporte, à la fois, dans sa boîte de Pandore, la vérité et le mensonge, le vice et la vertu, la théologie et le roman. Le colporteur est doublé d'un héros; il en a l'adresse et le courage, et le sang-froid; rien ne l'arrête. Il entre, il sort; il va, il vient. C'est un sylphe, une ombre, un fantôme. Il est naïf, il est retors; il est la voix, il est l'écho; il sait tout, il dit tout... Je suis de ceux qui remplissent, chaque mois, sa corbeille. Il s'en rapporte à mon goût, et surtout à ma prudence pour les facéties, pour les quolibets, pour les ponts-neufs, pour les dissertations, pour ne pas déplaire à M. Camus de Pontcarré; heureux si toutes ces belles choses ne lui valent pas plus de quinze jours d'étrivières et de pain sec à Saint-Lazare.

« *Dissertation sur M...,* procureur en la cour, par

ses clercs et consorts. *Dissertation sur M...,* docteur en médecine, par ceux qui ne sont pas ses malades. *Dissertation sur Jean-Gilles-Claude Venez-y-voir,* expéditionnaire, qui a pris le nom de sa femme parce qu'elle est de famille d'épée, et qu'elle s'en ressent elle-même, ayant plus de disposition que ses trois frères à être chevau-léger. »

Telles sont les facéties du présent mois ; je réponds à mon colporteur du sel et de l'agrément de ces brochures. Puis, quand il est bien lesté, c'est à lui de choisir l'heure et le moment propices. Les uns disent que les lectures du matin sont les meilleures ; les autres soutiennent que l'ennui du soir est favorable à la vente. Un bon colporteur doit savoir ce qui convient à chaque heure de la journée. Il sait les profits de la droite ligne, et les mérites de la ligne courbe ; il est juge absolu en tous les livres qu'il colporte ; il connaît les bonnes et les mauvaises pratiques. Il vous dit hardiment : Il faut ici des contes, plus loin des histoires, des vaudevilles, des drames bien noirs, des almanachs, des journaux, des traductions de l'anglais. J'en connais un qui compare les lecteurs à des bûches : Il y en a, dit-il, de belles, de droites et de bien faites ; d'autres absolument rabougries ; quelques-unes lisses, plusieurs avec l'écorce rude et gercée. Au fait, l'écorce ne veut rien dire, et le cœur de ces bûches lisantes est pourri. Que disons-nous ? plusieurs, dans le nombre, ont été si longtemps flottées qu'elles s'allument à la moindre étincelle, et sans jamais laisser le plus petit charbon.

Vous autres philosophes, vous n'avez jamais trouvé mieux que la comparaison de la bûche et du lecteur. A peine savez-vous l'importance du titre, et le labeur que nous avons à présenter sous un titre élégant, sonore et bien fait, les livres dont nous voulons nous défaire. Il y a des titres mâles et des titres femelles ; il y a les titres de *malheurs,* qui sont les plus heureux du monde. Un petit livre endimanché d'une vignette peu vêtue, on le cache au milieu des édits, arrêts, déclarations de chaque mois. C'est ainsi que nous avons fait passer : *Zambeddin, Zinzolin, Angola, la Paysanne-philosophe, Iphis, la Pétrissée,* poëme épique par M. de Belliende, officier dans les carabiniers ; *Mémoire sur le R. P. Dominique l'Écureuil, commissaire général et provincial des RR. PP. Récollets.*

Parfois même, on donne au petit livre un titre qui dérouterait l'exempt de police le plus retors : *Arrêt contre l'antimoine, Arrêt du conseil d'État du roi pour les monnaies;* sous lesquels titres sont cachées *les Matinées de Cythère; Nouveau règlement pour les enfants mineurs;* c'est-à-dire *Zélis au bain* avec les images ; *les Mariages clandestins; les Testaments, la Religion chrétienne prouvée par des faits.* L'exempt regarde et passe... et la chose est vendue. Ainsi nous avons écoulé *le Banquet de Platon,* avec *la Clef* et *le Passe-partout ;* nous avons vendu, en veux-tu? en voilà ! des *Tanzaï* et des *Sopha.* Et la *Lettre sur les aveugles,* et les *Opinions de chez Procope,* et *l'Ami des hommes,* du terrible vicomte de Mirabeau.

Tout se vend, même les dissertations de M. de

Combalurier; mais il ne faut pas se laisser prendre. *Arrêt du Parlement* qui condamne à être rompu vif, sur la roue, et jeté au feu, Ricart, inventeur de pamphlets détestables... *Arrêt* qui envoye aux galères pour douze ans le *poëte* la Martelière, l'abbé de Capmartin, et vingt autres, imprimeurs, brocheurs, *relieurs!* Le premier ne savait pas lire. *Arrêt,* etc., qui condamne Manisseau de la Mothe, *véhémentement* suspect d'avoir composé des placards incendiaires, à faire amende honorable, en chemise, et la corde au cou, une torche ardente à la main, et pendu en place de Grève, tous ses biens confisqués!... Faites-vous-y mordre!

Et pourtant ces supplices mêmes ont fourni souvent l'occasion à de beaux esprits d'écrire de mauvais livres, auxquels jamais ils n'auraient songé si nos maîtres les avaient laissés libres. Ils ont arrêté sur la plainte de son père, qui est un tyran, et ils retiennent, depuis tantôt dix ans, dans les prisons d'Etat, un certain comte de mauvaise aventure, qui, dans ses accès de fièvre érotique et dans le hennissement de sa jeunesse au désespoir, a composé deux fameux livres : *l'Erotika Biblion* et *le Libertin de qualité!* C'est abominable... et ça s'enlève! Ah! le malheureux, à quels excès sa prison le condamne! On vend les livres de ce déshérité, pêle-mêle avec les livres de M. de Cogolin, du capucin Bellegueule, et la *Lettre de Biblis à Caunus,* par Sautereau de Marsy. L'un fait passer l'autre. *Zophilette,* un conte de Marmontel, a fait vendre les *Tableaux de la Nature,* et *la Nécessité d'aimer,* poëme qui a concouru pour le prix de l'Académie. Avant tout, le vrai colporteur doit piquer la curiosité publique... il n'est pas forcé de la satisfaire. Aujourd'hui, par exemple, nous mettons en vente plusieurs livres presque nouveaux, dont le titre seul est très-curieux : *Les Amours de milady Melpomène et de milord Amphigouri; Apollon-Pantin et les Muses pantines; Discours prononcé à la porte de l'Académie, par l'abbé Leblanc; Nocriore ou Histoire véritable et merveilleuse d'un prodige arrivé à l'endroit du nommé Fotz, muet du sérail d'Ispahan, auquel est revenu subitement l'usage de la parole; Nouveau supplément du grand Dictionnaire historique de Moréri,* par M. de la Baguenaudière, en dix petits feuillets d'impression.

Et huit jours ne se passeront pas sans que la lecture, et surtout la vente, de ces nouveautés nous aient appris si nous avons touché juste, et quel danger nous attend, en récompense de tous ces petits livres. Faites, mon Dieu, que le sieur d'Hemmery ne soit pas trop irrité contre nous, et qu'il nous ait pardonné le dernier tour que nous lui avons joué !

DIDEROT. — J'ai entendu confusément le récit d'une assez bonne aventure, et je ne serais pas fâché d'en savoir, de vous, tout le menu.

RAMEAU. — Ce d'Hemmery est un ancien cuistre ; il a porté la petite calotte à Saint-Sulpice, et il en fut chassé parce qu'il était ignorant comme un fils unique, et grand délateur, par-dessus le marché. Notre homme, émancipé de cet habit, se faufila chez M. de

Sartines, et, de succès en succès, il en vint à se mêler directement de la censure des nouveautés et des journaux. Il n'y a pas longtemps, nous fîmes passer sous ses yeux l'article que voici :

« On écrit de Troie, à la du 21 du mois d'avril : — Le 10 de ce mois d'avril, M. Achille a fait assembler le conseil, pour demander qu'on lui rende une servante appelée Briséis. Cette proposition fit naître une querelle assez vive entre M. Achille et M. Agamemnon. Après de longues contestations, Briséis est rendue à son père, mais le bouillant Achille sort du conseil en jurant comme un païen, et en ameutant les Grecs contre les Troyens. — Du 23 au 24, trois combats sont livrés autour de la ville assiégée, et les Grecs sont repoussés jusqu'à leurs retranchements. Alors les Grecs reviennent au terrible Achille comme à leur dernier espoir. Ulysse et son ancien camarade Ajax sont députés auprès de ce héros, qui demeure inflexible. Ulysse, en s'en retournant, se joint à Diomède, un Troyen de ses amis, et ils vont, la nuit, épier, tous les deux, ce qui se passe au camp des Troyens. Ils entrent au milieu des tentes militaires... favorisés par le sommeil des sentinelles ; ils font un grand carnage. Rhésus, qui venait d'arriver avec les recrues qu'on envoyait de Thrace au secours de Troie, Rhésus est tué dans cette action mémorable. On ne sait pas encore quelles seront les suites de cette guerre. Nos courriers sont en campagne, et nous renvoyons nos lecteurs au numéro prochain. »

A ce récit très-simple et très-modéré de ces combats héroïques, d'Hemmery se trouble; il s'en va chercher le conseil de son ami Framboisier;... ces deux fortes têtes décident que le journal, étant un journal purement littéraire, n'a pas le droit de parler de la paix et de la guerre, sans le congé de monseigneur le lieutenant général de police. En même temps, le journal est suspendu, et le journaliste, traîné à Bicêtre, est dénoncé comme un perturbateur du repos public. Ces braves gens s'étaient figuré que la scène se passait à Troyes *en Champagne*, et ils ne parlaient de rien moins que de nous dénoncer à M. de Saint-Fargeau, président de la chambre des vacations, magistrat inflexible et bon janséniste.

DIDEROT. — Il est dur aux colporteurs, M. de Saint-Fargeau, et ce n'est pas lui qui composera jamais un *onguent pour la brûlure?*

RAMEAU. — Il est *dur!* Il est cruel. D'un seul arrêt, il vient de condamner cinquante malheureux colporteurs : Méquignon, libraire, Joseph Achier, cidevant exempt de robe courte, Thevenet, Sorin, Simonnet, clercs de procureur, Dombey et Chaumont avec leurs femmes, leurs filles, leur servante;... que dis-je? il a condamné Babet, qui vous disait si gentiment : *Voulez-vous un livre obscène?* et qui vous glissait, tiède encore de la douce chaleur de son corsage, une *Journée du chrétien*, ou le dernier sermon de l'abbé Poulle!... Ils ont tué la petite Babet à coups de martinet;... ils n'ont pas trouvé qu'elle fût trop châtiée! Ah! pauvre enfant! Courageuse martyre! Il est sans pitié, ce bon jurisconsulte; hier encore il y avait de son bail, en Grève, trois malheureux : Jean-Baptiste Josserand, garçon épicier ; Jean Lécuyer, brocanteur, et Marie Suisse, femme de Lécuyer, attachés au carcan pour avoir colporté *le Christianisme dévoilé, Ericie ou la Vestale,* et *l'Homme aux quarante écus,* une des plus aimables plaisanteries de M. de Voltaire.

Ils sont restés attachés au poteau infamant pendant trois jours consécutifs, puis le bourreau a marqué de trois fleurs-de-lis Josserand et Lécuyer au fer rouge... et les voilà aux galères, le premier pour neuf ans, le second pour cinq ans, et la malheureuse femme emprisonnée en la maison de force de l'Hôpital général. « Avis aux colporteurs d'être plus prudents à l'avenir, et de se méfier de Voltaire et de tous les gens que l'on brûle au pied du grand escalier du palais! »

A bon entendeur, salut! Donc, cette fois, nous avons voulu plaire à d'Hemmery, à Framboisier, à M. de Saint-Fargeau, et nous avons mis au-dessus de la mallette les plus naïves compositions de nos poëtes les plus éminents : La Chabeaussière, Chambrey de Jussey, Delaunay de Merlerault, Regnault de Beaucaron, Sourjon de l'île de Rhé, de La Mothe, Martin de Noirlieu, Mayet de Melun, Matan de Varenne, le chevalier Mende Monpas, sans oublier Louis Coste de Pujolas. Voici le *Voyage dans la lune* par M. Coquillot, l'*Hommage à la Divinité* par M. Cornette, l'*Ode à la Paix* par M. Courtial, la *Chanson du lendemain* par M. Grignon d'Anzouel, l'*Épître à mon poëte* par M. Dauriol de Lauraguel, les *Épigrammes* de M. de

Buffardon! Nous avons des vers de l'abbé Lelas, ex-jésuite, contre M. de Voltaire; une lettre ecclésiastique sur la *Conventualité;* la requête de Mme la comtesse de Merle contre Mme Gilbert de Voisins, sa fille; un joli morceau de La Beaumelle, ami de M. de Saint-Fargeau, et *les Incas* de Marmontel :

> Le Marmontel semble se reproduire,
> D'un pas agile il court de rang en rang.

Voulez-vous, monsieur, l'épître de M. Blin de Saint-Maur, à propos du rôle d'Orphanis, tragédie de M. Simonneau? Voulez-vous la réponse de M. Simonneau? Aimeriez-vous mieux d'honnêtes dissertations philosophiques sur la morale, sur l'obéissance et sur le devoir? quelque beau traité de la *Grandeur de l'âme?* des *idées,* des *pensées,* des *sentiments,* des *désirs,* des *passions,* des *sens,* des *plaisirs,* des *douleurs,* des *vérités,* des *opinions,* des *travaux,* des *libertés,* des *vertus,* des *défauts,* des *prospérités,* des *adversités,* de *la piété,* de *la superstition,* de *la vie présente,* de *la vie future?* En un mot, rien de plus autorisé, rien de moins dangereux que toutes ces belles choses. Nous avons aussi de grands journaux littéraires très-protégés de Framboisier et de M. de Saint-Florentin : *l'Observateur littéraire,* par M. Marmontel; *le Censeur hebdomadaire,* par M. d'Aquin; *la Renommée littéraire,* par M. Lebrun; les *Observations sur la littérature moderne,* par l'abbé de La Porte. Au fait, la littérature a trouvé grâce aux yeux de Messieurs du grand banc, notamment une trentaine de censeurs.

Diderot. — Et Fréron que vous oubliez?

Rameau. — Ne mettons pas Fréron en si mauvaise compagnie; il est de mes amis, et je l'aime autant que vous le haïssez. En fait de journaux, qui le croirait? nous en avons des masses; un tas de journaux sans danger, littéraires, c'est-à-dire innocents comme l'enfant qui vient de naître, où le lecteur n'a qu'à choisir : *Journal des Savants; Journal de Trévoux; Journal économique; Journal d'agriculture, de commerce et de finance; Journal de médecine, de physique, d'histoire naturelle; Journal étranger; Journal encyclopédique; Journal de Verdun; Journal de Genève; Journal ecclésiastique; d'éducation; Journal de Paris; de Nancy; de librairie; Journal britannique; Journal anglais;* le *Mercure français;* les *Causes célèbres; l'Esprit des journaux; Gazette des tribunaux de France, d'Utrecht, d'Amsterdam, de Hollande;* le *Mercure galant;* les *Annales de Linguet; Almanach des Muses; le Pour et le Contre,* par M. l'abbé Prévost; *Ouvrages des Savants; Lettre sur quelques écrits de ce temps; Observations sur la littérature; Réflexions sur les ouvrages de littérature; République des lettres; Bibliothèque ancienne et moderne,* de Le Clerc; *Courrier lyrique et amusant, passe-temps des toilettes...* Foin de nous! La *Gazette ecclésiastique,* imprimée au milieu d'un chantier, dans un bateau, sur la Seine, et les Framboisiers n'y voyaient que du feu!... Quelle galère que ce bateau sur la Seine! Enfin, nous vous offrons, au prix coûtant, pour que rien ne manque à ces fêtes du bel esprit, les meilleurs écrits de nos trois ou quatre économistes : M. Melon, l'abbé Beaudeau, l'abbé Roubaud, le docteur Dupont, et les improvisations de MM. Derentelles, Desfaucheraix, l'astre des Français en ces temps d'éclipses, Dasemar, Desrieux, Desvalières, Desforges de Montauclos... Qui donc encore? Ah! m'y voici : les célèbres Guenée, Gérard, Chevreuil, Milo, Godescard, Pey., Asseline, Royon, Geoffroy et Grosier : tous gens presque abbés, bien pensants et bien écrivants, à la dernière mode de leur journal et du temps présent.

Voilà des hommes, voilà des choses qui sont la vraie sauvegarde et le vrai passe-port d'une mallette. Alors, sous ces feuilles innocentes, on cache habilement *le Gazetier cuirassé,* et toutes sortes d'épigrammes qui courent le monde; celle-ci, par exemple, à l'adresse de M. de Saint-Florentin, amputé de la main droite il y a huit jours :

>Ci-gît la main d'un grand ministre,
>Qui ne signa que du sinistre :
>Dieu nous garde du cachet
>Qui met les gens au guichet!

Puis des allégories, des légendes avec leurs images, qui se vendront jusqu'à la dernière :

LA FRANCE.... { Revers. — Un vaisseau battu par la tempête.
{ Légende. — *Jouet du vent, jouet de l'onde.*

Le Roi........	Revers.	— Un soleil éclipsé.
	Légende.	— *Otez le nuage, il fera jour.*
Le duc d'Ai-	Revers.	— Une roue.
guillon.....	Légende.	— *Ou dessus, ou dessous!*
L'Archevêque	Revers.	— Une taupe.
de Paris....	Légende.	— *Mine et creuse en secret.*
Le Peuple.....	Revers.	— Un mouton.
	Légende.	— *Pauvres moutons, toujours on vous tondra!*

Bref, tout l'esprit du jour :

L'esprit du jour est l'esprit dominant;
Et la pièce du jour est la pièce suivie.
L'homme du jour est le plus amusant;
Et l'actrice du jour est la plus applaudie.
Le ton du jour est celui que l'on prend;
Le fruit du jour est le seul que l'on goûte;
Si l'exemple du jour est le plus séduisant,
La nouvelle du jour est celle qu'on écoute;
Et l'air du jour est celui qu'on apprend.

Toutes les satires, nous les cachons dans nos mallettes, même les satires de Robbé de Bauveset, contre un tas d'innocents qui ne savent pas qu'ils sont attaqués par Robbé de Beauveset :

Ami Robbé, chantre du mal immonde,
Toi dont les vers en dégoûtent le monde...

Ne riez pas! M. de la Dixmerie a déjà ses œuvres complètes. M. Doigny du Ponceau plaît à Labranche, et Ducray Duminil à Marton. Les cantiques de l'abbé Dumarquais se chantent dans les meilleures chapelles, les courtilles retentissent des gais refrains de Duhaussy de Robecourt. M. Robbé a ses lecteurs. Nous avons vendu cent exemplaires de *Biblis à Caumus*, du *Déisme réfuté par lui-même,* des *Méditations nocturnes sur la vie, la mort et l'immortalité;* de *l'Enfant bien corrigé,* par M. l'abbé Lemonnier. M. Chalet de Jetphort a ses pratiques; M. de Bignicourt, M. de Sireuil, ancien valet de chambre du roi, M. de Fontenailles, M. Léonard, le comte de Laurencin et le marquis de Fulvy ont les leurs. Enfants, apportez-nous à pleines mains les feuilles volantes de Dupuy des Ilets, d'Ysambert, de la Fossardie et d'Estival de Brabant. Voulez-vous le *Tibère* de M. Fadeau, le *Coligny* de M. Forgeot, les *Baisers* de M. de Fuloy, l'*Hercule* de M. Renou? Nous les avons. Nous avons le *Jaloux* de M. Gabiot, l'*Agnès* de M. Gallien, l'*Andriseur* de Mathon. En fait de tragédies et de comédies, le colportage a le choix entre quatre mille poëmes épiques, dramatiques, lyriques, dans lesquels il n'y a pas deux traits de génie. Tout se vend, tout passe, et quand l'épigramme en français offre un danger trop grand, nous faisons l'épigramme en latin; Framboisier l'épelle; il fait semblant de la comprendre[1], il sourit... tout est sauvé :

1.   Imperatore Ludovico vegetante,
             Principes in exilio,
             Magnates in opprobrio,
             Justitia in oblivio,

> Un roi misérable !
> Prince exilé ;
> Grands seigneurs déshonorés,
> Justice implacable !
> Ruine ici, là-bas, partout,
> Un trésor qu'on dilapide ;
> Palais souillés, caisse vide,
> Plus d'Église... et voilà tout !

Et cette épigramme, on la cache à l'aide d'une dissertation : *Du supin indéclinable et du participe déclinable,* ou mieux encore au folio verso de quelques louanges adressées aux puissants de ce temps-ci :

« Oraison funèbre d'illustrissime et révérendissime seigneur monseigneur Georges-Louis Phélippeaux d'Herbaut, patriarche, archevêque de Bourges, primat des Aquitaines, chancelier-commandeur des ordres du roi, supérieur de la maison et société royale de Navarre, etc., prononcée, en avril, dans l'église patriarcale, primatiale et métropolitaine de Bourges, par M. l'abbé Fauchet, son vicaire général, chanoine d'honneur de sa métropole, abbé commandataire de Montfort, prédicateur ordinaire du roi. »

DIDEROT. — Il me semble que nous n'étions pas si farouches que cela, de mon temps. Nous faisions des méchancetés innocentes, qui nous valaient, tout au

> Publicæ privatæ que res in arcto,
> Latrocinium in ærario,
> Lenocinium in laticlavio ;
> Anno vindictæ Domini.

plus, quelques jours de prison ou quelques livres d'amende. Autrefois les écrivains se sauvaient au Temple, un lieu d'asile; ils avaient pour les protéger le grand prieur du Temple, M. le prince de Conti; M. le duc d'Orléans, dans le Palais-Royal. Plus d'un, parmi nous, s'était même habitué à passer six mois de l'année en prison, et ne s'en portait pas plus mal.

Il y avait, dans ma jeunesse, un certain abbé Lenglet, qui n'était jamais d'accord avec la censure et les censeurs. Il défendait son manuscrit phrase à phrase; et censuré, il l'imprimait tel quel, malgré le censeur. — Puis, quand on venait le prendre et le conduire à la Bastille, il criait, de loin, à l'exempt qui venait l'arrêter : « Monsieur Tapin, monsieur Tapin, ne montez pas, je descends; mon paquet est déjà fait! » Et, son paquet sous le bras, il s'en allait gaiement à la Bastille, avec M. Tapin.

RAMEAU. — Il est mort, ce bon M. Tapin; il a été cruellement remplacé par le sieur Honoré Desbrugnières, écuyer, conseiller du roi, inspecteur de police de la bonne ville de Paris. Ce Desbrugnières entrerait par la brèche de préférence à la porte. Il a pour les livres une haine *hydrophobe!* Il vous empoigne, il vous traîne, il vous jette au cachot, comme si vous étiez le dernier des malfaiteurs. Où donc êtes-vous, mon bon monsieur Tapin?

DIDEROT. — Avez-vous oublié, dans tous vos journaux, le *Journal des Deuils,* de Mlle Fauconnier?

RAMEAU. — Non pas; il est trop curieux, ce *Journal des Deuils,* écrit par une fille du vieux sérail, et la chose est trop amusante, de voir cette vieille lubricité qui devient, par privilége du roi, le juge suprême de tous les morts de ce temps-ci. Minos, Éaque et Rhadamante, représentés par cette Parque de la prostitution! Elle juge aujourd'hui Gresset et Piron, les deux plus belles comédies de ce siècle, *le Poëte* et *le Méchant*. Oui-dà! C'est son domaine. Elle a dîné du bel-esprit qui rêve, elle soupera du bel-esprit qui mord. Piron et Gresset, réunis dans cette *fauconnerie!* et que diront messieurs nos neveux de cette Plutarque-Fauconnier, distribuant à son gré les palmes, les couronnes et les respects de l'avenir?

C'est donc par ce mélange adroit du beau, du mauvais et surtout du pire, que le colporteur peut se tirer d'affaire. Il faut dire aussi qu'il a, pour rien, un nombre infini de livres qu'on lui donne et que messieurs les auteurs sont trop heureux de lui donner. Il a pour rien (pour ce qu'ils valent), les vers du marquis de Villette, les bons mots du marquis de Louvois, les épigrammes de Flins des Oliviers, *les nuits d'Young*, chapelain de la Princesse de Galles, et *les Mémoires d'Euphémie*, un roman à l'usage de MM. les fossoyeurs ; il a pour rien les bouts rimés de M. de Piis et, pardessus le marché, son épigramme :

Ton Pégase, Piis, est tombé dans l'ornière ;
  Le dieu du goût t'a fermé l'*ostium ;*
  Au bon Jésus je fais cette prière :
    Auge Piis ingenium!

Malheureusement les choses qui se donnent pour rien ne se vendent guère, et représentent la vraie *morue*. Il faut au lecteur blasé des épices, des chansons gaillardes et le bon mot de la veille. Ainsi, cette semaine, *o platitudo platitudinum!* on vous donnera l'histoire de la maladie et de la résurrection du fameux comédien Molé. Il était malade, et son médecin lui ayant recommandé le vin de Bordeaux, les dames de la ville et de la cour firent porter chez M. Molé quatre mille bouteilles du meilleur vin qui se boive à Paris ! Ce n'est pas tout : la Comédie annonce, au bénéfice du grand Molé, une représentation extraordinaire ; et déjà nous avons, dans nos mallettes, vingt chansons dont Molé est le héros :

> Le grand bruit de Paris, dit-on,
> Est que mainte femme de nom
> Quête pour une tragédie
> Où doit jouer la Frétillon,
> Pour enrichir un histrion.
> Tous les jours nouvelle folie.
>   Le faquin,
>   La catin,
>   Intéresse
> Baronne, marquise et duchesse.

— Quatre mille bouteilles du meilleur vin des châteaux de la Garonne ! Plus de bouteilles que ce comédien n'a déclamé de vers, pendant que nous autres, les vrais artistes, nous en sommes réduits à boire, un mardi gras, l'eau des fontaines ! Ils ont fait aussi une loterie en l'honneur de Jéylotte; ils ont donné un bal en l'honneur de Grandval. Ce qui les charme avant tout, c'est l'intime réunion des mœurs de Frosine et des vertus de Sganarelle. Ils détestent les poëtes, ils n'aiment que les comédiens, ils n'adorent que les comédiennes. Tout pour eux, tout par elles. Naguère, ils ont payé les dettes du danseur Dauberval, qui menaçait de s'expatrier en Suisse. O Jupiter! renoncer à Dauberval, à Jélyotte, et porter le deuil de Molé!

DIDEROT. — Si, pour le présent mois, vous n'avez que cela, vous aurez, à mon compte, une mallette assez peu garnie, et, pour cette fois, la *morue* aura raison.

RAMEAU. — Si vous étiez discret, je vous dirais la fleur du panier de ce mois-ci. Nous avons là de bons petits pamphlets qui réjouiront le grand commun de Versailles : le *Traité sur la maussaderie*, par la duchesse de Laval; *les Effets de l'eau bénite*, dédiés à Mme de Luxembourg; *l'Empire des femmes*, dédié à Mme de Châlons, par le duc de Coigny; *les Minuties*, par la princesse de Chimay; *Traité sur les corps opaques*, dédié à la marquise de Montmorin; *la Belle et la Bête*, à la comtesse de Crenay, par M. de Mégrigny; *Traité sur le tortillage*, par la comtesse d'Harville; *Histoire des Treize Cantons*, par Mme de La Suze; *Observations sur les Précieuses ridicules*, par la marquise de Bourbon-Bussy; *Traité sur le Patelinage*, par Mme d'Anarey. Or, nous avons pour faire accepter et passer toutes ces belles dissertations, *l'Essai sur les femmes*, par M. de Bachanelle, chevalier de l'ordre royal et militaire de Saint-Louis, capitaine au régiment du commissaire général, membre de l'Académie des sciences et beaux-arts de Béziers.

DIDEROT. — Vous avez beau les vanter, Rameau, c'est un vilain métier que font là messieurs vos colporteurs !

RAMEAU. — On fait ce qu'on peut. Les colporteurs gagnent leur pain, les faiseurs d'esprit se dépensent en petite monnaie. Ils ne sont pas les plus forts, ils doivent être les plus habiles. Vous les exilez des grandes questions, ils retombent dans les quolibets, dans les *almanachs*, dans les *étrennes*, dans les *chansons* :

> Lise, à treize ans, demanda ses étrennes,
> On lui donna des almanachs chantants ;
> Du dieu d'amour elle y vit les fredaines :
> Elle en sourit, car Lise avait treize ans.

Avez-vous jamais entendu parler de M. Pierre Rousseau, de Toulouse, ainsi nommé parce qu'il ne veut pas qu'on le confonde avec Jean-Baptiste Rousseau, le lyrique, avec Jean-Jacques Rousseau, citoyen de Genève ? Il loge en sa maison soixante personnes de sa famille : grands-pères et grand'mères, pères et mères, enfants et serviteurs, qui sont occupés, toute l'année, à écrire *la Gazette des Gazettes*, soulignant, commentant toute chose. Ils vivent, tous les soixante, de ce petit commerce ; aimeriez-vous mieux les voir mourir de faim, faute d'un colporteur ? Voltaire, le plus grand esprit du monde et le roi des esprits, Voltaire a besoin qu'on le colporte. Il y a des puissances injustes qui échapperaient à toute espèce de châtiment, n'était le colporteur. *La Fricassée*, en cinquante couplets, a fait verser bien des larmes méritées. Avec des chansons contre Mazarin, le peuple a supporté le gouvernement de ce pauvre homme : « Ils chantent, ils payent! » Une facétie est souvent une consolation. Ainsi, vous verrez aujourd'hui la mise en vente des *Sept péchés mortels* du Poussin, représentés par sept drôlesses qui ne feront qu'en rire. Un billet d'enterrement, quand il est bien fait, vaut souvent une oraison funèbre, et va plus vite. On donnait, le mois passé, la liste des vaisseaux du Théâtre-Français; cette liste est jolie et fait rire. Ainsi, l'ami Desessarts monte *le Balourd*, mauvais voilier; La Rive, *le Bélâtre*, bâtiment mou; Bouret, *l'Honnête*, bâtiment plat; Dugazon, *l'Intrigant*, bâtiment sujet à ployer. Où donc est le mal, je vous prie? Ils s'endormiraient, sans ces petites flagellations :

> Et l'on n'est pas méchant pour se moquer des sots.

Rire est si bon, surtout quand on n'est libre... que de rire! N'avez-vous pas bien ri du chevalier d'Orteuil, écrivant dans le *Journal de Paris* cette lettre mémorable qui commence par ces mots : *Tout le monde connaît mon beau cheval?*... N'êtes-vous pas content de savoir ce joli mot d'un prince du sang à Mlle Contat, qui lui disait en minaudant : Je ne suis pas faite, monseigneur, pour un caprice; il faut vivre avec moi! — Hélas! mademoiselle, on m'a toujours dit que je ne savais pas vivre! » Et monseigneur de tourner les talons. Quant à moi, pauvre diable, et qui n'ai que cela pour me divertir, j'aime un bon mot bien dit, une méchanceté bien faite, et c'est pourquoi, je regrette, et beaucoup, de ne pas être des assemblées de Mlle Quinault, de Mme Geoffrin et de Mlle Lespinasse. Elles font aussi des pamphlets, ces dames-là; elles sont plus méchantes que les hommes, parce qu'elles se sentent plus protégées et plus défendues. Ah! les femmes qui parlent, les femmes qui jasent, et qui donnent à souper, pour exciter la causerie!... il n'y a rien de plus dangereux. Vieilles, elles s'arrachent leurs causeurs; jeunes, elles s'arrachaient leurs amants. Vous accusez nos méchants livres, Diderot; nous n'en ferons jamais autant, dans toute une année du café Procope, que ces dames en quinze jours d'insomnie. Elles sont vraiment la Providence des colporteurs qui leur doivent, entre autres causeries, les bluettes que voici : *l'Amusement à la mode; l'Après-souper des dames, ou les amusements d'Eglé; le Badinage amusant; le Calendrier des Amis; les Caractères, ou la pure Vérité; Chiffon, ou la Chiffonnerie de Vénus; Etrennes récréatives; Etrennes variées, ou Mélange amusant; l'Amusement des Belles; l'Inventaire de Saint Michel,* pièce nouvelle en un acte; *Je ne saurais me taire; les Papillotes, ou Extrait du Recueil de M. de ***; le Perroquet, ou les Masques levés; Tout ce qu'il vous plaira.*

DIDEROT. — C'est votre faute, à vous tous, les barbouilleurs de papier; vous avez donné l'exemple à ces dames, elles le suivent. De quoi vous plaignez-vous?

RAMEAU. — Je me plains de la concurrence. Elles n'ont pas le droit d'être si méchantes que nous. Elles ont d'autres moyens de nuire : elles ont l'intrigue, elles ont le salon et l'alcôve; elles ont la lettre anonyme, elles ont cette phrase toute faite : « Une humble femme! une pauvre femme! » Elles ont cela de commun avec les abbés, qu'elles portent une robe, et que ce serait une honte de les châtier. Elles ressemblent à la pierre à aiguiser qui ne saurait couper, mais qui donne au couteau le tranchant, et la pointe au poignard... Ce sont les femmes qui poussent les hommes aux journaux clandestins, aux guets-apens de la causerie, aux mépris de ce monde à part qui bourdonne dans le grand faubourg. Elles sont un centre où la princesse et la courtisane se rencontrent; un écho de tous les bruits de l'Œil-de-Bœuf et de la place Royale; un obstacle à l'Académie; elles sont vraiment l'hydre à cent têtes. Elles ont des inventions! des imaginations, des superstitions... Vous avez entendu parler de la nouvelle marquise de Fleuri?

DIDEROT. — Vous ne parlez pas, j'espère, de la famille de Mgr le cardinal de Fleury?

RAMEAU. — Non, je parle ici d'une coquine, une virtuose, une héroïne des *Nouvelles à la main*, appelée Mlle de Fresne, qui signe les vers que fait exprès pour elle, à six liards la pièce, et c'est bien cher, notre ami Baculard d'Arnault. Cette de Fresne, au sortir du régiment des gardes françaises, se voyant riche et bel esprit, voulut, par-dessus le marché de tant de chevance, être à son tour une vraie marquise, et elle découvrit, je ne sais comment, un mien camarade, un bon homme, appelé très-sérieusement le marquis de Fleuri. Il n'a pas moins de soixante et dix ans, il joue assez bien du téorbe; il est vraiment marquis, mais si pauvre et si ruiné que je le protége, et que parfois nous faisons ensemble un petit duo, moi jouant du violon, lui du téorbe, et le tout à son bénéfice. Ils aiment cette musique-là, dans le cabaret du marquis; on nous annonce un jour à l'avance, et nous faisons, d'ordinaire, assez bonne recette. Ce fut dans ce lieu de plaisance que Mlle de Fresne le déterra et qu'elle vint, sous un voile, à la conférence, où j'étais le témoin du marquis. Voici donc, mot pour mot, la conversation entre la demoiselle et le monsieur :

La de Fresne. — Monsieur le marquis de Fleuri, m'étant bien assurée que vous étiez un vrai marquis, et votre nom commençant par un F, comme le mien, ce qui peut faire un beau chiffre, parti de gueules et d'argent, à la croix ancrée de l'un à l'autre, il m'a semblé qu'une alliance entre vous et moi était possible, et je viens vous la proposer.

Le marquis de Fleuri (avec accompagnement de téorbe en *pizzicato*). — Mademoiselle, si vous y tenez, je vous ferai marquise *in partibus*, mais que me donnerez-vous?

Mlle de Fresne. — Convenons d'abord que vous m'épouserez, le 25 de ce mois, en l'église de Saint-Roch, ma paroisse, et que vous vous chargerez de la publication des bans, moyennant cinquante écus.

Le marquis de Fleuri (toujours en *pizzicato*). — En supposant que les cinquante écus suffisent, car je n'y veux pas mettre une pièce de trente sous de mon argent. Il me faudrait aussi, pour être présentable, si madame tient à ce que je sois présentable, une perruque et un habit.

Mlle de Fresne. — J'enverrai à M. le marquis de Fleuri la perruque, l'épée et l'habit...

Le marquis de Fleuri. — Les bas de soie et le gants ; même les souliers et le chapeau...

Mlle de Fresne. — Les gants, les souliers, le jabot d'un lieutenant des gardes françaises, que j'ai retrouvés dans mon bahut, et j'amènerai un sous-lieutenant de ces mêmes gardes françaises pour me servir de témoin.

Le marquis de Fleuri. — Ce sera bien de l'honneur pour nous deux, madame. De mon côté, j'aurai pour témoin M. le chevalier Rameau que je vous présente, et, pour peu que vous soyez aimable, il viendra vêtu de son habit de marquis.

Mlle de Fresne. — Immédiatement après la cérémonie et la signature de l'acte de célébration du mariage, moi, étant bien et dûment marquise, je remettrai à M. le marquis de Fleuri, mon mari, le contrat d'une pension viagère de douze cents livres, que je lui constitue, à dater de ce jour du 25, sur ma terre de Firmaçon, libre et franche de toute hypothèque; laquelle rente il touchera, tous les trois mois, chez mon notaire Simonnet.

Le marquis de Fleuri. — Il est bien entendu que je toucherai d'avance, avant la célébration, le premier quartier de ma pension viagère? Quant à la terre de Firmaçon, libre et franche d'hypothèque, j'y ai toute confiance, et pourtant je préfère et j'exige un contrat sur la Ville, de ladite somme de douze cents francs. Si mon marquisat est peu de chose, il vaut ça, ou ne vaut rien.

Mlle de Fresne. — M. le marquis de Fleuri aura ce contrat sur la Ville, à condition qu'il reconnaîtra comme siens, et de la façon la plus solennelle que faire se pourra, par ce mariage subséquent, ma fille Adalgise, mon fils Florval, mon fils Sainval et mon fils Dorival.

Le marquis de Fleuri. — C'est convenu; Mlle Adalgise n'aura pas d'autre père, à moins de conditions contraires, et, paternellement, je préviens MM. Florval, Sainval et Dorival qu'ils pourront se faire, à leurs frais, un écusson de gueules à trois fasces d'or, au lion léopardé d'hermine, d'azur au paon rouant d'or, les livrées chaperonnées de soie, avec un rinceau d'olivier d'argent. Mais voilà bien des livrées pour un marquis sans culotte, en habit de garde française. A la guerre comme à la guerre! Et vraiment je ne suis pas fâché du petit présent que je fais à messieurs mes fils.

Mlle de Fresne. — M. le marquis de Fleuri me donnera la main jusqu'au perron de l'église, et là, nous nous saluerons pour ne plus nous revoir?

Le marquis de Fleuri. — Oui, madame.

Mlle de Fresne. — Et jamais, sous aucun prétexte, M. de Fleuri ne réclamera ses droits conjugaux?

Le marquis de Fleuri. — En doutez-vous, madame?

Mlle de Fresne. — Et jamais il ne me reconnaîtra pour sa femme, en quelque lieu que ce soit?

Le marquis de Fleuri. — Parbleu! madame...

Mlle de Fresne. — Et jamais il ne tourmentera de sa paternité mademoiselle sa fille et messieurs ses enfants?

Le marquis de Fleuri. — Vous moquez-vous de moi, madame? Est-ce qu'il y a de quoi se vanter?

Ici finit l'entretien; un mois après, les publications étant faites, et nulle opposition à ce beau mariage, M. le marquis de Fleuri, très-embelli par ses habits d'emprunt, s'en vint, la tête haute et l'oreille basse, au-devant de Mlle de Fresne, escortée de ses dignes enfants : M. le marquis Florval, M. le vicomte Sainval et M. le chevalier Dorival. Je les ai vus, je les ai bénis, ces enfants de l'amour et du hasard. La noce achevée, madame est rentrée en son carrosse, et nous sommes retournés gaiement au cabaret, le marquis et moi, dépenser quatre ou cinq jours de la pension de mon ami. Que dites-vous de cette petite fête, monsieur le philosophe?

Diderot. — Elle vaut l'honneur de tenir sa place en vos mallettes, et Mlle de Fresne ira très-bien avec Baculard d'Arnauld, épousant Mlle Chonchon, la marchande de modes, dans la chapelle des Saints-

Innocents; avec Mlle Quinault, mariée au duc de Nevers; avec le comte d'Hérouville, épousant Lolotte, la maîtresse du comte d'Albermale; avec le vicomte de Clément, donnant sa fortune et sa main à la fille de Mlle Devarenne; avec le marquis de Langeac, surchargeant, de son vilain nom, le vilain renom de Mme Sabbatier, la maîtresse du duc de La Vrillière. Il faut convenir que nous faisons, de nos jours, des barons et des baronnes, des comtes et des comtesses, des marquis et marquises à bon marché!

RAMEAU. — Sans compter les fabriques plus clandestines. « Est-ce que vous croyez être le fils de votre père? » disait la duchesse de Chaulnes à monsieur son fils.

DIDEROT. — Mettez aussi, Rameau, dans votre mallette, une touchante histoire d'un jeune officier aux gardes, M. de La Belinaye de La Roirie. Il voulait épouser Mlle Beaumesnil, de l'Opéra, mais la demoiselle qui sait compter, n'a pas voulu quitter l'Opéra, la danse et les fêtes de chaque soir; et le pauvre amoureux s'est fait trappiste.

RAMEAU. — Elles sont remplies de ces sortes d'histoires, mes mallettes; on n'y voit que suicides amoureux, contes amoureux, dépits amoureux : autant de *morue!* Ça ne vaut guère mieux que les romances de Moncrif, les lettres de Mlle Fel, les romans de Mme de Graffigny; pas mieux que les pièces anacréontiques, fables, tableaux de la nature, mœurs du siècle, comparaisons, conseils et maximes, épigrammes et madrigaux, énigmes, cantates, versiculets, variétés, étrennes et bouquets, lexicographie, traductions, compilations... Je donnerais toutes ces belles choses pour cette encyclopédie à l'usage de la jeunesse élégante et galante de ce temps-ci :

« *Le Dictionnaire du monde*, nécessaire à tous les gens aimables qui veulent ruiner les femmes, composé par un gentilhomme florentin, revu par deux chevaliers gascons, et publié par l'auteur de la comédie des *Tuteurs*. »

Et voilà comme la mallette est le résumé ridicule et complet, terrible et charmant, des naïvetés, des malices, des crimes, des vertus, du génie et de l'esprit français :

> Vaste Clamart, où tous nos trépassés
> Gisent en paix, l'un sur l'autre entassés.

La mallette est le vrai temple de Mémoire, et le colporteur en est l'Apollon. Je suis une des neuf Muses, je suis la Mnémosyne à bon marché.

La mallette est la boîte de Pandore, moins l'espérance! Un vrai gouffre! Eh! quelles rages! que de malédictions! quelles batailles! Malheureux philosophes! écrivains misérables! n'êtes-vous pas honteux de ce travail stérile?

Un jour d'été, S. A. R. M le prince de Conti, se trouvant abandonné dans son hôtel, imagina de descendre aux cuisines. Tout le monde était sorti. Seul, un petit marmiton, devant un grand feu, jetait au foyer ardent des meules de bois; le pauvre enfant en était tout rouge, et haletant.

— Que fais-tu là? dit le prince étonné à son fouille-au-pot.

— Monseigneur, répondit le garçon, je fais de la cendre pour monsieur le chef!

Ce marmiton était fait à votre image, ô philosophes, entasseurs de nuages, faiseurs de cendres et de révolutions!

Et, content de sa moralité, le *neveu de Rameau* disparut du côté de la halle aux blés

CHAPITRE VIII.

LA PROCESSION.

ans l'intervalle, arriva la Fête-Dieu, une des grandes cérémonies du Paris catholique et chrétien. Nous autres philosophes, quand reviennent ces grands jours, nous sommes généralement abandonnés à nous-mêmes. Nos adeptes les plus zélés nous quittent pour rentrer, ne fût-ce qu'un instant, dans le giron de l'Eglise. Nos maîtresses d'hier nous ferment leur porte, et se réconcilient avec leur curé, sauf à se fâcher avec lui dans huit jours. La confession remplit l'église! Il n'est servante ni valet qui ne se livre au *meâ culpâ*, et, se comparant avec ce païen leur maître, ne le voue au feu éternel. Nos logis ressemblent à des cloîtres. On jeûne, on prie! « Seigneur, prenez en pitié ce malheureux (c'est de moi qu'on parle!), et le recevez dans votre miséricorde! » Objets d'horreur pour nos femmes, objets de pitié pour nos enfants! Même la servante, oubliant un instant de faire danser

l'anse du panier, nous châtie en nous laissant mourir de faim. Anathème! anathème! En même temps, plus d'un, parmi nos abonnés et nos lecteurs, nous écrit qu'il renonce à l'Encyclopédie, au doute, au bel esprit, et qu'il nous serait très-obligé de lui renvoyer, pour ses pauvres, l'argent de sa souscription. La débâcle est générale et complète, et c'est à qui déchirera le rituel des esprits forts, pour nous en jeter les morceaux au visage. Mon ami Rameau ne fut pas le dernier à sentir l'influence agissante et toute-puissante de la grande fête catholique, et même il tenta de me convertir, moi Diderot! lui Rameau.

« Ne riez pas, me disait-il, je suis un malheureux, très-inquiet du qu'en-dira-t-on, et c'est par vanité pure que je me suis mis à la suite de votre philosophie. Au fond de mon âme est caché, sans qu'on s'en doute, un chrétien. Vous haïssez les prêtres, et je les aime; vous félicitez l'Angleterre d'être à l'abri des moines et des loups : c'est très-joli ce que vous dites là ; mais les moines sont mes bienfaiteurs. J'avais six ans, j'allais tête nue et nu-pieds, par la poussière des grands chemins : c'est un moine qui m'a sauvé ; j'étais ignorant comme un prince du sang : c'est un moine qui m'apprit à lire ; et si je suis à cette heure un musicien, un critique en musique, et si mon violon répond, docile, à toutes les plaintes de mon âme, à toutes les inspirations de mon cœur, un moine est mon maître, et mon violon, ce chef-d'œuvre, un moine me l'a laissé en mourant. « Mon fils, me disait-il, tu n'as rien, tu n'es rien au monde ; avec un peu de génie, il te manque une volonté ferme, une foi vive en notre art. Tu douteras de tout, même de la musique, et, faible esprit, tu calomnieras tes maîtres. Il faut donc que je te vienne en aide après ma mort, que tu tiennes de moi, ton exemple et ton père adoptif, de quoi gagner ton pain quotidien.

« Prends mon violon, et demande hardiment à ce fidèle instrument des gaietés pour tes semblables, des prières pour ton Dieu. Que le pieux cantique et la chanson joyeuse alternent sur ces cordes, faites pour la danse au bord des frais gazons, et pour l'hymne aux pieds des autels. Va, sois libre, obéis à ton caprice, obéis aux nécessités de l'heure présente ; à condition cependant que ce violon que je te laisse, ami de ta jeunesse, et protecteur de tes heures sévères, compagnon de tes amours, de tes rêves, de tes douleurs, jamais tu ne l'oublieras ; tu ne le céderas à personne. Il ira dans tes sentiers ; il reposera dans ton linceul. Mon fils, telle est ma prière, tel est mon ordre... Tu me feras le serment de rester fidèle à cette force, à cette grâce, à ce conseil, à cette voix de ton ami le vieux moine, et si tu n'as pas assez de vertu pour m'obéir par reconnaissance, apprends ceci, mon fils, que ta vie est attachée à ce bois sonore, à ces cordes vibrantes, à ce docile archet, à l'instrument tout entier que je te laisse, en prévoyant pour toi, sans guide et sans honneur, toutes sortes de misères. » Voilà pourquoi, Diderot, je suis chrétien à mes heures ! pourquoi je porte avec moi le violon du bon père, et pourquoi, dans les grandes fêtes de l'année, un remords de ma vie errante et de mon vagabondage misérable me saisit et m'emporte loin de la grande Babylone, la mère des impudicités de la terre... *Amen !* »

C'est ainsi que mons Rameau parlait dans ses jours de croyance... et moi, qui ne tiens pas à un prosélyte de plus ou de moins, j'étais piqué de cette éloquence et je la traitais du haut de ma grandeur.

Diderot. — « Allez, allez, Rameau, lui disais-je, obéissez à votre vocation, soyez chrétien.

Rameau. — Vraiment oui, je le serai. Mais dites-moi, Diderot, comment il se fait que, ne croyant à rien, vous ne volez point, vous ne tuez point, vous ne mentez point?

Diderot. — Pourquoi? parce que je suis tout simplement un honnête homme.

Rameau. — Alors que gagnez-vous à ne pas croire?

Diderot. — Vous avez donc un intérêt, vous, Rameau, à être un croyant?

Rameau. — J'ai l'intérêt de ne point voler, de ne point assassiner, d'être un vagabond tout simplement.

Diderot. — Mais, chanteur de *Pange lingua !* si votre croyance ne vous sert qu'à cela, j'aime autant mon doute.

Rameau. — A quoi bon, encore une fois, à quoi bon ce peut-être? Il vous force à la tempérance, à la bienveillance et à la nécessité de refréner vos passions.

Diderot. — Mais à quoi sert votre *Credo ?* Il vous laisse un flatteur, un menteur, un agent de toutes les mauvaises manœuvres, un esclave de votre infime nature et de votre corruption. La belle affaire ! Être incessamment ballotté de l'athéisme au baptême des cloches !... A votre place, il me semble que j'aimerais autant ne rien croire, et vivre en homme d'honneur.

RAMEAU. — Non, monsieur Diderot. Ne rien croire est trop dur. On flotte au hasard dans un tourbillon qui vous emporte. Il n'y a plus de temple, il n'y a plus d'autel, il n'y a plus Dieu qui vous regarde et qui vous pardonne ; on n'est plus qu'un malheureux tout courbé vers la terre et poussé dans les abîmes. Moi je crois ; plus je suis un pauvre diable, et plus j'ai besoin de pardon, plus je crois au Dieu qui pardonne. Il me faut un prêtre ; il me faut des autels, de l'encens, des orgues qui chantent la louange du Seigneur, des bannières, des encensoirs, des enfants de chœur, des tableaux, des miracles, des processions.

« Ah ! si vous aviez vu la dernière procession de Saint-Sulpice ! Il n'y a pas de drame, il n'y a pas d'opéra, pas de chœur, pas de ballet, et rien sur la terre qui ressemble aux grandes cérémonies populaires de cette religion divine à laquelle vous ne croyez pas. — Pauvre homme ! et vous croyez à M. Lekain, à M. Brizard, à M. Jéliotte, à Mlle Quinault? Je veux bien cependant vous raconter ce grand drame, où le roi lui-même a joué le personnage d'un comparse. Celui-là, certes, en dépit de toutes ses fautes, et de tant de passions qui l'assiégent, est un roi catholique et chrétien ; celui-là n'est pas homme à s'en aller, par un chemin fleuri de primevères, au feu éternel. Sitôt que l'heure arrive, il congédie avec terreur sa maîtresse et tous les valets qui le servent ; enfin, délivré de ces confusions, il s'en va de chapelle en chapelle : aux Théatins, aux filles du Saint-Sacrement, à Saint-Victor, aux Minimes de Passy, partout où l'on prie, et partout où l'on se repent de ses péchés.

« C'était donc il y a huit jours, un dimanche, au bruit des cloches qui resplendissaient dans les airs doucement réjouis ; la sainte procession sortait heureuse et triomphante de ce vaste portail, précédée des suisses en hallebardes et couverts de leur habit d'or. Venaient ensuite un timbalier, six trompettes, douze hautbois, et quatre bassons, qui sonnaient des fanfares. Deux beaux jeunes lévites en surplis blancs portaient la bannière éclatante de toutes les couleurs de l'arc-en-ciel. La livrée allait autour tenant les flambeaux et les torches ; vingt maîtres de cérémonies veillaient sur l'ordre et sur la marche de tout ce monde incliné vers la prière, ou les yeux levés au ciel ; c'était un charme ineffable à voir passer les six communautés religieuses, gardiennes de tous les enfants de la paroisse.

« Arrivaient à leur suite la congrégation de tous les arts et de tous les métiers, suivie par six nombreuses confréries qui marchaient sur deux lignes, au bruit des tambours et des hautbois de MM. les mousquetaires noirs, de bons musiciens, sur ma parole! A chaque reposoir, ils quittaient hautbois et tambours pour jouer de la flûte traversière, heureux accompagnement de la douce voix des enfants de chœur. Venaient, bientôt, en bon ordre, les confréries du Saint-Sacrement, les collectaires et les acolytes en tuniques ; la croix d'argent, dans les mains vaillantes d'un prêtre en chape, à la clarté bienveillante des cierges qui brûlent sur des chandeliers d'argent. Il n'y avait pas moins de cent cinquante enfants, ailés et beaux comme des anges ; des petits Jésus portant leur croix fleurdelisée, et des petits saint Jean-Baptiste, un agneau bouclé dans les bras. Suivait le clergé de l'église : en surplis, en tuniques, chapes, chasubles, dalmatiques, au nombre de quatre cents.

« Puis, c'est maintenant que vous allez voir la pieuse cohorte, semblable aux choéphores antiques, qui jette au Saint-Sacrement toutes les fleurs de ses corbeilles. Vingt porte-encensoirs, ornés de ceintures écarlates, douze acolytes en aubes, avec des ceintures bleu et or, remplissaient les airs d'un nuage d'encens. Puis encore des flambeaux, et, marchant seul, suivi de quatre archevêques et de vingt évêques en grand habit, arrivait le cardinal de Polignac, dont la traîne était portée par un officier de Saint-Louis. Tous les pages qui les entouraient étaient à la livrée du prince de Condé, du prince de Conti, de Mgr le duc de Chartres. Enfin voici le dais, de cent mille écus, semblable à un trône qui serait porté par les dominations d'ici-bas ; et sous le dais, le Saint-Sacrement dans sa gloire, et, pour le suivre et l'accompagner, les deux premiers marguilliers de Saint-Sulpice : M. le maréchal de Matignon et M. le duc de Saint-Aignan, suivis de M. le duc de Choiseul, marguillier d'honneur, et des anciens marguilliers sur deux colonnes, et de tout ce que la paroisse a de plus grand, de plus glorieux, de plus célèbre. Ah! messieurs les philosophes, messieurs les douteurs, que vous êtes peu de chose, comparés à ce grand triomphe admirablement terminé par le régiment des gardes suisses, par le régiment des gardes françaises : tant de chevaux, d'uniformes, de drapeaux, de casques et de cuirasses reluisant au soleil!

« Et la procession marchait triomphante à travers mille ouvrages surnaturels de marbre, de pierre et de laine; elle rencontrait sur son passage les plus beaux enfants, les femmes les mieux parées. De la rue de Tournon à l'avenue du palais du Luxembourg, elle trouva les gardes françaises en bataille; les portes étaient gardées par MM. les gardes du corps et les cent-suisses du roi. En ce moment apparaissait, fièrement posé sur les dernières marches de la cour, exhaussée et fermée par un balustre en marbre blanc, un reposoir vraiment royal. L'enfoncement de ce reposoir était orné de parements de damas cramoisi à crépines d'or, les deux côtés du reposoir cachés sous des pentes de velours brodé d'or par le propre frère du fameux Boule, l'ébéniste du roi. Et des cierges, et des bougies sans nombre, et des orangers vieux comme François Ier, et toutes les tapisseries de la couronne, d'après les loges de Raphaël au Vatican : Raphaël, Jules Romain, Lebrun, le peintre des batailles d'Alexandre, entouraient ce vaste enclos de leurs plus délicates splendeurs. Le pavé de la cour disparaissait sous les tapis de Turquie et de la Savonnerie.

« En même temps figurez-vous, de chaque côté, vingt-cinq fenêtres magnifiquement tapissées et garnies de toutes les dames des grands appartements; dans le salon du Dôme était assis le roi, entouré de tous ses pairs : duc de Bourbon, comte de Clermont, maréchal de Villeroy, duc de Mortemart, les ducs de Noailles et les Fitz-James, les maréchaux de Coigny, de Ballencourt et de Clermont-Tonnerre..., tous les cousins du roi; ce fut alors un bruit terrible et charmant, les trompettes de la Chambre, les trompettes des gardes du corps et leurs timbales saluant de la terrasse le Saint-Sacrement qui s'avançait. Alors le roi se mit à genoux, courbant la tête, et, à son tour, il sembla charmé, lorsqu'au nom de Saint-Sulpice, quatre chanoines députés à Sa Majesté lui offrirent une corbeille de fleurs. Voilà ce que j'ai vu, voilà le spectacle enchanteur dont le souvenir me trouble encore; et vous avez beau faire, et vous aurez beau dire, il n'y a rien de pareil dans vos déclamations et dans vos livres. Quant à moi, je suis chrétien, j'appartiens à la religion révélée, à la religion qui se montre à la foule, à la religion triomphante, à ce qui frappe à la fois mes yeux, mes oreilles et mon esprit.

DIDEROT. — Et le soir de cette grande fête, où donc étiez-vous, monsieur le chrétien?

RAMEAU. — J'étais au cabaret comme un lâche, avec Margot la bouquetière, et je chantais les chansons joyeuses de Collé et de Piron.

DIDEROT. — Et voilà ce qu'il fallait démontrer.

RAMEAU. — Vous voilà bien fort parce que je suis faible, et bien triomphant parce que je suis vaincu! Au moins, lâcheté pour lâcheté, aurai-je eu sur vous le grand avantage et le rare honneur d'avoir été croyant et repentant pendant trois heures. J'ai marché dans la gloire et j'ai profité du grand triomphe. Ah! malheureux philosophe! qui comptez pour rien un moment de grâce et de repentir. Il ne sait pas qu'un bon mouvement peut sauver une âme immortelle! Il ne croit pas à son âme; il marche en aveugle en mille ténèbres, et il ne voit pas un seul des dangers qui l'entourent. Dangers à droite et dangers à gauche, et toujours et partout : *dangers* de l'air froid, humide et sec, de l'air chaud et sec, de l'air humide et chaud, de l'air pesant, de l'air léger; *dangers* des églises, des salons, des marchés, des grandes assemblées; *dangers* des eaux du ciel, des citernes, de l'eau de neige, de l'eau de Seine et de l'eau de source; *dangers* du vin, des liqueurs, du thé, du café, du chocolat, de l'abstinence et du trop manger; *dangers* de manger peu, de manger trop, des grands soupers, des petits dîners, des petits souliers, des chaussures trop larges, des talons, des perruques, des camisoles de laine, des habits pesants, de la coiffure en cheveux, des lits durs, des lits mollets, de dormir nu, des courses à pied, de lire et de déclamer, de l'équitation, de la chasse, de la danse, du sauter, du courir, de marcher, de ne pas marcher, du cheval; *dangers* de chanter et de crier, de nager, de la colère, de la peur, de la crainte, de la joie, de la haine, de la jalousie, du célibat, des plaisirs de l'amour, du rouge, du blanc, des mouches, et *danger* de retenir ses vents.

DIDEROT. — Si je m'en souviens bien, voilà un danger que vous ne couriez pas chez la petite Hus.

RAMEAU. — C'est vrai, nous étions gais là-dedans comme Pierrot; mais pour parler sérieusement, monsieur Diderot, prenez donc pitié de vous-même, et considérez vos propres dangers. Voyez! vous êtes déjà vieux, vous avez dépensé votre âme et votre esprit aux quatre vents du ciel. Vous êtes un homme d'une éloquence intarissable ; à peine éveillé vous parlez, vous parlez tout le jour avec tout le monde, à tout propos. Vous voilà tour à tour et tout ensemble hardi, superbe, indifférent, dédaigneux, sobre et crapuleux, mélancolique et serein; vous êtes un oracle, une passion, un diseur de mensonges et de vérités, un assembleur de nuages, une clarté pleine de ténèbres. Vous savez le catéchisme de tous les âges, la grammaire de tous les métiers, l'*a b c* de toutes les professions. Vous êtes un devin, un prophète, un homme assis sur le trépied, debout sur le tréteau, agitant toutes les consciences, et faisant tourner toutes les têtes. Avez-vous assez pressenti mille sentiers cachés sous les ronces! — fossés comblés, — montagnes aplanies! Que d'échos interrogés, que de tentatives, de révolutions, d'avortements!

« Sur le front du sphinx était écrit : *mystère!* Etes-vous le sphinx?... Vous êtes un dieu tombé, une torche éteinte où la fumée a remplacé la flamme. Vous êtes le bruit plus que la pensée, et le mouvement plus que l'action. Et moi, que vous voyez devant vous, fasciné, troublé, palpitant sous vos doutes, les cloches de la Fête-Dieu me réveillent. Il n'y a pas huit jours, vous avez craché le sang devant moi. En vain vous vouliez le cacher, je l'ai vu. La parole est votre vie, elle sera votre mort. Et de même que vous avez vécu par la tête, un jour viendra où ce front vaste et puissant sera rempli de troubles et de bourdonnements. Pour avoir trop pensé, la pensée à son tour s'arrêtera ; vous ne verrez plus que fantômes, vous n'entendrez plus que paroles funèbres. — La poésie et les poëtes se couvriront d'un voile, au fond de votre cerveau plein de ténèbres ; pour vous, les plus douces chansons perdront leurs refrains, les meilleures épigrammes perdront leur saveur. A peine si vous reconnaîtrez le regard de votre enfant, le sourire de votre ami. Gonflé dans votre poitrine, à la briser, ce noble cœur qui battait si vite à toutes les tendres émotions, à toutes les passions généreuses, soudain s'arrête, et Diderot, le maître orateur, Diderot, le précurseur de tant de révolutions qui vont venir, Diderot ne sera plus qu'un grand silence, un grand doute, un grand *peut-être,* et cette mâle beauté, ces yeux pleins de flamme et de douceur, cette bouche où respirait tant de bonhomie et de volonté, ces élans, ces tumultes, ces aspirations, cette parole abondante en grâce, en toute-puissance ! — ô fumée, ô néant ! — à peine un bruit, un souvenir ! Soudain tout s'efface et disparaît à la façon d'une barque dans la tempête ! A la fin le curé de votre paroisse ira, cherchant dans ses registres, une place obscure, où sans scandale il puisse inscrire, en soupirant d'épouvante et de regret, le nom funeste et glorieux de Diderot. Voilà ce que je vous annonce..., et voilà ce que vous ne croyez pas.

Diderot. — Ça me fait un joli *De profundis*, monsieur Rameau, monsieur Rameau le converti.

Rameau. — Non, pas encore le converti, mais le *perverti*. Là, vraiment, en votre âme et conscience, ne croyez-vous pas au repentir, ne croyez-vous pas à la conversion?

Diderot. — Je crois aux regrets, je crois aux remords, et surtout crois-je aux indigestions de Rameau.

Rameau. — Ne plaisantons pas, Diderot. Croyez-vous à la conversion de Mlle de La Vallière?

Diderot. — Je croirais presque autant aux remords de Mme de Montespan.

Rameau. — Et pourtant, Diderot, vous avez cru à la conversion de Mlle Gauthier la comédienne, une malheureuse que j'ai vue aux soupers du maréchal de Saxe, et luttant de fièvre et de vin avec M. le maréchal. Si donc vous avez cru à la conversion de Mlle Gauthier, une courtisane, pourquoi donc ne croiriez-vous pas à la conversion du neveu de Rameau?

Diderot. — Je ne crois pas à la conversion de Rameau, parce que Rameau est un homme entaché de tous les vices, tout ce qu'il y a de plus lâche et de plus inconséquent. Je crois à la conversion de Mlle Gauthier, parce qu'elle était une femme, une jeunesse, une comédienne, d'un jugement borné et d'une sensibilité profonde, et parce que, tout de suite, elle fut lassée à satiété des orgies sans excuse et sans rémission, dans lesquelles votre cynique et glorieux maréchal de Saxe allait chaque nuit se vautrant sans cesse, en se disant qu'il n'y avait pas assez de vices pour anéantir la bataille de Fontenoy.

« Il aimait la mauvaise compagnie, et cela lui plaisait : un cercle de complaisants, de procureuses, de danseuses, de coquines, de coquins, de vils flatteurs; il devait aimer le neveu de Rameau, ce neveu du roi de Saxe. Il préférait les charretiers aux poëtes, les portefaix aux philosophes et fils de courtisane, il mettait bien avant les honnêtes femmes les femmes perdues. L'humble et triste Mlle Gauthier prit bien vite en dégoût ce pourceau d'Épicure et ses complices, et, quand elle voulut chercher autre part un galant homme qu'elle pût aimer, le malheur voulut qu'elle ne rencontrât que des *espèces :* des roués, des talons bleus, des talons rouges, des marquis de l'Académie ou de l'Œil-de-Bœuf, la vermine des ruelles, des coulisses et de l'antichambre des Margots. Alors la pauvre femme, épouvantée, honteuse, honnête après tout, a quitté soudain cet océan de délices, et, touchée au fond de l'âme, elle s'en fut répandre aux pieds des autels ses larmes, ses prières, ses remords, ses beaux cheveux dont la Comédie était fière. — Elle pleurait, elle se désolait, elle se lamentait. Elle frappait, sans qu'on la vît, sa forte et superbe poitrine, en disant le *meâ culpâ* de toutes ses fautes! Elle eut pourtant cette consolation suprême de ne pas mourir dans les habits de la comédienne : elle eut cette joie inespérée d'avoir oublié tous ses rôles ! Pas un vers de Laharpe, et pas un hémistiche de M. Dorat ! Le Marivaux même, et le Dancourt, elle les avait retirés de sa mémoire. Son bel esprit s'était purifié de ces gaietés malsaines, de ces sales équivoques, et de ces crimes plats comme on en voit dans les tragédies de Marmontel ! Telle fut sa première récompense ici-bas !

« Et vous, monsieur Rameau, vous osez vous comparer à cette infortunée ! Et vous vous figurez que vous aurez sa persévérance et son courage ! Elle a vécu dix ans de ce supplice et de ce repentir. Elle a froissé sous le cilice un bouquet de lis et de roses comme on n'en voit pas à Luciennes ; à son cou charmant, où resplendissaient les diamants et les perles, elle attachait chaque soir une corde en crin dont les pointes acérées pénétraient dans cette peau de nymphe des bosquets de Trianon, que M. Dorat et Gentil-Bernard ont célébrée en leurs vers, pleins de *martyre* et de *délire*.

« Or çà, Mlle Gauthier, la forte et la chrétienne ! il faut la plaindre et la respecter ! Courbons-nous devant elle ; admirons ce courage héroïque, et surtout prenons garde à ne pas comparer nos petites ardeurs aux violences généreuses d'une si grande et si courageuse passion ! »

CHAPITRE IX.

LE SOLDAT AUX GARDES.

Je gardais la chambre, il y avait déjà plus de huit jours ; la fièvre et le frisson s'étaient emparés de tout mon être. Ah ! les grands vents ! je suis fou par les grands vents ! Je ne sais plus ce que je dis, ce que je fais, ce que je rêve, un enfant me mènerait à la lisière ! Ajoutez la solitude au frisson, vous comprendrez si je suis à plaindre. Eh bien, j'étais seul ; mes amis s'amusaient, travaillaient, ravaudaient, courtisaient les dames, blasphémaient, dînaient, et déclamaient sans moi. « Monsieur, me dit Jeanneton, notre servante, en ouvrant la porte, un soldat des gardes françaises est là, qui voudrait parler à monsieur. — Un soldat ? Au fait, qu'il entre. — Entrez, monsieur le soldat ! » Puis la porte étant refermée, ô surprise ! je reconnais mon ami Rameau. Il avait acheté, sur le quai de la Ferraille, un habit militaire à la réforme, afin d'entrer chez moi, car Mme Diderot, qui était dure au pauvre monde, avait positivement recommandé qu'on ne laissât pas arriver *cette espèce*.

Il se mit à sourire, et moi, j'éclatai de rire pour la première fois depuis toute une semaine. Il portait avec aisance un vieil habit d'uniforme aux parements déchirés, mais qui semblait fait à sa taille.

« Ah! me dit-il, la consigne! A bas la consigne! Elle est violée! et malgré toutes ces dames : la maîtresse, la portière et la servante, ami Diderot, je vous revois. — C'est neuf livres dix sous que ça vous coûtera, pour payer mon habit de soldat.

DIDEROT. — Et je le payerai bien volontiers, mon camarade, à condition que vous me raconterez...

RAMEAU. — Pas de condition, s'il vous plaît, sinon je sors au plus vite, et je vais donner ma leçon de musique à ma petite élève; mais celle-là, grâce à Dieu, ne compte pas parmi mes éducations.

DIDEROT. — J'entends, vous ne lui apprenez que la musique, et c'est ce que vous savez de mieux, Rameau.

RAMEAU. — Si je la sais! Je ne l'ai pas apprise à l'école de mon oncle. En voilà un qui avait de singulières idées en musique! M'a-t-il battu! A-t-il brisé des archets sur ma tête et sur mes mains, parce que je n'ai jamais pu comprendre *comment le son fondamental et générateur contient la douzième octave de sa quinte, et la dix-septième majeure, double octave de la tierce majeure. Comment, dans le mode mineur, le générateur se constitue tierce mineure d'un son qu'il adopte pour générateur, et auquel il donne pour quinte* sa tierce majeure, qui ordonne de la succession, de même que la sienne en a ordonné dans le mode majeur.

« — Tu ne vois donc pas, me disait-il, ignorant que tu es, que pour donner une idée de l'infini, le principe se place au centre de ses aliquotes et aliquantes; qu'il fait également frémir, et que, pour prouver qu'il contient tout, sans pouvoir être contenu, il force ses aliquantes à se diviser en ses unissons, dont il cède le privilége aux trois premières consonnances qu'il engendre, à savoir : son octave, sa 12e et sa 17e, en même temps que ces trois nombres premiers, 111/235, dont la résonnance se borne au 1/5 pour nos oreilles! »

« Et comme à ces beaux discours j'ouvrais, Dieu sait! des oreilles et des yeux! il me prenait par ma veste, et, me secouant à la déchirer, il me criait : « Idiot, réponds-moi : que voyons-nous d'abord dans l'identité des octaves qui donne une proportion géométrique, appelée *double?* Nous y voyons le nombre premier 2 devenir le dénominateur de la progression, en conséquence de la qualité de double ou sous-double qui lui fournit son double dans son octave 4 : c'est donc pour lors 2 qui ordonne, et nullement le principe; par là 2 reçoit l'avantage que ce principe n'a pu se procurer sans se dénaturer, puisque ce 2... » Mais plus il parlait, plus je m'embrouillais dans son *Tétracorde : si, ut, ré, mi,* et par conséquent, *mi, ré, ut, si.*

DIDEROT. — Assez, assez! Nous connaissons à l'Encyclopédie le fameux travail de M. Rameau, et sa lettre à M. Euler : *Sur l'identité des octaves,* et je comprends fort bien que monsieur son neveu n'y ait jamais rien compris.

Rameau. — Marmontel est plus avancé que moi! Marmontel a mis en vers *la Démonstration du principe de l'harmonie*. Il a expliqué, toujours en vers, aux plus ignorants, comment mon oncle *analysait les sons, de la même façon que Newton analysait la lumière* :

> Newton des sons, astres de l'harmonie!
> Non, le concours des plus heureux hasards
> Ne peut fixer la carrière des arts;
> Tu nous l'apprends. C'est aux mains du génie
> A déchirer le bandeau d'Uranie...

« Comme c'est ça, Marmontel! Comme il s'entend à l'*allegro*, au *presto*, à l'*andante*, et quel grand musicien on pourrait faire avec de pareilles leçons! Je m'y prends autrement pour expliquer la musique à mes élèves. Je joue et je chante, et je cherche en tant de symphonies les notes les plus simples, les plus douces et les plus sensibles. Je leur apprends que la musique est une modulation perpétuelle, et je les tiens tant que je puis dans le composé, c'est-à-dire entre le simple et le sublime. Savez-vous cependant ma plus grande peine en tout ceci?

Diderot. — Je m'en doute un peu. Ce sont les faiseurs de méthodes, et les fameux inventeurs qui enseignent la musique avec des *cartes harmoniques*, des *dés harmoniques*, et mille autres inventions harmoniques.

Rameau. — Vous avez touché juste. Ajoutez à mes

ennuis les recueils qui paraissent chaque matin à douze sous la pièce : *Aventures de Cythère, Étrennes d'Apollon, Cantatilles, Menuets, Contre-danses, Petits airs, Brunettes, Symphonies et quatuors pour clavecin, deux violons et basse obligés, et deux cors de chasse ad libitum; Ariettes choisies avec accompagnement de harpe, de guitare ou de vielle.* Voilà les dangers ; car ces choses-là plaisent aux élèves, à leurs mères, à leurs pères, au grand-oncle, au confesseur, à l'ami de la maison. Si le maître arrive avec un morceau sérieux, de la vraie musique, à peine on veut l'entendre, et quand on lui remet son cachet en rechignant : « Ma fille est, lui dit-on, destinée au plus grand monde, elle n'a que faire de chanter comme une virtuose, et, s'il vous plaît, vous irez de ce pas chez Mme Flûte, rue Saint-Honoré, à l'enseigne de *la Musique moderne,* auprès du *Trait galant,* acheter *le Serin perdu, le Rossignol, la Musette, l'Heureuse surprise,* et *les Sonates* du sieur Chabran. » Voilà comment on nous traite... et rien à répondre. Il faut plaire, il faut charmer, il faut donner dans le tendre, et dans le mélancolique. On a peur de la passion, peur de la poésie. Il faut, aux petites demoiselles à marier, les chansonnettes que voici :

<pre>
            Bergère,
            Légère,
     Je crains tes appas;
            Ton âme
            S'enflamme,
     Mais tu n'aimes pas.
</pre>

« Parlez-moi de l'ariette, on la met à toute sauce. On entre... une ariette! On sort... une ariette! On assassine... une ariette! A Médée ensanglantée... une ariette! Artaban régicide... une ariette! Un ordre, un conseil, un reproche, une douleur, autant d'ariettes, et moins elle dit, cette ariette, et moins elle chante, et plus elle amuse et éblouit. Elle est toujours au delà ou en deçà de la nature et de la vérité, c'est sa tâche; et jamais rien de simple et de grand; pas une de ces beautés touchantes qui, s'unissant entre elles, se marient avec le récitatif. Et loin de nous les maîtres chanteurs; loin de nous bergeries, féeries, marches guerrières, sacrifices divins, oracles, chœurs enchantés : *Tout tremble devant le Seigneur...! Brillant soleil... Ébranlons la terre...! L'Amour triomphe...!* Et de même que la comédie italienne n'oserait pas se montrer sans Colombine et sans Arlequin, les rois, les reines et les empereurs de la tragédie lyrique se croiraient déshonorés, s'ils ne rendaient pas leur âme à Dieu... dans une ariette.

DIDEROT. — Je vous arrête ici, Rameau, vous voilà tout à fait dans le domaine de votre oncle; vous voilà dans *Castor et Pollux,* et dans le récitatif : *Éclatez, mes justes regrets!* Vous voilà dans la scène de Dardanus, au second acte :

Arrachez de mon cœur le trait qui me déchire!

RAMEAU. — Quelle étrange chose que les gens veuillent toujours parler de ce qu'ils ne savent pas!

Eclatez, mes justes regrets! est du pur récitatif, du récitatif endormi, déclamatoire et sans caractère. *Arrachez de mon cœur!* est un contre-sens, chanté si lentement par une femme au désespoir. Que dites-vous aussi du chœur : *Que tout gémisse!* en crescendo? Quant au duo, mon oncle lui-même est convenu qu'il n'avait jamais fait un bon duo.

DIDEROT. — Vous conviendrez du moins que le chœur : *Brisons tous nos fers!* est d'un effet...

RAMEAU. — Absurde, avec sa marche diatonique, et soyez sûr que les Euménides d'Eschyle chantaient autrement, quand le peuple athénien poussait un cri de terreur devant le Ténare entr'ouvert, quand l'épouvante des femmes allait jusqu'aux douleurs de l'enfantement. Fi des enfers de mon oncle et de ses Champs-Elysées! Je connais un génie (il n'est pas loin) qui vous en montrera, en veux-tu? en voilà! des paradis et des enfers.

DIDEROT. — J'ai cependant beaucoup aimé, dans ma jeunesse, *Castor et Pollux*, chanté par Gelin, Legros, Mlle Arnould, Mlle Duplant, avec M. Beauvalet pour grand prêtre, et Mlle Rosalie en ombre heureuse.

RAMEAU. — Toujours parce que vous n'entendez rien à la musique, aux belles voix. Vous êtes de ces bonnes gens qui admiraient M. Larrivée en Jupiter... il se faisait entendre à quatre-vingts pieds de distance. Il chante à vous assourdir, donc il chante bien. J'imagine aussi que vous écrivez des billets doux à Mlle Lani, l'ombre heureuse, à Mlle Allard, la Spartiate, à M. Gardel, le gladiateur.

DIDEROT. — Mais le ballet des *Indes galantes!*...

RAMEAU. — Une fadeur, un prétexte à décorations, habits, galons, des choses... déshonorantes pour un musicien qui se respecte. Il y avait là-dedans Mlle Guimard et Mlle Vestris, représentant la Grâce et la Volupté, dans une décoration de Servandoni, l'architecte de Saint-Sulpice. On a vingt ans, et pourvu que l'on voie, en quelque méchant ballet, sauter Mlle Basse et Mlle Sarou, Mlle Démire et Mlle Perrin, Mlle Dornet et Mlle Martès, et la Bouscarelle, et la Godeau, voire la Mimi, la Cornu, ou la Besard, exécutant les pas de Chapotin, on crie au miracle! On admire, on proclame... chef-d'œuvre! *les Indes galantes,* et sur tous les tons de la gamme on s'écrie : « Honneur à Rameau, compositeur de la musique du cabinet du roi, et pensionnaire de Sa Majesté ; honneur à Jean-Philippe Rameau, grand joueur de clavecin et de flûte à l'oignon ; grand révolutionnaire en musique, créateur de l'opéra français, collaborateur de Voltaire au Temple de la Gloire, un héros des petits appartements ; l'auteur du *Traité de l'Harmonie et de la génération harmonique!* » Par la sambleu! on n'écrira donc jamais un livre intitulé : *le Carnaval du Parnasse?* On y mettrait si bien Rameau pour sa musique, et Diderot pour son admiration! Il est vraiment heureux que j'aie été lâché dans Paris, pour protester contre une renommée usurpée et dangereuse à ce point-là.

« Enfants, disais-je à mes élèves, apprenez de bonne heure que la grâce est incompatible avec la gêne ;

que les grâces sont filles de l'aisance, comme elles sont les compagnes de la beauté, qui est la perfection même. Il faut l'aimer, mais sagement, sans hâte ; en toute espèce d'arts, plus on se presse, et moins on avance. On perd un temps infini dans ce labyrinthe, on se décourage à la fin, et toute la consolation qu'on en tire, hélas !... c'est d'attribuer à la nature des vices que de mauvaises habitudes ont fait contracter... Voyez marcher cet enfant au sortir du berceau... Est-ce qu'il se hâte ?... Il hésite, il n'ose encore ; il sent qu'il tomberait. Mais insensiblement, sa force augmente, ses mouvements se forment, son courage s'évertue ; il arrive enfin à courir comme les autres enfants, sans trop savoir comment il fait pour courir. Voilà l'image et l'exemple de notre élève en musique ; il suffit d'être bien dirigé.

DIDEROT. — Vous êtes assez difficile à suivre, et j'ai beau faire, je vois bien que vous haïssez le grand Rameau ; mais je ne comprends pas à quelle opinion vous appartenez, où, pour mieux dire, à quel *coin*. Le coin du roi ? le coin de la reine ? Il faudrait pourtant s'expliquer.

RAMEAU. — Je n'ai pas d'opinion ; je n'appartiens ni au côté cour, ni au côté jardin ; et pendant que les uns s'arrachent les yeux, et que les autres se donnent des coups d'épées en l'honneur de ce coin-ci, de ce coin-là, moi je ne donnerais pas un cheveu de toutes ces questions. J'en ai assez de vos disputes ! Hier encore, dans un salon où j'étais venu, pour faire chanter une aimable dame qui ne chante pas, mais

qui cause, est entré un petit abbé, grand connaisseur
en musique... Et si vous saviez les énormités qu'ils
ont dites! Au fait, vous avez le temps, j'ai le temps,
Jeanneton me protége, et, s'il vous plaît, je vais vous
jouer cette comédie à moi tout seul... » Alors, selon
sa coutume, il se mit à contrefaire à la fois la marquise et l'abbé, avec des petits tours de tête à mourir
de rire :

La marquise. — Bonjour, l'abbé. D'où venez-
vous ?

L'abbé. — De l'Opéra, où j'ai pris une loge, pour
ce soir, au nom de la comtesse.

La marquise. — Une femme d'un goût douteux!

L'abbé. — Ce n'est pas faute d'oreilles ; mais je la
ménage. Elle aime à causer quand on chante, et puis
elle ne s'y connaît guère, ce qui me met à mon aise et
ne me fatigue pas.

La marquise. — Ce n'est pas comme à l'opéra
que l'on joue en ce moment.

L'abbé. — De grâce, madame, ne parlons pas des
choses jouées, jouer n'est pas chanter. C'est toujours
trop joué, beaucoup trop joué, et vous en convien-
driez si vous aviez été en Italie.

La marquise. — Et trop bien *exprimé,* peut-être?

L'abbé. — Oui, trop d'expression, trop de comédie et trop de comédiens, la comédie est un grand
obstacle à sentir toute la perfection de la musique.

La marquise. — Ah! je vous vois venir. Vous
êtes de ceux qui font la guerre aux *paroles* dans un
opéra.

L'abbé. — Pardieu, madame, les paroles ont tué la musique. Allez à la Comédie-Française, si vous voulez des *paroles*, et n'allez pas à l'Opéra.

La marquise. — Mais comment saurons-nous ce que la musique a voulu dire?

L'abbé. — Ecoutez l'orchestre!

La marquise. — Et la chanteuse?

L'abbé. — Pour la chanteuse, il me la faut immuable; un roc, un morceau de bois. Moins elle joue et moins elle parle, et plus je l'écoute.

La marquise. — Comment! Cette *Didona abbandonnata*, de Métastase...

L'abbé. — Arrive une madame, au milieu de la ritournelle, un abbé lui donne la main; quand elle est au bord du théâtre, elle fait la révérence à son peuple, elle salue en coulisse les différents spectateurs de sa connaissance qui sont dans les loges; c'est trop juste, ils ont quitté leur jeu et leur conversation pour l'entendre chanter.

La marquise. — Et comment peut-on savoir où donc en est le drame à l'instant où cette dame illustre va chanter?

L'abbé. — Le drame? Il est tout entier dans la ritournelle exécutée par l'orchestre. Lorsque cette ritournelle est finie, alors la chanteuse immobile, et sans regard, déploie à plaisir une voix que les paroles, les actions, le drame et le sentiment n'ont jamais gênés. Une voix sans entraves... Le public écoute et ne veut rien au delà de cette voix même. Au fait, vous conviendrez que plus un sens est exquis, moins il supporte de distraction; c'est pourquoi je soutiens, moi, que tous ceux qui ne se sont pas formé le goût en Italie ne comprendront jamais rien à l'exécution de la bonne musique. Or, pensez comment, à Paris, on saura jamais l'entendre et la juger.

La marquise. — Je commence à vous comprendre ou peu s'en faut.

L'abbé. — Fi de ces prétendus amateurs, qui forment deux partis; les uns admirent un musicien et les autres le blâment, ils se querellent sans cesse et ne savent pas ce qu'ils disent.

La marquise. — Comment! lorsqu'ils sont en guerre?...

L'abbé. — Ils ne se doutent pas de ce qui les divise, les malheureux!

La marquise. — Mais pourquoi cela?

L'abbé. — Parce que leur éducation s'y oppose, et qu'ils n'ont pas vu l'Italie... »

Et Rameau, reprenant sa voix naturelle :

« Ils ont parlé comme cela pendant une heure; ils ont dit, cette marquise et cet abbé, plus de sottises que le *Mercure* et le *Grelot* n'en impriment en six mois. Prenez donc parti dans ces disputes, mêlez-vous à ces dissonances, lisez les pamphlets de M. de Grimm, la lettre de Jean-Jacques, et la réponse de M. Cayatte, commissaire de la marine, ou les démonstrations de M. Roussier et de M. Morambert! Déclamations à propos de la déclamation! Quant à moi, je n'ai pas de temps à perdre à savoir si l'on peut mettre un chant bouffon dans un opéra sérieux, et réciproquement; si le chant simple est préférable au chant composé, lequel des deux est le plus difficile à saisir, ou le plus agréable enfin ; si le vrai musicien distingue en effet cinq classes d'expressions très-différentes, et qui néanmoins doivent concourir au même but : *l'expression dramatique, l'expression poétique, l'expression musicale,* celle de la *symphonie* et celle des *exécutants?* Questions d'oisifs, questions de sourds.

DIDEROT. — Mais l'expression musicale, à coup sûr vous ne la niez pas ?

RAMEAU. — Je la nie à la façon de vos faiseurs de dissertations et de vos faiseurs d'opéras. L'expression musicale ! Je connais un musicien, l'auteur du *Sorcier,* qui s'en est moqué de la belle sorte et qui s'en moque. Il avait à faire chanter le diable dans une scène de conjuration. Comme il n'avait jamais été en enfer pour savoir précisément le goût de la musique de ce pays-là, il ne vit rien de mieux que de lui faire entonner le grand récitatif français avec ses roulements, ses gonflements, ses chevrotements, ses longues cadences, et tout le tremblement des tremblements. Eh bien, cette charge, ils l'ont applaudie, et sérieusement, comme autrefois ils ont applaudi le sonnet d'Oronte; ils n'ont pas vu que le musicien se moquait de leurs oreilles; ils ont admiré ce trémolo fantastique comme ils ont admiré *Sandomir, prince de Danemark,* tragédie lyrique en trois actes, musique de Philidor, paroles de M. Poinsinet, de l'Académie des sciences et belles-lettres de Dijon et de celle des Arcades de Rome, chantée par Mlle Guimard et M. Gardel. C'est à mourir de rire ou d'ennui ; c'est à vous faire *hic et nunc* relire *la Génération harmonique*, au « chapitre de la Dissonance. » Enfin, ce serait à se briser la tête contre les murs de l'Opéra, sans un homme, un génie, un inventeur, un maître ! Ah ! pour celui-là, laissez-le paraître, et de son premier coup d'archet il dissipera ces nuages, il renverra ces fantômes ; il nous fera comprendre enfin l'accent, la vérité, l'harmonie. Il nous délivrera des dissertations d'Arnauld et de Suard. Laissez-le faire, et le laissez venir.

« Je l'annonce ! Il arrive ! A peine aurons-nous entendu ce grand génie, on ne parlera plus des fameux d'aujourd'hui : Leo, Vinci, Scarlatti, Porpora, Jomelli, Galuppi, Raynaldo di Capua, Farinelli. Ce fut à Vienne, en Autriche, il y a longtemps, quand je revenais de Berlin, que, pour la première fois, j'entendis comme un écho lointain des miracles qui devaient passionner le monde, et qui tiendront bientôt, si j'en crois le génie et ses présages, tout Paris sous un charme divin. Ces chefs-d'œuvre, où la plus ravissante douceur se mêle au *stridor* le plus déchirant de l'abîme, où toutes les passions de l'âme ont un écho sublime, et tant de grâce, et tant d'invention que ne sauraient comprendre les esprits vulgaires... une gloire en Allemagne, une fête en Italie... ils viendront chez nous en grand triomphe...

DIDEROT. — On n'a pas attendu si longtemps que vous dites : j'ai entendu, moi qui vous parle, *Orphée*, *Alceste* et *Roland* en italien, et je n'ai pas éprouvé tous ces enchantements.

RAMEAU. — Qu'en savez-vous? Vous avez entendu des copies! Vous avez entendu des voleurs d'idées! Vous avez entendu, sur quelque misérable clavecin, chantés par quelque voix d'antichambre, les opéras-comiques des Gossec, des Philidor, des Mondonville et des Floquet, autant de plagiaires, mais de ces plagiaires qui gâtent et déshonorent les plus belles choses... Bref, vous n'avez rien entendu! »

Je compris à ces mots que mon homme avait raison, qu'il parlait de ce qu'il savait; je gardai le silence, et je fis bien. Rameau se comptait, à bon droit, comme un des inventeurs du grand musicien de l'Allemagne, à savoir : le chevalier Gluck. Il vous eût dit, au besoin, les plus rares fragments de son maître adoptif. De ces fragments épars, le *neveu* avait fait un recueil à son usage ; le reste, il l'avait entendu dans son voyage à Vienne, et, comme il avait une mémoire imperturbable, il le savait par cœur. Même il avait connu le chevalier Gluck, en sa qualité de premier violon ; il avait vu de près cette grande figure, où se mêlait tant de confiance avec tant de génie. Ainsi, Rameau avait rapporté de son voyage, en sa tête féconde : *Orphée, Alceste, Iphigénie en Aulide, Iphigénie en Tauride, Armide, Ernelinde, Didon, Roland,* et par admiration pour le maître allemand, et par haine pour l'oncle Rameau, il avait proclamé celui qui doit venir!... Jusqu'à présent il avait crié dans le désert. Gluck lui-même avait en vain frappé aux portes de notre Opéra, sourd à ces chefs-d'œuvre, et voici tout ce qu'on avait pu faire en son honneur, on avait fait un ballet...

d'*Orphée!* Orphée, un rôle *muet*, mimé par Bellecourt ; Eurydice, un rôle *muet*, dansé par M^(lle) Allard ! Rameau savait par cœur les plus beaux passages de l'*Iphigénie* et de l'*Armide*. Il en disait les plaintes, les transports, les douleurs suprêmes beaucoup mieux que n'eussent fait le célèbre Cuvillier, ou le fameux Larrivée. Il en savait les lamentations, les tristesses, le rhythme enchanté, la grâce aussi. Il était l'orchestre, il était le chœur. Il fredonnait un certain duo entre Echo et Narcisse, qui, d'une grâce charmante, finit par m'enchanter. « Que c'est beau ! disait-il. Que c'est charmant ! Quand il nous viendra, ce père adorable de la divine *Armide*, avec quelle joie et quel orgueil irai-je au devant de ce grand homme ! Or, comptez donc qu'il nous sera présenté par sa royale élève, la jeune archiduchesse d'Autriche ! Aussitôt qu'elle sera la dauphine, elle fera ce grand présent à la France ! Elle nous amènera la Musique...

Diderot. — Et l'honneur ! Elle nous rendra la reine.

Rameau. — Nous lui devrons Orphée... *Ombre sacrée*... Un de vos musiciens français, je le parie, eût écrit ce morceau sublime en mode mineur... »

Là-dessus Rameau, tout d'un coup, comme il trouvait qu'il tombait dans le sérieux, revenait à sa gouaille habituelle, et récitait une épître qu'il avait commencée en l'honneur du chevalier Gluck :

> Destructeur de la paix publique,
> Brigand ! quel instinct diabolique
> Au sein de Paris t'attira ?

« Vous riez! me dit-il... Ne riez pas; ils insultent le chevalier Gluck sans le connaître! Ils l'insultent... parce qu'ils en ont peur. Cet homme est un dieu; cet homme, avant peu, chez nous-mêmes, chez nous, sera le maître absolu des âmes! » Alors il se mit à me raconter l'*Alceste*, une des plus belles tragédies du théâtre antique. Il racontait ces pleurs, ces gémissements, ces larmes, ce prince à la mort condamné, cette épouse au désespoir qui le rachète; il disait : Admète apprenant le dévouement d'Alceste, et ces chants lugubres, ces prêtres, ces démons, cette marche funèbre au milieu de la plainte et du deuil de tout un peuple. « Ah! qui qui me parle?... Que répondre?... Où fuir?... Où me cacher?... Je brûle!... j'ai froid...! Le cœur me manque!... Je le sens... dans mon sein... len...te...ment pal...pi...ter... Quelle épouvante!!... Ah!... la force... me reste... à peine... pour... me plaindre... et... trembler!... » Il avait les yeux pleins de larmes et pleins de feu, il était profondément touché, et cachait son émotion comme une faiblesse [1].

« Où donc allez-vous? lui dis-je, et pourquoi me quitter si vite? Hélas! reprit-il, vous savez!... la profession! Je vais ce soir à un concert; devinez de quoi? Un concert de tambour de basque, exécuté par le fameux Vallière; un morceau de vielle en *si, la, ré*, par le célèbre M. Bâton; après quoi nous entendrons

---

[1]. Nous devons à Mlle Pelletan une belle et bonne édition des œuvres du chevalier Gluck. Le sens critique et la correction ne sauraient aller plus loin. C'est un vrai présent que la jeune virtuose aura fait aux amis du chevalier Gluck.

le sublime M. de Dittersdorf, autrement dit M. Ditters, qui nous *exprimera*, sur le hautbois, ce qu'il a éprouvé en lisant les *Métamorphoses d'Ovide*. On entendra aussi le luth du grand Kohaut. Enfin, l'on verra l'illustre Mme Sireman, Vénitienne, jouant sur le violon *les Amours d'Eucharis*. Voilà ma soirée, ô Diderot :

> Osez mettre le comble à votre rage impie,
> Barbares!... »

Et cette fois il partit pour tout de bon, en chantant dans l'escalier ce joli couplet de sa composition :

> Qui veut de tout de tout aura,
> Qu'il aille entendre l'opéra :
> Chant d'église, chant de boutique,
> Du bouffon et du pathétique,
> Et du romain et du français...

Et tout au bas de l'escalier, Rameau me dit : « Nous voilà loin de *Daphnis et Alcimadure*, emprunté à l'opéra de Frontignan ! Nous voilà loin de Mondonville et de Mlle Fel, des *Fureurs de Saül* et des *Israélites du mont Horeb;* surtout nous voilà loin de l'oncle Rameau. Laissez passer le chevalier Gluck, et... *fiat lux!* »

CHAPITRE X.

LA COMÉDIE A VERSAILLES.

 mon grand étonnement (tant j'avais peur que Mme Diderot ne l'eût consigné à la porte), je le vis revenir, trois jours après, dans son habit de tous les jours.

« Comment donc avez-vous fait? lui dis-je. Il n'est pas facile ordinairement d'arriver jusqu'à moi, quand on est un sujet tel que vous.

— Bah! me dit-il, je connais *les êtres* de céans, et je sais trop bien, pour l'avoir éprouvé, ce que peut une femme en fureur; mais, grâce à Dieu, si l'on déplaît à la bourgeoise, on a pour soi la soubrette. Est-elle jeune? on l'embrasse! et d'âge mûr? on lui propose hardiment de l'épouser! Tel que vous me voyez, je suis en pourparler de mariage avec Mlle Jeanneton; elle me trouve un petit air comme il faut; elle dit que sa maîtresse est une bégueule de manquer de politesse à un gentilhomme tel que moi. Mais que vois-je, ô dieux et déesses! un Diderot tout battant neuf! un philosophe en robe à petits pois, à grands ramages, assis dans un fauteuil de maroquin! Me voilà donc en présence du Diderot des dimanches, moi qui n'ai vu jusqu'ici que le Diderot de tous les jours? Que c'est riche ici! Présentez-moi, je vous prie, à ce tableau de Vernet! Il est beau, j'en suis sûr, vous l'avez dit, mais que je troquerais volontiers ces eaux de crème fouettée avec son navire et ses matelots, contre une simple esquisse de Chardin. »

Il fit ainsi toute sa revue à travers mon appartement. Il était bon juge en peinture, en dessin; il s'y connaissait pour avoir vu, de très-bonne heure, une quantité de beaux tableaux. Il approuvait, il blâmait, il admirait, sans mot dire. Or, voici qu'il découvre, en un coin de la chambre, un *passe-partout* dans lequel étaient enfermées au hasard plusieurs images à l'estompe, au crayon, et son regard s'arrêta sur un papier que j'avais ramassé, il y avait longtemps, dans l'atelier de Vanloo. On voyait sur ce fragment trois têtes de jeunes femmes, dessinées de souvenir. La première était une Elvire de trente ans, d'une physionomie hautaine et distinguée. Elle avait de longs cheveux noirs, le regard impérieux et le commandement aux sourcils. La seconde était plus jeune; évidemment celle-là était la sœur de celle-ci. Elle était brune, elle était maigre, de la maigreur d'une jeunesse ardente : on voyait voltiger sur sa lèvre une ironie insolente, et l'une et l'autre elles étaient, ces deux sœurs, sans être belles, de ces beautés étranges qui vous poursuivent. Greuze en eût fait le crayon... je l'aurais défié d'en faire le pastel,

A côté de la seconde sœur, on en voyait une autre, et celle-là, bien qu'elle eût un air de famille avec les deux premières, on pouvait dire qu'elle était jolie, et plus encore, intelligente. Au reste, elles étaient toutes les trois dans l'ombre, et plus semblables à des rêves qu'à des réalités ; elles tenaient du fantôme, et l'artiste lui-même avait eu soin de les envelopper d'un nuage. Il fallait donc une grande attention pour reconnaître en ce crayon fugitif les pitiés, les volontés, les tortures, les grâces, les résignations, les jalousies, les agonies que ces trois femmes avaient subies. Quel drame, en si peu d'années ! Quelle fortune !... Hélas ! quelle ruine ! A voir comment Rameau regardait ces vaines images, je compris tout de suite qu'il tenait une histoire, et qu'il allait me la dire à sa façon, en prenant le plus long chemin, le chemin des écoliers, le chemin des amoureux.

Il passa la main sur son visage, et, se retournant vers moi, en me désignant d'un doigt ces trois images : « Il faut convenir, me dit-il, qu'il y a des pères bien heureux ! J'ai connu mieux que je ne vous connais, l'illustre auteur de ces trois dames : comme il venait assidûment chez mon jeune disciple et maître... et quasi beau-frère (ils étaient parents) il avait été témoin de mes larmes qu'il ne comprenait guère, et dont il me sut bon gré. Voilà, se disait-il, un garçon qui s'attache à petit prix, et qui vous a des larmes à revendre. Il en tint note, et sitôt que j'eus quitté cette ingrate maison, indignement chassé par ma maîtresse, et ne sachant plus que faire ni que devenir, ce bon gentil-

homme eut pitié de mon abandon et me prit chez lui.
Il habitait misérablement un vaste et superbe hôtel, la
maison de ses ancêtres, mais dégradée et croulante. Il
l'avait vendue, en détail, à tous les Juifs de son quartier : aujourd'hui les tentures ; le lendemain, les boiseries délicates ; huit jours après, les cheminées et les
parquets. Il avait arraché de ce logis splendide, et l'un
après l'autre, ornements déshonorés, pour les livrer
au brocanteur, les portraits des aïeux : hommes et
femmes ; abbés, abbesses ; capitaines, évêques, maréchaux de France, ambassadeurs, il avait tout livré aux
regratteurs. Pour commencer la ruine, il s'était défait
de tous les meubles, et, si la maison n'était pas depuis
longtemps livrée à quelque revendeur, c'est qu'elle
était un apanage. En ce lieu de la ruine et de la désolation, une race illustre avait passé, une suite énergique et vaillante de grands capitaines et de femmes
sérieuses ; mais les siècles s'étaient dégradés, l'antique
maison avait fait comme les siècles, et le dernier héritier de ce grand nom, Louis troisième de Nesle...

DIDEROT. — Ah ! j'y suis : les trois têtes que je
possède en ce cadre oublié représentent les trois favorites ! Mais quelle diable d'idée avez-vous, Rameau,
de parler comme une oraison funèbre de Bossuet ?
Muse, chantons... le marquis de Nesle ! Il était, après
vous, ce qu'il y a de plus effronté ; il était à pot et à rôt
avec les comédiens les plus vulgaires, il était l'amant
de cœur des plus vilaines comédiennes et des plus basses
courtisanes ; on le tutoyait dans les coulisses, et cependant on l'écoutait, car il avait connu les anciennes du

théâtre ; il avait fréquenté la Desmares, une nièce de la Champmeslé ; il avait été le bienvenu chez Mlle Florence, une chanteuse ; il nous disait comment se comportaient les jeunes gens, à la mort du roi Louis le Grand. Laissons donc les grandes phrases à propos du marquis de Nesles, un rien qui vaille, et parlons-en tout simplement.

RAMEAU. — Si vous l'avez connu, ce n'est qu'en passant ; si vous lui avez parlé, c'est par hasard. Il était trop bon gentilhomme pour s'attarder à un philosophe, et s'il tutoyait les comédiens, s'il était tutoyé par les comédiennes, c'est qu'il le voulait bien, et que cela ne tirait pas à conséquence avec un homme de sa sorte. Je le sais par cœur, moi qui vous parle, il n'avait pas de secrets pour moi ; j'étais son hôte, et j'allais à sa suite, au matin dans les belles ruelles, et le soir dans les tripots. Il jouait comme un gentilhomme ; il tenait la carte en beau joueur ; il portait son épée en homme d'honneur. S'il était accessible à tous, il fallait être habile et prudent quand on se familiarisait avec lui, sinon, gare à vous !... il vous tuait d'un bon mot, ou d'un bon coup d'épée !

Il était devenu si pauvre, et sa femme était si participante à son désordre... ils avaient si complétement dévoré trois cent mille livres de rente, qu'il y avait des jours où, pour dîner, nous ne savions comment faire ? Alors nous mangions, dans une vaisselle de terre, avec des fourchettes d'étain, les compositions culinaires de la marquise... Et jamais de plaintes ! Il espérait en tout le monde ; il croyait en lui seul. Il disait que sa race ne pouvait pas mourir de faim, comme une race de poëtes. Un jour d'hiver (j'étais resté seul à l'hôtel, au coin d'une cheminée absente, et grelottant dans une vaste salle exposée à tous les vents), j'entendis frapper à coups redoublés à notre porte, où brillait encore la devise héraldique de cette maison : *Hogne qui voudra!* On frappait en maître, et c'était M. le marquis de Nesle qui revenait en toute hâte, en grand triomphe, et suivi de l'architecte et des maçons, suivi des valets, des tapissiers, des cuisiniers, des pages, des couvreurs, des palefreniers, et de toute une valetaille qu'il avait ramassée en son chemin. Il était toujours le même homme, insolent et superbe, et le verbe haut. En même temps, il commande, en vrai mignon de la fortune, que sa maison soit du haut en bas rétablie ; il eût trouvé, comme Aladin la lampe merveilleuse, il n'eût pas commandé davantage. Ah! tout de suite il faut réparer les toitures, redorer les chambres, charger de nouveau les murailles des tapisseries de Beauvais et des cuirs de Cordoue. Il veut des glaces, des tableaux, des porcelaines, des cabinets de la Chine, et des meubles de Boule, à faire envie à M. Randon de Boisset.

Quels changements! Quelle étrange révolution! Hier encore il avait un grabat pour sa couche, aujourd'hui il commande une douzaine de lits magnifiques. Çà! du vin plein les caves, des bûchers pleins de bois, dix chevaux à l'écurie, un suisse en baudrier et sa hallebarde à la porte! Grand feu partout... cuisines brûlantes, et de grandes tables chargées de vaisselle d'argent, où seront conviés tour à tour les belles dames, les grands esprits et les grands seigneurs ! Ah ! si vous aviez vu ce délire et cette inspiration ! Je crus d'abord qu'il était fou, mais d'un seul mot il m'expliqua tout cet orgueil. « Mon ami, me dit-il, vive le roi ! nous sommes protégés par Bachelier, le premier valet de chambre, qui vient manger mon aloyau ! Embrassons-nous et faites-moi tous vos compliments ! Ma fille aînée, Mme de Mailly, s'était dit qu'elle serait la maîtresse royale... Elle s'est tenu, à elle-même, une si grande parole... Elle est reine à son tour, et tu vois devant toi le beau-père du roi de France et de Navarre... Hein, que dis-tu de cela?

DIDEROT. — Il disait vraiment cela? Il le disait, sérieusement et sans honte? Un marquis de Nesles ! Un gentilhomme des croisades, un seigneur dont les ancêtres se battaient avec le roi saint Louis !

RAMEAU. — Il le disait avec enthousiasme, et je vis bien qu'il disait juste. En vingt-quatre heures, il avait pris le haut du pavé sur le duc de Tresmes, gouverneur de Paris. Deux palefreniers à cheval, tenant douze chevaux de maître, revêtus de velours cramoisi, bordé d'un galon d'or. Trois carrosses à six chevaux, douze laquais... Des habits ! c'est tout dire : étoffes d'or, garnies de point d'Espagne en or, les boutonnières brodées en diamants ! A la même heure, on vit accourir dans cette maison dévastée, et qui déjà se relevait par enchantement, ce qu'il y avait de plus distingué dans la ville, et ce qu'il y avait de plus rare à Versailles ; hommes, femmes, enfants, vieillards... Les demoiselles à marier félicitaient le marquis de Nesle de ce glorieux changement dans sa fortune. On le contemplait, comme on contemplerait un miracle ; et lui, vêtu des habits les plus superbes, et tels qu'il en avait jadis, quand il fit l'étonnement du czar Pierre le Grand, qui ne comprenait pas qu'un homme eût tant d'habits à lui seul, il se pavanait dans sa nouvelle fortune. Il jouait sans compter à tous les jeux de l'hôtel de Gesvres et de l'hôtel de Soissons. On lui demandait, de toutes parts, des audiences, et, bon prince, il distribuait les évêchés, les commanderies, les abbayes et les régiments, tout ce qu'il y a de plus difficile à obtenir... Tout d'un coup, l'empressement s'arrêta ; de jour en jour la foule des courtisans fut moins grande autour de cette nouvelle puissance. Un je ne sais quoi disait à tout ce monde avide, ambitieux, mendiant, que la fortune du marquis de Nesle était déclinante avec la fortune de Mme de Mailly, sa fille. Encore un peu de temps, c'en était fait de nos menus plaisirs : bals, spectacles, festins, petites maisons, grand jeu, chasses et petits soupers... tout s'abîmait, comme un pavillon en plein Océan... nous retombions dans l'isolement, dans l'abandon, et, pour comble, en cette pauvreté lamentable dont à peine étions-nous sortis par ce premier enchantement.

DIDEROT. — Avouez que cela eût été bien fait, et que votre ignominie avait vraiment sa récompense. Et maintenant, Rameau, je m'étonne un peu moins de la dégradation de votre caractère, en voyant à quelles écoles vous l'avez apprise.

RAMEAU. — A l'école d'un monde où l'on n'a d'autres ressources que l'impudence et le mensonge. Où voulez-vous que je l'apprenne ? Ils étaient tous également ignobles, le père et la fille, la femme et le mari, le maître et le valet ! Mais... vanité des vanités ! Cet isolement, dont je vous parlais, devint bientôt de l'abandon. La ville entière s'entretenait déjà des nouvelles amours du roi notre sire. On disait qu'il était las de sa vieille maîtresse. Elle avait des colères, des spasmes et des jalousies insupportables.

« Sauve qui peut encore une fois. A ces bruits d'une si belle place ainsi perdue, on vit soudain Mlle de Saône disparaître de notre hôtel, ses mains pleines, sans oublier un habit, de huit mille livres que le roi lui avait donné... une enfant à Mme la marquise, adoptée par M. de Rohan, me fut rapportée sans cérémonie. On disait aussi qu'une nouvelle étoile avait lui sur le château de Versailles, une étoile qui se levait du côté de Port-Royal-des-Champs, et qui venait pour tout brûler dans ce palais de Louis XIV, le plus grand ennemi de Port-Royal, celui qui fit jeter aux vents, par ses soldats attristés, la cendre austère des saints et des martyrs. Pensez donc si nous étions confondus de ces tristes nouvelles, à l'hôtel de Nesle ! Eh bien, le marquis seul conservait sa sérénité et son orgueil. Il était gai, content ; il souriait, il se frottait les mains et, voyant pleurer sa fille, il chantait ce joli couplet à l'adresse de Madame de la Tournelle :

> Madame Alain est toute en pleurs,
> Voilà ce que c'est que d'avoir des sœurs...

« Comme il avait raison de rire, et de se moquer des trembleurs ! Le nouvel astre de la cour appartenait encore à la maison de Nesle ! Et chacun te salue, étoile du matin, tour d'ébène, et porte du Ciel !

« C'est que dans ce grand jeu de la fortune, il avait gardé l'atout, notre bon sire. Une autre enfant de ce marquis si ferme sur les étriers de sa grandeur venait d'apparaître, et s'emparait, triomphante, du jeune roi, débauché par sa sœur aînée. Oui ! et cette enfant de Port-Royal, aussi vicieuse que la Duclos ou la Clairon, apprit au roi, la première, à se cacher dans les petits appartements creusés sous le trône auguste de son aïeul, pour y boire à longs traits les bons vins, l'oubli de la dignité royale et le mépris de la couronne. Elle en savait plus long que Mlle Duthé, cette plate embéguinée ; elle était, cette nouvelle arrivée, aussi gaie et folâtre que sa sœur était ambitieuse et volontaire ; elle avait le bel esprit d'une laide, un esprit actif, déluré, plein de rencontres, heureux à l'attaque et facile à la repartie. Ah ! cette Mlle de Nesle ! Elle avait un faux air de Voltaire, et vraiment, par l'audace et l'empire absolu de sa parole, elle annonçait que le siècle de Voltaire était ouvert. Autant qu'Arouet, jeune homme, elle savait rire, elle savait plaire, et son glorieux père allait très-souvent à Versailles, pour contempler cette nouvelle gloire de sa maison. Pour obéir au maître, il maria Mlle de Nesle au comte de Vintimille, un autre seigneur de la déchéance, un de ces valets porte-manteaux du roi, qui était chose assez nouvelle, même à Versailles.

Ainsi mondit sieur le marquis de Nesle régnait une seconde fois par sa seconde fille, sa nouvelle Providence, Madame de Vintimille. Il lui disait : « Ma reine ! » Il l'adorait à deux genoux. Il se faufilait dans tous les Choisy ; j'allais à sa suite, et, le matin, à l'heure où toutes ces délices semblaient renaître à la voix du roi bien-aimé, je voyais passer dans le déshabillé plus que léger d'une vraie petite maison, sur ces pentes fleuries, au bord de ces eaux murmurantes, la favorite au milieu de vingt jeunes femmes vêtues sans cérémonie, à la diable, en jupes brodées, en galant petit habit du matin !

« Pensez donc si mon ami le marquis de Nesle, adopté par le grand et le petit commun de Versailles, fut au comble de ses vœux quand il reçut dans ses bras paternels, posé sur un coussin de velours cramoisi, le propre enfant de Mme de Vintimille, un enfant des amours du roi son maître... un Bourbon de Nesle ! et le vaudeville en courut d'un bout du royaume à l'autre, que c'était une bénédiction :

> On dit que Son Excellence
> La sultane de Choisy
> A force de contredanse
> Avec notre grand Sophi,
> Vient de donner la naissance
> Au petit mamamouchi...

« Alors, plus que jamais, notre hôte était entouré de prières, d'usuriers, de supplications, de respect. A moi-même, à moi Rameau, de très-grands seigneurs faisaient la cour !

Diderot. — Ce que c'est que de nous ! des courtisans à Rameau !

Rameau. — Tout à coup, pour la seconde fois, nous retombons dans le néant. Notre fille était reine, et soudain notre fille est morte. Ah ! père infortuné, plus malheureux marquis ! Renoncer à cette poule aux œufs d'or, qui pondait depuis si peu de temps ! Malheureux père ! Eh ! justement il avait perdu, la veille, au biribi, une somme énorme, et, dégradé de sa fille expirée, il se trouva face à face avec la ruine. En si peu de temps, il s'était endetté comme un prince ; il était tout à fait perdu, et la *saisie* arriva brutale et violente, emportant ces meubles, ces tableaux, ces larmes, ces magots, ces glaces, cette vaisselle plate et montée, enfin tout ce luxe. Ah ! la saisie ! Ah ! la force étrange ! Elle enleva soudain cette nappe éternelle ; elle vida les écuries ; elle brisa les bouteilles ; elle déchira les habits ; elle renvoya à leurs gémonies les poëtes, les laquais et les maîtresses du marquis ; elle arracha même au jardin de cet hôtel de la faveur et de la complaisance des arbres précieux qui venaient des jardins de Trianon et de Versailles. Tout fut vendu par les huissiers, y compris le portrait des deux filles-maîtresses, et le portrait du « Roi-mongendre ! » En ce moment nous étions l'horreur du quartier, la honte de la ville, un opprobre à la noblesse, et plus que jamais les comédiens nous traitèrent sans cérémonie. Mais notre illustre seigneur de

Nesle n'était pas facile à s'avouer vaincu. Paisible, il souriait à l'avenir, semblable au Juste d'Horace assis sur les ruines du monde, et qui tient tête au monde en débris.

DIDEROT. — Le marquis de Nesle avait raison. Il était beau joueur, il avait gardé *l'atout* de son jeu paternel. N'avait-il pas une troisième fille, égale aux deux autres, une digne élève du duc de Richelieu, une amie à M. de Maurepas, une impudente qui, la première, a traité le roi comme un simple mortel, et sans façon? La première, elle a deviné qu'il était avare, et qu'il tenait à son argent plus qu'à ses maîtresses. Les deux premières demoiselles de Nesle s'étaient données pour rien ; la troisième, oyant cela, se vendit, et se revendit hors de prix.

« Avant de se rendre à ce roi déjà vieux, tant il avait abusé de sa royauté oisive, elle fit ses conditions, elle dicta ses volontés. Avant de chanter la chanson :

> Angélique engage son cœur,
> Médor en est vainqueur ;

elle voulut tout de suite être une maîtresse déclarée au soleil de Versailles, et non pas une taupe au fond des petits appartements. Elle eut sa maison, son train, son petit lever, son grand lever... sa liste civile ! Elle fut une Montespan à la façon de Louis XIV, et non pas une Dalila aux ordres du premier valet de chambre. Elle a bien fait ; elle a mis une muselière à ce Don Juan-barbon à qui, de son propre aveu se sont offertes, présentées, et proposées, toutes les filles et toutes les femmes de son royaume, et par l'argent, sa seule inquiétude, elle a châtié cet avare ! Elle a puisé directement dans le trésor royal ; elle n'a jamais tendu la main aux tristes bienfaits de Sa Majesté ; elle a traité, de couronne à couronne, avec ce satrape d'Asie, enseveli dans son sérail.

Rameau. — Et disons tout, Diderot, le roi en eut pour son argent. Elle était ravissante en ses atours de princesse, avec ses grands yeux bleus voilés de brun, blanche et droite... un vrai lis, vermeille autant que la rose. Son rire enjoué, sa beauté délicate, ce cou plus blanc que les perles dont il était chargé, ce front plus radieux que les diamants de son diadème, autant d'enchantements dignes de Salomon lui-même. Et quand elle fut vraiment la souveraine de ces beaux lieux, elle voulut être une duchesse à son tour. Alors, obéissant à ces justes désirs, le roi lui acheta le duché-pairie de Châteauroux avec ce joli considérant : « *Considérant qu'elle est issue d'une des plus grandes familles de notre royaume, alliée à la nôtre, et que ses ancêtres ont rendu, depuis plusieurs siècles, de grands et importants services à notre couronne*, etc., etc... » Il y avait cela, tout cela, écrit en toutes lettres, dans les lettres patentes, « afin que nul n'en ignore, » enregistrées au parlement de Paris. Revoilà donc des splendeurs à faire rebouillir la marmite de mon ami le marquis de Nesle ! Il en faisait la roue au monde entier ! A ces nouveautés inattendues, le cardinal Dubois tressaillit d'aise au fond de son tombeau ; le fantôme de M. le régent se prit à rire; le cardinal de Tencin et sa digne sœur se jetèrent dans les bras l'un de l'autre. Alors, et plus que jamais, haletante à la curée, on vit la faveur publique revenir à l'hôtel de Nesle. Il y eut une émeute à qui rapporterait à leur *propriétaire* les portraits, les meubles, les bijoux, les billets doux, les lettres de change et le collier du Saint-Esprit, que cet heureux père avait mis en gage pour arrher la Maupin.

Mon bonheur fut si grand que j'ai peine à le croire !

« Que dis-je ? Un pauvre huissier chargé de famille, qui avait osé apporter une assignation audit sieur le marquis de Nesle (or, le marquis l'avait jeté par la fenêtre!), apprenant que sa partie adverse était de nouveau triomphante, et qu'elle était le père de Mme la duchesse de Châteauroux, mourut de saisissement et d'épouvante... Est-ce que vraiment l'on ne ferait pas une comédie avec cela, Diderot ?

DIDEROT. — Il ne faudrait qu'un peu de liberté. Avec ce petit ingrédient de plus, que l'on ferait de piquantes comédies ! Toutefois, il serait assez difficile de rire au dénoûment de celle-là.

RAMEAU. — Il est vrai, voilà deux femmes mortes dans les bras du même homme, et voilà un honnête père de famille abominablement ruiné, trois fois de suite. Il avait pourtant une quatrième fille, une dernière espérance, et si elle avait su s'y prendre aussi bien que ses trois sœurs, la France eût soutenu les justes prétentions du seigneur de Nesle sur la principauté de Neufchâtel, et suivi les indications du dictionnaire de Moréri... Heur et malheur, c'est la vie humaine... Et depuis son dernier malheur, je n'ai pas revu M. le marquis de Nesle. Il a disparu, définitivement, dans le tourbillon de sa maison, après avoir publié *sa généalogie*... et ce fut alors que je devins un homme indépendant, me répétant chaque matin avec le Psalmiste : *Et tout est vanité!*

DIDEROT. — Pour ma part, j'aimais assez Mme de Châteauroux ; elle avait de vaillants sentiments ; elle eût volontiers envoyé son triste esclave à la bataille. Et puis, elle tenait à distance les lâches et les flatteurs... Je suis sûr qu'elle ne voyait pas son père tous les jours.

RAMEAU. — Tout philosophe que vous êtes, peut-être ne savez-vous pas le juste motif de nos seigneurs les courtisans pour pleurer Mme de Châteauroux? Je vais vous le dire !... Elle emportait dans sa tombe un de leurs plus beaux priviléges : le droit de donner au roi ses maîtresses. Jusqu'à Mme de Châteauroux, la maîtresse royale était nécessairement une fille de grande maison. La qualité, monsieur, la qualité ! Une dame alors faisait ses preuves pour entrer dans le lit royal plus encore que dans l'abbaye de Panthémont. O douleur! ô ruine! et désormais quelle honte pour la race antique !... une fille Poisson, de rien du tout, une marquise improvisée de Pompadour, une vile bourgeoise est entrée ostensiblement dans le lit de nos rois !

DIDEROT. — Certes, voilà ce qui s'appelle en droit romain une diminution. Mais où diable allez-vous nicher votre noblesse? Mlle Poisson, une bourgeoise, à la bonne heure!... et pourtant, elle était charmante! Elle avait les grâces et les attraits réunis de toutes vos dames de la cour! Une taille, un visage, un esprit, une grâce, une faveur! J'aurais donné dix ans de ma vie et *les Bijoux indiscrets* par-dessus le marché, pour être une heure son amant. Oui, et je l'aurais préférée à toutes les princesses, et j'aurais fait comme le roi; j'aurais dit à quelque duchesse affamée et sans honte : « Voici, pour vous, ma mie, un bon de fermier général... *présentez cette dame à ma cour!* » Je sais bien qu'ils l'ont chansonnée, et qu'ils se sont moqués de sa roture... elles les a laissés dire, et d'un pied charmant elle a foulé, sans la briser, la couronne de France.

« Celle-là savait plaire; elle était faite pour l'amour, et pour chasser l'ennui qui pesait sur Versailles. L'ennui, c'est pis que la peste : on guérit de la peste, on ne guérit pas de l'ennui! Et quand cette beauté sans aïeux, mais irrésistible, eut contemplé, dans son ombre et dans ses courtes hontes, cet énervé du sceptre, oublieux de la main de justice, insensible à cette couronne chargée d'années et de gloire, ce père indigne de vingt millions de malheureux dont la bonne moitié mange un pain noir et ne sait pas lire, elle lui dit dans un sourire : « Une femme aura pitié de toi, prince infortuné! Un seul de tes caprices pourrait troubler le monde... elle te laissera dormir, triste

ennuyé, qui d'un mot ferais couler des flots de sang!
Malheureux! tes maîtresses nobles t'ont réduit à
l'état de fantôme, et moi, ta maîtresse bourgeoise, je
ferai de toi, non pas sans doute un héros, mais un
homme incapable de mal, jusqu'au déluge inévitable
qui doit tout engloutir. Tu l'as dit : *Après nous, le
déluge!* Eh bien, *mon cher Louis,* jusqu'à la fin prochaine, aimons-nous! Oublions!

« Laisse-toi conduire aux abîmes que tu prévois, par
des sentiers de fleurs! Grâce à moi, tu vivras sans
peine, et tu laisseras vivre autour de toi les braves
gens, les pauvres gens. Je vais te parquer dans les
fêtes, dans les licences qui te plaisent, pour que tu
n'aies pas le temps de nuire aux philosophes, aux
poëtes, aux penseurs. Tu ne seras pas un grand roi...
tes princesses ne l'ont pas voulu! Mais je ferai si
bien que tu seras bon, tu seras gai, tu bâtiras des
maisons, tu planteras des jardins. Nous aurons, *chez
nous*, des spectacles et des concerts, qui t'aideront au
désouci de la vie... Avec l'argent de tes sujets, avec
leur sang, avec leur vie... en leur laissant leurs âmes,
ton esprit ne sera troublé d'aucun nuage. Ton corps
de satrape, après une fatigue agréable et légère, se
trouvera dans un repos complet. Dans un enchantement de tous les jours, tu perdras à la fois la mémoire du passé, le souci du temps présent, l'inquiétude et le sentiment de l'avenir. Le sentiment de ton
bonheur ne s'affaiblira qu'avec celui de ton existence,
et tu passeras par un mouvement imperceptible de la
veille au sommeil, de ton dernier sommeil dans le néant,

ta dernière espérance ! O fantôme ! ô néant ! dernier écho de cette maison de Bourbon, réduite à rien par les filles perdues, et par les eunuques de ce palais déshonoré ! »

RAMEAU. — Vous voulez rire... avec cette prosopopée à la Fabricius ! Vous vous moquez de moi avec les *vertus* de la marquise ! Et comment voulez-vous que je la reconnaisse, à ce discours, mon philosophe?

« Ah ! la *bourgeoise* était une dame, entre toutes les dames. Elle usurpait les armoiries des duchesses, et chaque jour, pour se distraire, elle achetait, à sa fantaisie, une terre, une maison, un domaine, un château. Elle a fini par s'adjuger ce fameux hôtel d'Evreux, dans les Champs-Élysées, sur lequel on écrivit, la nuit, en bon latin : *Palais de la reine des courtisanes !* Puis, quel instinct elle avait à décorer ses maisons sans nombre, à force de peintres, de sculpteurs, de jardiniers, de fleuristes, d'étangs, de canaux, de ruisseaux ! Rien que du marbre et du porphyre, en ces châteaux, suspendus dans les airs. Elle a créé, d'un coup de son éventail, le château de Bellevue, et les plus grands artistes : Vanloo, Oudry, Boucher, Vernet ! Du haut en bas de ces salons, de ces escaliers, de ces galeries, de ces bosquets, de ces cabinets mystérieux, ces grands artistes couvraient les murailles de leurs magnificences. On n'a rien vu de pareil sous les héritiers d'Auguste, et Poppée et Néron étaient dépassés par cette fée éblouissante qui touchait à la fin du monde.

« Ah ! pour payer un seul de ces Elysées, que d'argent dépensé, que de sueur ! combien d'enfants sans berceau, de vieillards sans litière, et quels profonds gémissements ! Sans compter ces lâchetés sans mesure, cette prosternation jusqu'à terre ! Il n'y avait pas un homme en cordon rouge, en cordon bleu qui ne se précipitât pour ramasser le mouchoir de la favorite ! Heureusement qu'elle avait un père, une sœur, un mari, une enfant... et c'était là votre vengeance, ô nation !

« En ma qualité de coquin, j'étais de la familiarité de ce vénérable père Poisson. Il était un second marquis de Nesle, avec plus de modestie. Il savait que sa fille et lui, et toute sa bande, étaient l'objet d'une risée immense, et c'est pourquoi il était le premier à se moquer de leur grandeur viagère. Il se moquait sans cesse et sans fin de sa fille et de lui-même. — « Holà ! maraud, s'écriait-il sur les marches de Luciennes à un valet bleu qui lui barrait le passage. Est-ce donc que tu ne connais pas, mon fils, le vénérable père de la catin du roi ? » Vois-tu d'ici pâlir la marquise ! Entends-tu comme on rit dans le bocage ? Il était fort amusant ce *beau-père;* aussitôt qu'il avait dit un bon mot, il le portait à M. d'Argenson, pour que celui-ci l'inscrivît sur son petit recueil vipérin. Il avait fini, à la prière de *sa fille,* par chercher, pour le roi, la graine du Parc-aux-Cerfs ! C'était vraiment un bon homme... et un grand inconvénient sur le chemin de la marquise. Il y avait aussi... le mari, M. d'Etioles, un autre *chandelier* du roi ! Celui-là, moins brutal que le père Poisson, était plus impérieux : il faisait dire à la dame une foule de commandements, et la dame obéissait. C'était (pardon, Diderot!) un philosophe. Il n'avait qu'une crainte ici-bas : d'être un jour forcé de reprendre sa femme. Il ne se montrait pas, et ne se cachait guère ; il partageait sa puissance avec toutes les fillettes de bonne volonté : toujours l'histoire de la flûte et du tambour ! Il jouait gros jeu, mais il gagnait. Tout venait à point à cet homme excellent, et M. de Vintimille, en le voyant frais, calme et reposé, se demandait pourquoi cette injustice, et comment donc, lui, Vintimille, il n'avait pas épousé, comme c'était son droit antérieur, la seconde et la troisième maîtresse du roi?... Pauvre marquis! malheureux marquis!

DIDEROT. — Cette fois, Rameau, vous ne parlez plus que comme un livre, et vous me racontez là des histoires que nous savons tous. Mais, enfin, où voulez-vous en venir?

RAMEAU. — Prenez patience, ami-philosophe, une fois que je suis lancé, il ne faut pas m'interrompre. On en veut venir à ceci : que dans toutes ces corruptions, dans toutes ces intrigues, dans ce peuple ahuri de flatteurs, dans cette cour, prosternée aux pieds de la bourgeoisie, et quand on lui parle à genoux, la reine étant dédaignée, ou reléguée en un coin de son palais, moi, Rameau, le protégé de personne, introduit à Versailles en ma qualité de joueur de violon, et parce que je sais la musique un peu mieux que les seigneurs de l'orchestre et les chanteuses des petits cabinets... j'ai donné un exemple inouï de courage et de vérité.

DIDEROT. — Que ne le disiez-vous tout de suite? Allons! racontez-moi cette illustre action, que je la loue, et que vous soyez récompensé... par mes étonnements!

RAMEAU. — Ce fut le jour où Mme la marquise essaya de représenter *le Devin du village,* en présence de Jean-Jacques Rousseau, le poëte et le musicien, invité tout exprès pour qu'il assistât, comme un témoin, à cette fête. Je sais bien ce que vous allez dire, et que le nom de Rousseau sonne assez mal en ce moment à vos oreilles effarouchées; mais vous et les vôtres, en vain vous vous débattez contre ce grand homme; il vous écrase de sa renommée et de sa vertu. Cet homme est l'éloquence en personne; il parle, on écoute; il affirme, et l'on croit. Il dénonce en brave homme, hautement, et, dénoncé par lui, enveloppé dans cette robe ardente qui vous brûle jusqu'aux moelles, vous arracherez plutôt les lambeaux de votre chair, que le mépris de votre renommée. Allez! allez, Diderot! Jean-Jacques en sait plus long que votre injustice. Il est le vrai censeur de ce siècle, et sa haine, ses colères, ses vengeances, son goût pour la solitude, son amour pour la pauvreté, tout cela tient à sa gloire, à sa toute-puissance. Il n'y a rien à redire, il n'y a rien à reprendre en ce maître orateur. S'il veut sourire, il est charmant; sa menace est un coup de foudre; enfin s'il veut chanter, soudain, dans les âmes les plus corrompues, sa douce chanson apporte une espérance, un repos, une consolation.

DIDEROT. — Je vous vois venir, Rameau : vous

arrivez au *Devin du village,* et prenez garde, vous voilà loin du géant que vous appelez le chevalier Gluck!

RAMEAU. — Gluck est un dieu, *le Devin du village* est une œuvre exquise. Il est vrai que chez nous on ne l'a jamais bien comprise et chantée : n'ont-ils pas livré ce charmant rôle à Mlle Arnould, cette horrible drôlesse! Elle a souillé le rôle de Colette!... elle a gâté le rôle de Colin!

« Que c'était rare, innocent, amoureux, ce doux poëme, orné de ces cantilènes enrubanées! Que cela exhale une douce odeur de jeunesse et de contentement! Un brin d'ironie! un accent rustique! une paysannerie enchantée! Ah! Colette!... Il y avait chez la marquise une Colette endimanchée à la mode des grands appartements. Des diamants! des colliers! des broderies! une petite voix aigrelette, une poitrine étique, un filet de vinaigre sur des roses! Cela s'appelait la marquise Colette! C'était éblouissant à voir, affreux à entendre! Évidemment, la marquise avait choisi tout exprès cette Colette! Elle-même elle était le petit Colin... le plus joli petit Colin de la dentelle et de la prostitution!

« Je la vois encore! Elle était vêtue à ravir, comme un sylphe; et des grâces, des finesses, des harmonies, une couleur, un charme, un prisme, un Colin du troisième ciel! Comme elle tenait cette fois à bien chanter, en mesure... et dans le ton, que l'on ne s'aperçût pas trop qu'avec sa voix aiguë elle chantait le rôle d'une *haute-contre,* elle s'en rapportait uniquement à mon violon, pour l'accompagner. Elle était connaisseuse : elle savait que j'étais habile à faire valoir un beau son, quand il était juste, autant qu'à protéger du bruit de mon archet, vivement appuyé sur la corde indignée, une note douteuse. Elle avait choisi mon violon, de préférence à tous les violons de la noblesse, et quand elle parut, et qu'elle chanta, la bouche en cœur, en tenant, de sa belle main nue, une houlette aux rubans couleur de feu, ce fut dans toute la salle un murmure, un enchantement :

> L'amour et vos leçons m'ont enfin rendu sage,
> Je préfère Colette à des biens superflus ;
> Je sus lui plaire en habit de village,
> Sous un habit doré qu'obtiendrai-je de plus ?

« La marquise dit tout cela assez bien ; elle tremblait, ou, pour mieux dire, elle faisait semblant de trembler. En même temps, je lui sus bon gré de chercher dans cette salle, éblouissante de tous les grands noms de la monarchie, un seul homme... cet homme n'était pas le roi de France, et moins encore un des seigneurs assis aux pieds de Colin, le berger. Non ! La marquise, en ce moment, timide, suppliante et câline, semblait mendier un regard d'un homme assez mal vêtu, très-négligent de sa personne, assis dans une loge du paradis. C'était Jean-Jacques ! Il assistait à cette représentation digne des contes de fées, comme s'il eût été à quelque opéra de village, et son visage, assez morose, indiquait le mécontentement secret d'un grand artiste qui ne serait pas compris par celui qui le chante et par ceux qui l'écoutent. Naturellement, tous les regards avaient suivi le regard suppliant de la marquise, et jugez de l'étonnement des spectateurs, de la stupeur du roi, à l'aspect de ce rustre à la longue barbe, en perruque ronde, en habit d'Arménien, qui semblait jeter son mépris sur Colin et sur Colette! Ah! l'aveugle! ah! le sourd! L'indignation fut universelle en ce moment. Quant à moi, le jeu me plaisait, et j'accompagnais, avec une ardeur fervente, la chanson de Colin :

> Non, Colette n'est point trompeuse,
> Elle m'a promis sa foi :
> Peut-elle être l'amoureuse,
> D'un autre berger que moi?

« Cela fut vraiment bien chanté, et, pendant que le parterre applaudissait, je me retournai vers l'homme à la perruque, attendant qu'il donnât au moins un signe de tête en signe d'approbation... Il restait immobile, il restait mécontent; dans un suprême effort, la marquise impatiente chanta en frappant du pied :

> De grâce apprenez-moi le moyen d'éviter
> Le coup affreux que je redoute!

Mais rien ne vint de ces hauteurs. La comédienne alors, levant l'épaule, indiqua, par un sourire imperceptible, au roi son maître, qu'elle renonçait à toucher

M. Jean-Jacques, et qu'elle revenait aux vrais connaisseurs : princes du sang, maréchaux de France, duchesses à tabouret, capitaine des gardes, premiers gentilshommes de la chambre du roi.

COLIN.

Je vais revoir ma charmante maîtresse,
Adieu, château, grandeur, richesse,
Votre éclat ne me touche plus ;
Si mes pleurs, mes soins assidus
Peuvent toucher ce que j'adore,
Je vous verrai renaître encore,
Doux moments que j'ai perdus.

« Ici, mon rustre implacable ne put retenir une horrible grimace, et les courtisans, comme un défi donné à cet insolent qui venait les troubler dans leurs fêtes, répondirent à cette grimace par un applaudissement frénétique. Ils criaient : « Que c'est beau! que c'est charmant! » Ils se tournaient vers le roi pour le complimenter de ses amours, et peu s'en fallut qu'un homme à hallebarde, épouvanté comme s'il était le gouverneur des menus plaisirs, jetât le pauvre Jean-Jacques à la porte. Eh bien! moi tout seul, en ma qualité de musicien, quelque chose me dit là que je devais venir en aide à ce grand homme insulté, et prouver à nos maîtres qu'ils ne savaient pas le premier mot des belles choses qu'ils applaudissaient. Donc, j'attendis la marquise au duo de Colette et Colin :

Quand je plaisais à ma bergère!

« Il y a là, vous le savez peut-être, un *fa bémol ;* fa, sol, la, sol, sol, ut, si, la, sol, fa bémol; or, ce point d'orgue était la mer à boire pour la marquise. Elle avait monté bien haut... elle n'avait jamais pu monter jusque-là; donc, il avait été tacitement convenu que mon violon remplacerait la note absente. Vain espoir! mon violon fut muet, et ce joli petit Colin se brisa le nez sur le mot *bergère!* Et que vous dirais-je? elle fit un *couac,* à la grande consternation de toute la salle. Et, la sotte! elle voulut s'y prendre à deux fois... à la seconde fois, je lui donnai ce *fa bémol* d'une façon si nette, qu'elle tomba dans une dissonance épouvantable, à ce point que pour le coup pas un n'osa l'applaudir. Et moi, qui étais là tout exprès pour sauver la dissonance, ou pour la prendre sur mon compte, je jouissais de cette dissonance majeure, et je laissai la dame dissoner tout à son aise. Ah! que j'étais content, et quelle joie aussi, lorsqu'en me retournant vers ce poëte austère et vers ce musicien charmant, je vis à son sourire que lui, Jean-Jacques, et moi Rameau, nous nous étions compris, et qu'il applaudissait à ma justice. Il s'en fallut de très-peu que Colin ne s'évanouît de honte et de rage. La toile tomba; on vint dire que Mme la marquise était indisposée; et comme, au sortir du spectacle, je me rendais à l'office, un des maîtres d'hôtel me ferma cet Elysée avec injonction de ne jamais reparaître, et cette fois encore, ô conscience! je perdis mes dix écus et mon souper. Mais j'étais content de moi, et quand je rencontrai Jean-Jacques Rousseau, qui par la douce clarté de la lune d'avril rentrait dans son auberge en chantant d'une voix très-juste :

Allons danser sous les ormeaux...

je fus tenté, mais je n'osai pas, de lui dire : « O mon confrère et mon ami, s'il vous plaît, donnez-moi la main ! »

Diderot. — La belle pudeur ! Si j'avais été là, j'aurais salué jusqu'à terre l'ingénuité de M. Rameau. Vous voilà donc chassé par Mme de Pompadour, une femme à qui vous deviez plaire, à tout prix, une femme à ce point généreuse, qu'elle a laissé trois mille livres de pension viagère... une pension qui ne mourra qu'avec l'artiste, à son faiseur de chaise percée ! Une femme à ce point complaisante, qu'elle allait chercher dans les carrefours ses propres rivales, et les portait dans les alcôves de son amant ! Une femme à ce point vindicative et cruelle, qu'à l'heure de l'agonie et du pardon elle recommandait encore à ses geôliers de ne pas relâcher un seul de ses captifs !

« Elle allait paraître, ô terreur ! devant son Dieu, chargée de crimes et de souillures... elle n'a pas eu pitié d'un jeune homme, un enfant, Henri Masers de Latude, qui lui écrivait du fond de son cachot : « Madame, ayez pitié de moi ! Le plus beau de ma jeunesse est passé dans les pleurs et les gémissements ; aujourd'hui j'ai plus de quarante ans, c'est un âge où l'homme est raisonnable ; depuis cent soixante et un mois que je souffre, j'ai fait de bonnes réflexions...

Madame, à tout péché miséricorde! souvenez-vous que Dieu a donné sa vie pour tous les pécheurs. Après tant de prières et de larmes que je lui ai offertes, il est sans doute que ce précieux sang, qu'il a répandu sur la croix parle pour moi, à vos entrailles maternelles, et de miséricorde : hélas! pitié! pitié! J'ai souffert quatorze années! Que tout soit enseveli à jamais dans le sang de Jésus-Christ! Madame, ah! par pitié soyez femme, ayez un cœur, et vous laissez toucher de compassion par les larmes d'une pauvre mère désolée de soixante et dix ans! »

« A ces cris de détresse elle n'a pas répondu ; elle était sourde, elle était aveugle; et, mourante, elle songeait encore à plaire, à force de mensonges étendus sur son visage. Ainsi vous voyez, monsieur Rameau, que je connais cette femme... Elle n'eut pas un remords! rien que des regrets! mais des regrets sans relâche! une agonie abominable, un souci de la vie, une profonde horreur de mourir! Et quand elle fut morte, enfin, cette femme aux doux sourires, le roi, de sa fenêtre, en voyant passer son cercueil par un bruit d'orage : « Oh! dit-il, la marquise s'en va par un bien mauvais temps. » Voilà sa dernière louange et son oraison funèbre! Et de ses petits génies, de ses petits amours, de ses sofas qui parlent, de ses tapisseries, de ses chinoiseries, de ce rococo rageur; de tous ses peintres, musiciens, sculpteurs, architectes, faiseurs de vignettes, de porcelaines, de tous ces beaux-arts éplorés qui levaient au ciel leurs petites mains aux doigts de rose, en demandant la grâce et la santé de la divine marquise!... ô châtiment! pas un ne la pleura. — Race ingrate de bohémiens ! Mendiants, flatteurs, proxénètes vautrés aux pieds des puissances, vous ne valez pas mieux l'un que l'autre, et cette femme, en ses abjections galantes, valait encore mieux que vous!

« Dites-moi cependant ce que vous êtes devenu, quand vous fûtes chassé de Versailles et de Choisy, de tous ces lieux charmants où vous aviez, comme on dit, *bouche en cour!*

RAMEAU. — C'est un proverbe assez vrai, que le monde entier se gouverne à l'exemple du maître. Il avait établi dans son propre palais la comédie; à son exemple, il n'y eut pas de prince ou de grimaud, de duchesse ou de courtisane, qui n'eût un petit théâtre en sa maison. « Nation comédienne ! » disait Sénèque. J'étais, naturellement, de toutes ces petites fêtes; j'en ai vécu; je revoyais le dialogue des comédies; je refaisais la musique et l'accompagnement des opéras. Ça n'était pas bon, ça valait toujours les gazouillades des Rebel, Francœur, Dauvergne ou de Mondonville qui se font trente mille livres chaque année avec des chansons à porter le diable en terre... J'apprenais leurs rôles aux comédiennes et aux chanteurs de société; j'étais le chef d'orchestre à l'opéra de Bertin, où l'on jouait les vaudevilles du maître de la maison, et, pour petites pièces, les comédies de la petite Hus. Comme on s'ennuyait! Mais on s'ennuyait en bonne compagnie, à savoir : M. l'évêque d'Orléans, M. l'archevêque d'Arles, M. le duc de La Vrillière, M. le contrôleur général, M. le premier président, M. Bertin le ministre, avec l'abbé Bertin. Et c'était chose amusante à voir, la propre femme du patron jouant (la comédie était de la maîtresse de son mari) le rôle de Vénus dans *Plutus rival de l'Amour!* *Plutus*-Bertin, dieu des richesses ; *Mercure*, l'abbé Bertin, digne messager des dieux : *Vénus*, Mme Bertin, reine de Cythère ; *l'Amour*, fils de Vénus, Mlle Hus. Bertin l'avait achetée à sa mère mille louis de vingt-quatre livres, et certes elle n'en valait pas la dixième partie. Et comme on applaudissait, comme nosseigneurs les évêques, grâce à la feuille des bénéfices que tenait Bertin, trouvaient que nous étions habiles à marier la vigne à l'ormeau, Terpsichore et le plaisir !

« Un autre jour, la comédie avait pris son rendez-vous chez M. Daucour, le fermier général, où l'on jouait *le Vaporeux,* de M. Marsollier. Le lendemain, c'était chez M. de La Popelinière, et j'ai vu Mme de La Popelinière en personne, une petite-fille de Dancourt, comédien-gentilhomme, une des victimes de Richelieu, jouer le rôle de Marinette, avec moi qui représentais Gros-René. Le spectacle, au faubourg Saint-Germain, s'était bâti chez le baron Desclapon ; un théâtre qui fut inauguré avec *l'Epoux par supercherie*, et des quolibets à faire rougir un mousquetaire noir qui serait gris. Il y avait aussi, dans le château de la Chevrette, un petit théâtre bâti dans la chapelle même, par M. de Magnenville, garde du trésor royal : Mme la marquise de Gléon y jouait les grands rôles, Mlle de Lavalette représentait les ingénues, et moi, je portais la grande livrée. Ils ont joué, dans ce théâtre idiot, le chef-d'œuvre peut-être du *sauvage ivre,* un poëte anglais appelé Shakespeare. On l'appelle ici, le *sauvage ivre!* Il me semble en mon petit entendement qu'il est grand comme le monde... et le ciel. « Non, ce n'est pas le rossignol... c'est l'alouette matinale.... » Avez-vous vu Garrick, le comédien anglais? Ah! quel homme! Et quel effroi! quand d'un regard surnaturel, il suit des yeux un poignard suspendu en l'air... Lui seul, il voit ce poignard... Il nous le montre!... Ils appellent cela : *Macbeth*... J'en ai le frisson, rien que d'en parler.

« Dieu sait enfin ce qu'on jouait à Bagnolet, chez le prince de Conti! On y jouait : *la Vérité dans le vin.* On y récitait les contes de La Fontaine, arrangés par M. Collé! Chez les demoiselles Verrières, appelées *les Trois Aspasies,* théâtre à la ville et théâtre à la campagne, où M. Colardeau, le poëte, représentait l'amoureux de *la Courtisane amoureuse,* et les trois Verrières s'arrachaient publiquement ce beau jeune homme. C'était là qu'on s'amusait! c'était là que nous avions, pour nous jeter des fleurs et pour nous envoyer des baisers du bout de leurs doigts en fuseau, les deux Vestris, les deux Sainval, la petite Luzzi, la grande Fanier, la vieille Doligny, la Préville et la Drouin, la Suin et la Dugazon!... Et la petite Molé, une grosse fille brune, écrasée et camarde à plaisir. Et ça chantait, ça se montrait, ça se trémoussait! Que vous dirais-je? On a chanté sur le théâtre particulier de la duchesse de Villeroy la ronde incendiaire :

> Notre curé maître Garnier
> Dit à la femme du meunier
> Eloignez-vous du presbytère...
>   Leure, lanlaire...

et le reste. On a mis en scène, au beau milieu du théâtre de M. le duc d'Agen, à Saint-Germain-en-Laye, avec les images et les vignettes : *Le Jugement de Paris* et *le Temple de Gnide*, Imbert et Colardeau avaient fait les paroles. Tabarin était dépassé ! La parade était vaincue ! Il y avait aussi comédie, opéra et parade à Bernis, qui est, vous le savez, la maison de campagne des abbés de Saint-Germain-des-Prés. Bernis était habité, en ce temps-là, par le prince de Marsan, qui avait une compagnie excellente en hommes et en femmes : des comtesses, des marquises, des Bertillac, des Roubeux, des Rohan. On y jouait *l'Espiéglerie* et *les Folies amoureuses*. On n'est pas plus amusantes que cela !

« Mais de tous ces théâtres bourgeois, le vrai théâtre et le plus fameux, le spectacle le plus digne d'intérêt, et pour lequel j'ai le plus travaillé, c'était le théâtre de la Guimard. Il y avait là quatorze loges à baldaquin, étoffées par les Grâces, et dessinées par les Amours. Quatre ou cinq loges étaient grillées, à l'usage des *honnêtes* femmes, qui ne voulaient pas être vues. Dans cette salle que Mme de Pompadour n'aurait pas désavouée, en certains jours, la danseuse émérite convoquait les femmes les plus perverses, les hommes les plus hardis, et c'était une bacchanale énorme... Elle avait choisi, pour son poëte et fournisseur ordinaire, le fameux Vadé, le Molière du ruisseau, le Dancourt de la halle, un drôle à tout dire, ami de l'obscénité, qu'il servait à ces dames, toute crue. Et comme il la donnait, ces dames l'acceptaient. Et quand ce n'était pas Vadé, c'était Carmontelle, dieu des jardins, qui leur improvisait les plus sales proverbes. Pour conclure enfin, la Guimard et Dauberval son compère avaient inventé une pantomime intitulée : *la Fricassée*. A ces débauches de la danse et de l'esprit accouraient les plus grandes dames de Versailles, et les beautés les plus tarées de Paris, la grand'ville. On y voyait, dans sa petite loge, la duchesse de Villeroy, accompagnée du duc d'Aumont; on y voyait, à la galerie, Mlle Tiercelin, qui a donné un fils au roi, et dont le roi chaque année a grand soin de payer les dettes. On y voyait Mlle Dervieux, qui a fait bâtir un temple à sa beauté ; celle-là qui disait si bien : « Les bêtes n'ont qu'une saison pour aimer... mais ce sont des bêtes. » On y voyait aussi Zénobie, la maîtresse de Bontemps, le valet de chambre, et Mme de Brassais, la femme aux cinquante-trois amants; qui encore?... ah ! j'y suis : Mlle Cavalier, Mme de Châtillon, Mme Horvaux, qui était par trop rouge. Et les voilà toutes, les unes et les autres, applaudissant, battant des mains, partageant les mêmes sensations, les mêmes frénésies, les mêmes plaisirs.

« Confusion des confusions; oubli complet du rang, de la fortune et des alliances; étrange assemblage d'escrocs et de princes du sang, de La Vallières et de

Marions; poésies insultées, poëtes dégradés; grands seigneurs perdus dans la foule! O licence infernale de l'esprit, perversité de toute espèce!... Et l'on soupait ensemble, on mangeait dans la même assiette, on buvait dans le même verre, et c'était à qui, parmi les dames des deux extrémités du monde, étalerait les plus riches diamants, les plus grands noms, les renommées les plus perdues. Quand le souper était dévoré, que les plus sages étaient entre deux vins, arrivaient les cinq bacchantes, le sein nu, les bras nus, la robe hardiment troussée; et la tête couronnée de lierre, et le thyrse à la main : Mlles Allard, Heinel, Asselin, Mitrou et Pitrat. Leur danse incendiaire, à trois heures du matin, mettait le feu à la poudre, et le volcan sautait en l'air.

« Voilà ce que j'ai vu, Diderot; voilà les spectacles que j'ai conduits, les paroles sur lesquelles j'ai fait des musiques; voilà les plaisirs qui plaisaient tant aux ambassadeurs, à leurs femmes, aux cardinaux, au nonce, au prince de Soubise; et si vous saviez quels compliments de clôture elles venaient débiter, le pied en retraite et la gorge en avant :

« Messieurs, autant que l'usage des choses de théâtre a pu me donner de pratique, — non, je mets la charrue devant les bœufs, messieurs; — je veux dire autant que la pratique des choses de théâtre a pu me donner d'usage, j'ai remarqué en général, j'ai même expérimenté, que les clôtures sont bien plus difficiles à faire que les ouvertures. »

Diderot. — Je vous fais grâce du reste ; on connaît les sottes équivoques de ces dames, et comment elles traitent les mots à la mode. Sans doute aussi, Rameau, vous avez joué la comédie chez Mme de Montesson, à Sainte-Assise ; et vous avez vu cette sotte femelle enivrant de ses appas frelatés un prince imbécile? Elle avait, dit-on, des jambes de cire postiches, et le malheureux prince (où donc étiez-vous, monsieur le régent?), par le trou de la serrure, admirait ces fausses jambes, que la Montesson couchait sur un lit de repos... On ne voyait que ces tibias, modelés sur la *Diane* d'Allegrain... Sans doute aussi vous avez joué la comédie à l'Ile-Adam, chez le prince de Conti? Et vous ne vous êtes pas douté qu'au milieu de toutes ces fêtes, aux déjeuners de Marly, aux soupers de Trianon, ces politiques, ces seigneurs, ces hôtes avaient laissé déchirer la Pologne, et, le verre en main, assistaient au partage affreux de cette terre au désespoir! Vous ne saviez pas cela, Rameau?

RAMEAU. — Qu'importe à Rameau, la Pologne et les cris de tout un peuple? Il n'en sait pas plus long que tous ces princes, ces hommes d'État, ces maîtresses royales qui tiennent le sceptre. Il va, sans se détourner, par ces chemins perdus, au précipice où ses guides le conduisent. Rameau pleurerait sur lui-même, avant de pleurer la Pologne! Il est content pourvu qu'il se rende à son cabaret, galonné comme un timbalier, et qu'il mange à son dîner sa portion de choux-fleurs, sa double portion de haricots, ses œufs au miroir, son bœuf à la mode, sa carpe à l'étuvée, ses navets à l'huile et son assiette d'épinards! »

A ces mots, il fit, comme on dit au théâtre, une *fausse sortie*... et puis, revenant sur ses pas, il leva au ciel ses yeux pleins d'extase, avec cette prière accompagnée d'une profonde génuflexion :

« O ma reine! honte de ton sexe, honneur de ta profession, du sein de ces Élysées où les Montespan, les Fontanges et les filles de la maison de Nesle te couvrent de leurs mépris, Cotillon II, priez...

DIDEROT. — Priez pour lui!

RAMEAU. — Et toi, ma fiancée, ô mon bien et ma gloire, enfant du ruisseau et cousine de la borne, ô *Cotillon III!*...

DIDEROT. — Régnez sur nous! »

CHAPITRE XI.

COTILLON III.

IDEROT. — Vous m'avez quitté, l'autre jour, comme vous faites souvent, sur d'assez tristes paroles. Je vous parlais d'une abominable action de ce temps-ci, d'un peuple lacéré comme on ferait d'un cadavre à l'amphithéâtre, et vous m'avez répondu : *cotillon, soupe aux choux* et *petit salé!* Vous ne valez pas qu'on vous montre un bon sentiment!

RAMEAU. — S'il vous plaît, monsieur le philosophe, nous laisserons mesdemoiselles vos vertus dormir tout à leur aise. On n'est pas toujours en train d'entendre une morale qui n'amuse un peu que celui qui la fait. Je suis profondément triste aujourd'hui... avec des remords pour tout de bon.

DIDEROT. — Voilà du fruit nouveau ; et pourrait-on savoir le comment et le pourquoi de ces remords ?

RAMEAU. — J'ai vu passer, tout à l'heure, en grand appareil, un de nos maîtres, le fameux Dubarry, Dubarry le roué, le frère du comte, un gredin supérieur. Il était en carrosse à quatre chevaux; il allait au pas, chacun le saluait dans la rue. Et moi aussi je l'ai salué, tant ces sortes de gloires voyantes et parlantes sont irrésistibles. Le chapeau à la main, je me disais : Misérable idiot! si tu l'avais voulu, pourtant, tu serais Dubarry lui-même; on te saluerait dans ton carrosse, et tu aurais bouche en cour.

« C'est vrai, pourtant, je n'ai pas de chance, et j'ai manqué toutes les occasions les plus prochaines de la fortune. Elle avait dix-sept ans, la petite Jeanne; elle était née à Vaucouleurs, patrie immortelle de *la Pucelle :* elle était venue à Paris en gueusant; à seize ans, elle en savait aussi long que Mlle Fel; à seize ans, elle éclairait tout le quartier de la rue Saint-Honoré du feu de ses grands yeux. Elle trottait et trottinait menu, de son magasin au seuil de tous les beaux hôtels, montrant sa taille et ses beaux cheveux, riant à qui lui riait, élégante à tout charmer, pauvre à plaisir; les pieds, les mains, les regards, le chiffonnage et les chiffons d'une femme avenante et de bonne humeur. C'était une flamme au passage; et moi, je la voyais tous les jours, qui me faisait une petite moue assez jolie. On me connaissait dans le magasin; j'allais, je venais, je sortais. Sitôt que la maîtresse était absente, et que ces demoiselles étaient libres, elles organisaient, grâce à moi, un petit bal; tantôt une bourrée et tantôt un menuet. Mais de toutes ces fillettes sans feu ni lieu, sans foi ni loi, la plus agaçante était sans contredit la petite Jeanne, en mince et légère baigneuse, en chignon, en cotillon frais. Et moi, pour cette enfant de ma prédilection, je mêlais la morale à la danse, et j'avais composé, tout exprès pour former son corps et son âme, en même temps un petit catéchisme-menuet, à la pointe des vents, qu'elle chantait et dansait, sur l'air du menuet d'Exaudet :

>   Bien penser,
>   S'énoncer
>   D'un air libre,
>   Mais sans trop de liberté,
>   Et de l'égalité
>   Conserver l'équilibre ;
>   Obliger
>   Sans songer
>   Qu'on oblige ;
>   Immoler sa volonté
>   Quand la société
>   L'exige ;
>   Se prêter, quand on raisonne,
>   Aux raisons que l'on nous donne,
>   Faisant voir
>   Leur pouvoir
>   Sur les nôtres :
>   On a de l'esprit, on plaît,
>   Dès que l'on a satisfait...
>   Les autres.

« Voilà ce qu'elle dansait, voilà ce qu'elle chantait ! une morale en *mi bémol,* la plus leste et la plus légère ! Elle tirait la langue à ma morale ; elle en riait comme une folle. Elle portait, dans ses yeux, toute son histoire. En germe, elle avait déjà tous les instincts vicieux qu'elle a si merveilleusement développés à la cour. Elle eût dévalisé, si sa maîtresse l'eût laissée faire, au profit de sa gentillesse, tout son magasin de modes : chenilles, graines, agréments, chaînettes, fleurs, festons, soucis de hanneton, dont elle se parait d'une main négligente. Son gosier était semblable à une volière où jasent pêle-mêle, et sans savoir ce qu'ils disent, alouettes et pinsons, linots, linottes et rossignols.

« Elle savait déjà (même un peu plus) tout ce qu'elle voulait apprendre? — Ah! ventrebleu! me disais-je en la voyant danser, en l'entendant roucouler, avec ce tour d'usage, et ce regard d'une tendresse à tout brûler, en colombe amoureuse à gorge de pigeon, le mari qui t'aura, ma fille, aura toutes ses aises! Il sera dix fois plus riche et plus heureux que le marquis de Vintimille; il ira dans le monde, et toutes les portes lui seront ouvertes. Es-tu fraîche! es-tu jolie! appétissante! es-tu vraiment la rose ouverte au premier jour du mois de mai! et en remontrerais-tu donc à Mlle Sallé, duchesse de Queensbourg? Bref, je l'aimais tant, que je la mis... à crédit, il est vrai, dans mes meubles! Toute pauvre hère qu'elle était, elle avait déjà réalisé quelques petites économies : un esclavage de petits diamants, tout petits, destinés à grossir... une aigrette et des boucles d'oreilles en girandoles, six robes garnies, deux jupons et trois chemises brodées, avec d'assez grands bouts de dentelles : *Angleterre, Bruxelles, Valenciennes, Arras*; quoi de plus ?... trois bonnets, des manchettes de mousseline, un corset, deux laisse-tout-faire, une baigneuse, une belle paire de jarretières avec cette devise : *A mon caprice!* toutes brodées, et retenues par un petit rubis. Figurez-vous Agnès en négligé de Trianon; elle exhalait, de sa personne enamourée, une odeur suave de sérail et de prêtresse de Vénus; l'œil aux bois... de Cythère, cherchant les aventures et sûre de les trouver. — Aussi bien, rien ne l'a jamais étonnée, et quand elle vit, pour ses belles grâces, et par la grâce de Dieu, assises à son cercle, des duchesses à tabouret; quand elle vit, dans ses antichambres, des pairs de France, des princes de l'Église, des lieutenants généraux, commandeurs et officiers de l'ordre du Saint-Esprit... elle fut un peu moins gênée que si elle eût été surprise en son comptoir par Mlle Frédérique, sa première maîtresse, à lire un roman de Sainte-Foix.

« Les jours de grand apparat, au sortir de la messe du Saint-Esprit, quand le roi se rendait chez cette Majesté du ruisseau, précédé de Mgr le Dauphin, du duc d'Orléans, du duc de Chartres, du prince de Condé, du comte de Clermont, du prince de Conti, du comte de La Marche, du comte d'Eu, du duc de Penthièvre et du prince de Lamballe, et des chevaliers, commandeurs et officiers de l'Ordre, les deux huissiers portant leurs masses devant Sa Majesté, qui était revêtue du manteau royal, ayant, par-dessus, le collier de l'Ordre et celui de la Toison d'or, croyez-vous donc qu'elle s'étonnait ?... Elle faisait un beau salut à ces princes, et prenant le roi par la main :

« Arrive donc, La France, ton café f... le camp. »
Sur cette belle parole, et sans autre cérémonie, elle
laissait tout ce beau monde... à sa porte. Elle ne
s'étonnait pas du grand aumônier de France, ou de
Mgr l'évêque-duc de Langres, prélat commandeur,
célébrant la grand'messe à laquelle elle assistait avec
S. M. la reine, Madame la Dauphine, Madame Adélaïde, et Mesdames Victoire, Sophie et Louise dans
les tribunes. Elle ne s'étonnait pas quand la princesse
de Monaco, faisant la quête, lui disait : « Pour les
pauvres, s'il vous plaît ! » Elle donnait, à elle seule,
plus que la reine ; elle écoutait cette belle messe, à
grand orchestre, en guignant de l'œil le roi son maître et Dieu sait si le roi la regardait ! A peine à Versailles, on eût dit qu'elle l'avait habité toute sa vie ;
il n'y avait rien de trop riche ou de trop beau pour
cette infante. Elle écrasait tout l'entourage de son luxe ;
elle emplissait les petits appartements de tout ce que
les petits beaux-arts peuvent inventer de plus rare...
Et moi, son maître et son amoureux, moi qui la devais épouser...

DIDEROT. — C'est donc vrai, Rameau? Ah! je
comprends maintenant votre rage et votre douleur !
Vraiment ? vous deviez épouser *Cotillon III*?

RAMEAU. — Hélas ! entre elle et moi, foin des mé-
salliances, la chose était convenue. Son horrible mère,
et l'affreux capucin qui lui servait de père, avaient
jeté les yeux sur ma virilité, pour en faire un mari
complaisant de leur fille et de leur avarice. Ils me
trouvaient à leur convenance, et sans scrupule ; ils

disaient que j'étais tout à fait le gendre officieux qu'il leur fallait : peu gênant, facile à vivre, habile à paraître, à disparaître et fertile en bons conseils. Seulement, ils mettaient une condition à ce mariage; ils voulaient un noble... non pas un noble de la première qualité, un comte de Mailly, un marquis d'Haucourt reconnu par M. de Clérambault, généalogiste des ordres du roi... un baron de la veille leur suffisait. « Vous tombez bien! leur dis-je, et vous voyez en moi l'héritier de la noblesse de mon oncle Rameau, anobli par le roi, pour ses chaconnes. — C'est tout ce qu'il nous faut, reprit le bon père capucin; votre oncle est noble, et ce serait bien le diable en effet si vous n'héritiez pas, tout au moins, de sa noblesse. » Alors les voilà qui se mettent en quête, et, voyez le malheur, voyez si cet oncle est mon mauvais génie!... Il avait négligé, que dis-je! il avait refusé, pour quelque argent qu'il aurait dû payer au chauffe-cire, de faire entériner ses lettres de noblesse! Il était noble à lui tout seul; lui mort, il ne me resta pas *ça*, de sa noblesse, et, mon mariage étant manqué; faute d'un parchemin, je restai Rameau tout court.

DIDEROT. — Vous appelez cela un malheur! Le neveu de Rameau eût fait cependant un excellent, comment dire? un bon mari et un beau chevalier...

RAMEAU. — Dites le mot, il est sur vos lèvres : un chevalier d'industrie! Pourquoi pas? Il n'y a plus que ceux-là qui fassent leur chemin. Voilà comment je fus distancé par ces fameux Dubarry, qui remontent aux Stuarts, à ce qu'ils disent, et qui descendent tout au plus du Capitole de Toulouse. Et quand je revins, le lendemain de cette enquête, au cinquième étage où j'avais logé ma petite Lange, elle était partie en griffonnant à la craie : *abquante pour le sairvisse du roy!*... Tel fut son adieu! et voilà comme je suis resté Gros-Jean comme devant. Maintenant c'est Jean Dubarry qui gouverne à ma place; il fait trembler le ministre, il fait trembler l'archevêque; il conduit par la main la favorite. Elle avait, certes, de prochaines dispositions à croquer l'argent de son prochain, mais Jean Dubarry eut l'honneur de lui apprendre à fond son métier de mangeuse. Il a voulu qu'elle fût *présentée,* elle a été présentée! qu'elle montât dans les carrosses du roi, et c'est le roi, maintenant, qui monte dans ses carrosses! Il a voulu que cette fille [de cuisinière entrât chez le Dauphin, chez Mesdames... elle y est entrée!

« Elle a M. le duc de Richelieu pour son chevalier d'honneur, le duc de Tresmes pour son sapajou, La Morlière pour son poëte; l'abbé Terray est son caissier, le duc d'Aiguillon est son esclave, la comtesse de Béarn est sa satellite. Ah! qu'elle est belle en son habit de combat! Qu'elle est triomphante, et que ses grands yeux bleus vous regardent languissants, sous ces beaux cils bruns et frisés, qui se baissent lentement, et qui soudain se relèvent tout chargés d'étincelles! Moi, Rameau, je l'avais devinée! elle m'appartenait, je l'ai perdue! O rage! Elle est reine, et je suis un vagabond de la rue! A son lever, à genoux devant elle, il y a l'archevêque-duc de Reims pour chausser son pied gauche, et M. le chancelier pour chausser le pied droit, et voilà ces deux pieds d'enfant qui dansent, et qui jouent, se jetant dans les bras l'un de l'autre, au nez de l'archevêque, à la barbe du chancelier!

« C'est la grâce en personne, et vive, et coquette, et plaisante, elle attire à soi toutes les louanges, toutes les adorations! La duchesse de Mirepoix, la duchesse de Montmorency, la duchesse de Valentinois, la comtesse de L'Hôpital, la comtesse de Clermont-Tonnerre, la comtesse de Clermont-Caderousse, la comtesse de Ségur, la comtesse de Chatenois et la baronne de Crussol, tout l'écarlate de la cour, assistent, bon gré, mal gré, au jeu de ma comtesse, et tant pis pour les dames qui ne viennent pas chez elle : impitoyablement, elle fait rayer leurs noms sur la liste des Fontainebleau.

« A Chantilly, le prince de Condé lui fait les honneurs de ces jardins, de ces jets d'eau célébrés par Bossuet dans son oraison funèbre. Au camp de Compiègne, un La Tour du Pin fait rendre à la favorite les mêmes honneurs qu'aux princesses du sang. Elle règne, elle gouverne, elle commande. O miracle! On lui offre un Bouteville pour la main de sa belle-sœur... et la dame, en ce moment, se consulte! Elle hésite... elle a peur de se mésallier!

« Voilà la marionnette étincelante de pierreries dont j'aurais tenu tous les fils, si mon misérable oncle eût payé ses lettres de noblesse! Je l'aurais vue, en sa gloire, étaler sa majesté et le nom de Rameau, dans le carrosse de cinquante mille livres que lui a donné le duc d'Aiguillon, sauvé par elle des flétrissures de la justice! Oui-dà! J'aurais vu M. de Voltaire interroger les beaux yeux, et solliciter un sourire de Mme la comtesse Rameau. J'aurais vu *ma femme* inspecter, au bruit des tambours, enseignes déployées, les compagnies des gardes françaises et de la garde suisse sous les armes; je l'aurais vue, au bruit des talons de messieurs les gardes, retentissant sur le parquet, traverser l'Œil-de-bœuf, précédée par le marquis de Villeroy, capitaine des gardes du corps; j'aurais vu, sur son escalier, les Cent-Suisses, semblables à des statues, et la hallebarde à la main. Mme la comtesse Rameau eût trôné dans la galerie de la reine; à ses concerts, j'aurais joué du violon avec accompagnement du violoncelliste Joson.

« J'aurais mangé dans l'argenterie de Germain. Pour un mot, une ironie, un regard... un mépris, j'aurais envoyé qui j'aurais voulu dans les prisons d'État : « car tel est notre bon plaisir! » J'aurais été, tel que tu me vois, un vrai *sauve-qui-peut!* L'ami Quidor m'eût suivi chapeau bas! J'aurais poursuivi les pamphlétaires-insulteurs de mon épouse, et, quand cela m'eût convenu, j'aurais, en toute sûreté, écrit des pamphlets contre elle, à beaux deniers comptant.

« Quelle eût été ma joie et quel juste orgueil de voir la France entière condamnée, en mon nom, au supplice des Danaïdes, et versant, sans cesse et sans fin, sa gloire et son argent dans un coffre qui ne s'emplit jamais! J'aurais eu pour mes châteaux, en été, la

Muette et Choisy ; j'aurais chassé sur les plaisirs du roi ; j'aurais nommé Bouvard mon premier médecin, Bordeu mon médecin consultant, Morand mon chirurgien, et Passau mon tailleur d'habits.

« L'abbé de Saint-Hubert, dans les Ardennes, eût dressé ma meute ; Greuze eût fait mon portrait ; j'aurais eu pour mes berceuses Mlle Cardonne, Mlle Laforêt, Mlle Sarou, de l'Opéra, et Lolotte, et la Saint-Hilaire, et la belle Dupernon. J'aurais fait venir, chez moi, mes anciens protecteurs, la petite Hus avec Bertin ; ils auraient attendu quatre heures dans mon antichambre, et je les aurais mis à la porte sans les voir. On eût trouvé à ma mort, dans ma cassette, comme chez le prince de Conti, quatre mille bagues de femmes avec leurs noms, et quatre cents tabatières avec leurs portraits. J'aurais eu des berlines à six chevaux pies, dix suisses en grande livrée galonnés d'argent, leurs chapeaux à point d'Espagne garnis de plumets blancs, leurs baudriers de velours vert chamarrés d'argent.

« Gloire à vous, monseigneur Rameau-Mailly-Poisson-Dubarry ! Gloire à vos trente valets de pied en habits de livrée, pareils aux suisses, à vos huit pages en habit de velours rouge à parements verts, couverts de points d'Espagne d'argent sur toutes les tailles, avec des nœuds d'épaule brodés, la veste verte de soie, garnie de même, chapeaux à point d'Espagne et plumets blancs... *Hosannah* pour Rameau, *in excelsis!*

« J'aurais été de tous les Fontainebleau, de tous les spectacles de la cour. J'aurais vu jouer, moi étant assis aux premières loges, le *Wenceslas* de Rotrou, par Brisard, Lekain, Molé, Bellecour, par Mlles Clairon, Dubois, Préville. J'aurais entendu Mlle Sylvia dans *le Legs* de Marivaux; j'aurais fait semblant d'écouter *Scanderberg,* poëme de feu M. de La Motte, musique de MM. Rebel et Francœur, surintendants de la musique du roi.

« Entre la tragédie et la comédie on eût dansé, pour ma femme et pour moi, la belle chaconne d'*Iphigénie,* musique de M. Lebreton, et dansée par Vestris, mon ex-protecteur! En ces quinze jours de Fontainebleau, qui ne coûtent pas moins de huit millions à Sa Majesté chaque année... une bague au doigt! j'aurais entendu : *Mérope, la Fausse Agnès, Tancrède* et *le Dépit; le Menteur, Electre,* de M. de Crébillon, *les Fausses Infidélités,* de Barthe, *le Mariage interrompu, Crispin médecin, Crispin rival* et *le Cercle.* Oh! oui! que je me serais amusé comme un roi!

« J'aurais assisté aux *révérences,* la reine et le roi sous le dais, ma femme au pied du trône, et plus saluée et plus bas que la reine, une sainte qui ne peut rien donner à personne! Et nous aurions placé sans difficulté mesdemoiselles nos nièces, déclarées nobles, et issues de noble race et lignée, dans les abbayes royales de Panthémont et de Fontevrault. Grâce à ma bonne déesse, une certaine Mérétrix, et à ses dignes sœurs : Bellatrix, Latrix, Nutrix, Obstétrix, Famulatrix, Coctrix, Ornatrix, Sarcinatrix, Textrix, Balnéatrix, Portatrix, Saltatrix, Divinatrix, Conjectrix, Comitrix, Debitrix, Créditrix, Donatrix, Ambulatrix, Mercatrix,

Palpatrix, Præceptrix, Pistrix,... j'aurais vu Mme la duchesse d'Aiguillon, forcée par le roi d'accepter une robe à ma femme, et portant sa défroque en pleine cour! Oui-dà! J'aurais vu ma femme, à Compiègne, admise à manger avec toute la famille royale. J'aurais vu, pour plaire à Mme Rameau, le ministre chassé, le parlement brisé, les lois violées, le conseil de guerre outragé, l'archevêque insulté, l'impératrice-reine appelant ma femme son amie, et la comtesse Rameau de répondre : *A ma chère impératrice-reine !*

« Pour payer mon argent du jeu, j'aurais donné un *mandat,* lequel mandat eût été, directement, soldé par le contrôleur général. A la fête de ma femme, tout Versailles eût illuminé ; le roi des beaux esprits, le comte de Ferney, gentilhomme ordinaire de la chambre du roi, pour fêter dignement ma femme, eût caché sous sa serviette un double quatrain de sa composition :

> Chacun doutait, en vous voyant si belle,
> Si vous étiez ou femme ou déité ;
> Mais c'est trop sûr, votre rare beauté
> N'est pas l'effort d'une simple mortelle.
> Quoi qu'ait jadis écrit en certain lieu
> Un roi prophète en sa sainte démence,
> Quoi qu'un poëte en ait dit, la vengeance
> N'est que d'un homme, et le pardon d'un Dieu.

Allons toujours ! Nous aurions eu une joute entre La Harpe et le sieur de Sauvigny, à qui ferait le meilleur cantique en l'honneur de cette *déité.* Nous aurions acheté, à notre usage, deux ou trois maisons nouvelles, chacune avec sa chapelle et son aumônier; bien plus, les abbés les plus riches, même les plus pauvres, auraient sollicité l'honneur d'être aumônier de Mme Rameau ! Puis le roi, mon portemanteau de roi, m'eût accordé les entrées de sa chambre en même temps qu'au duc de Charost, pair de France, brigadier de ses armées, et mestre de camp de son régiment de cavalerie... Il s'est battu vingt ans, il a dompté les Corses rebelles, il a tenu tête au grand Paoli... pour obtenir juste autant d'honneurs que *l'ami du prince* en huit jours !

« Quelle heureuse vie il eût menée à la suite de sa digne épouse, ce pauvre Rameau ! Quel débordement sur lui de toutes les richesses, de toutes les grâces, de tous les honneurs ! Enfant de la poule blanche, il eût donné même des duchés-pairies, il eût commandé et décommandé les cordons bleus. Il eût causé librement, dans le salon d'Hercule, avec Mgr le Dauphin, Mgr le comte de Provence, Mgr le comte d'Artois, Madame Adélaïde; il eût admiré les tableaux et gratté les guitares des filles du roi, Mesdames Victoire, Sophie et Louise; il eût joué quatre ou cinq jeux de hasard avec ses compagnons et compagnonnes : le duc d'Orléans, le duc de Chartres, la duchesse de Chartres, le prince de Condé, le duc de Bourbon, le comte de Clermont, la princesse de Conti, le prince de Conti, le comte de La Marche, la comtesse de La Marche, Mademoiselle, le comte d'Eu, le duc de Penthièvre et la princesse de Lamballe... Et tope là pour Rameau!... Rameau joue avec un dé pipé!

Il aurait eu, bel et bien, voix délibérative, de la petite écurie à la grande fauconnerie, et de la louveterie aux *vols du cabinet*. Il eût assisté à l'inauguration de Luciennes, à cette fête brillante où l'on vit l'Amour sortir d'un œuf d'autruche, armé de ses flèches et de son carquois. C'est le paradis, ce pavillon de Luciennes, avec Zamore, un petit nègre échappé aux tableaux de Titien, pour tenir les clés de ce paradis profane. *Le Pavillon* resplendit sur le paysage d'alentour; il écrase de ses beautés l'Hermitage et Trianon. Tous les dieux de la fable et toutes les déesses de l'Olympe en jupon court se sont donné rendez-vous dans ce lieu des enchantements et des féeries. Ce ne sont que danses et chansons, comédiennes et chanteurs; loteries où chacun gagne, et Dieu sait si j'aurais gagné! Puis la table à ressorts, une table muette et sourde, où viennent s'asseoir les favoris de la favorite, et, dans le lointain, Dominique Lebel, premier valet de chambre du roi, concierge du château de Versailles, gouverneur du château du Louvre, un vieillard de soixante-douze ans, corrupteur de son maître! O dévouement!... Un pied dans la tombe, il préside encore à ces dernières corruptions.

« Et quand la table à ressorts a rempli mystérieusement ses augustes fonctions... soudain toute licence est permise! Il n'y a plus de roi, plus de Majesté, plus de suspects, plus de terreur, plus de lettres de cachet, plus qu'un homme énervé qui veut qu'on s'amuse, et qu'on l'amuse en même temps. Liberté! On peut tout dire, on peut tout faire ; il n'y a pas de valets pour entendre, et colporter au dehors, ces impiétés, ces nudités, ces mensonges de la tête et des sens. Voilà ce que j'aurais goûté, voilà ce que j'aurais été ; voilà l'éternel sujet de ma peine, et vous ne voulez pas que parfois je m'attriste, et vous me faites un crime, ô Diderot, des grandeurs que j'ai perdues !...

« C'est vrai ; j'ai tout perdu, en perdant ma petite Jeanne, elle a tout emporté, ma fortune, et ma gloire, et ma vengeance. Eût-elle assez châtié monsieur mon oncle ! Eût-elle assez fermé le théâtre à ses opéras de pacotille ! O mes amours ! mes châteaux ! mes maisons ! Bellevue et Saint-Cyr, Luciennes et Choisy ! gaietés au gros sel, chansons redoutables, bonne humeur de grisette, et spectacle inouï d'un petit-fils de saint Louis enfoui sous ces jupes vénales ! Certes, M. le marquis de Nesle était bien fier de ces trois sultanes dont il était le père heureux et prodigue !... elles ne valaient pas, à elles trois, le nez retroussé de ma comtesse implacable et charmante ! Elle a tout pris, tout dépensé, tout gaspillé ; une fois même elle a posé, sur sa tête insolente et sans que le roi s'en fâchât, la couronne de France, la couronne à huit branches, à fleur de lys au sommet, le *Sanci* et le *Régent* de chaque côté... Et voilà pourtant où nous en sommes, monsieur Diderot, attendant la résurrection éternelle !

DIDEROT. — Ainsi soit-il ! Vous parlez comme un bouffon, Rameau ; cependant, je vous écoute avec une certaine épouvante. Il y a du vrai dans toutes ces choses que vous dites; cela sent le moisi, la ruine et le cercueil. Nous sommes vraiment une misérable... une méprisable nation vivant dans *la lie des siècles,* au dire de Mgr l'archevêque de Paris.

RAMEAU. — Peut-être le mal est moins grand que vous ne pensez, Diderot. On dit que le roi enraye, et, s'il enraye, il aura bientôt dételé. Nous avons eu le règne des sapajous, des favorites, des proxénètes, des danseurs, des philosophes, des jésuites, des géomètres, des molinistes, des jansénistes, de Voltaire, et des filles d'Opéra : peut-être un jour verrons-nous le règne de la raison, de la justice et du bon sens. Mais vous et moi nous serons morts.

DIDEROT. — Savez-vous, Rameau, la fable intitulée *les Voleurs et les Moutons?* Ecoutez-la; vous pourrez la raconter à votre aimable et glorieux confrère, Jean Dubarry, quand vous le rencontrerez.

« On avait mis au pâturage un nombreux troupeau de moutons, et, comme le bercail était fermé, on ne leur avait donné aucun gardien. Un voleur s'en aperçut, et profita de cette sécurité pour dérober un mouton. Le lendemain, il revint le même voleur pour en dérober un second; le surlendemain, deux ou trois; pendant longtemps, il fit ainsi tous les jours. Les moutons voulurent, tout d'abord, avertir le berger; mais, choqués de son indifférence, ils se piquèrent contre lui, et, pour le punir, se laissèrent enlever l'un après l'autre. Or le voleur revint tant de fois au butin, qu'enfin il ne resta plus qu'un agneau. Quand ce dernier vit que son tour était venu, il eut peur, et fut se plaindre au berger. « Nous avons pris un sot parti, lui dit-il; mais n'en soyez point étonné, nous étions un grand nombre. »

RAMEAU. — Où voulez-vous en venir avec votre fable? à quelque émeute, aux grandes potences, aux prises de corps? Je ne suis pas de votre avis, Diderot, je ne veux pas déplaire au roi, et je hais la révolte! Quoi qu'il fasse, et tel qu'il est, il est le maître, et tout ce qu'il fait est bien fait. C'est mon roi! je l'honore et je l'aime; il est du sang des dieux, il a nom Bourbon; il appartient à ce qu'il y a de plus grand sous le soleil; il vient de Henri IV, le père du peuple; il touche à Louis XIV, celui que le monde entier appelait : *le roi!*

« Pour moi, le roi est maître ; il commande, et je m'incline; il n'est pas lâche et paresseux, quand il faut tirer l'épée; il est le roi de la bataille de Fontenoy, il est *le Bien-Aimé*. Il nous aime; et, si vous l'eussiez vu le jour où sa statue en bronze éternel fut inaugurée, au milieu de la place immense, seul, sans gardes, et répondant à nos cris de *Vive le roi!* par ces grands cris, avec de beaux gestes : « Vive mon peuple! honneur et bonheur à mon peuple!... » Et comme il jetait son chapeau en l'air pour nous saluer, tête nue! Ah! ce chapeau du roi, s'il fût tombé sur mon front, il me semble que j'aurais senti l'auréole à mon front.

« Vive le roi! vive le roi!... Et vous avez beau dire, messieurs les philosophes, il n'y a pas de clameur plus triomphante. Le soldat va se battre, et meurt en criant : *Vive le roi!* Au milieu de la tempête et sur le vaisseau qui s'entr'ouvre, un seul cri se fait entendre au sein de l'Océan : *Vive le roi!* Ce qu'il dit est bien dit; ce qu'il fait est bien fait! interrogez vos consciences, messieurs! Où donc en serions-nous si nous étions à sa place? et que feriez-vous, Diderot, si vous étiez le roi, seulement vingt-quatre heures?... Un tas d'infamies! un tas de vengeances et de cruautés!

DIDEROT. — Son exemple est d'un si bon exemple! Et voici deux grandes heures que vous me le démontrez.

RAMEAU. — Que parlez-vous d'exemple? Qui de vous, philosophes, s'il était le maître absolu d'obéir à toutes ses fantaisies et d'assouvir ses moindres convoitises, qui de vous, s'il possédait, je ne dis pas le sceptre de France, mais seulement l'anneau de Gygès, ne serait pas, en vingt-quatre heures, un traître, un fourbe, un ennemi de la justice, un violateur de l'honnêteté publique? O braves gens qui parlez d'exemple, avez-vous prêché jamais d'exemple?

« En vain je cherche et regarde autour de moi, je ne vois que des corruptions, des corrupteurs. Prenons le premier de tous, le rare esprit, l'esprit charmant, l'ironique et le railleur, le poëte et l'historien; celui qui fit *Mérope* et *Brutus*, *la Henriade* et *Charles XII*, l'enfant gâté des princes et des rois; étoile et fleur! grâce, esprit, tempête et joie! Un sourire ineffable, un regard plein de malice, une fée à la baguette d'or, tout ce que le génie a de plus vif, tout ce que la grâce a de plus parfait, la voix qui commande aux nations, le charmeur des poésies fugitives, des comédies peu vêtues; celui qui fit *Zaïre* en vingt-deux jours, et *Candide* en six semaines; l'ami de Newton, le disciple de Bayle et l'amant de Mlle Lecouvreur, celui-là qui fut Chapelle et Chaulieu tout ensemble, et, pour tout dire, la vraie matière subtile et le digne portier du temple du goût, Voltaire, a-t-il donné de terribles exemples à ce peuple, à ce siècle, épouvantés de ce bel esprit, à cette nation dont il est l'orgueil !

« Certes, les plus belles heures de sa vie ont appartenu à la femme d'un autre, à Mme du Châtelet, une savante, une pédante, une femme astronome, et publiquement, sous les yeux de tout le monde et sous les yeux du mari, Voltaire et la marquise du Châtelet ont fait un bruit à assourdir les salons de Paris, le château de la duchesse du Maine, et deux ou trois académies. Elle et lui, cette poitrine étique et ce nez en trompette, avec deux petits yeux fauves et scélérats, c'était à qui donnerait l'exemple assidu, complet, d'un mariage de contrebande, et des naissances les moins équivoques. Puis quelle risée, au bout du compte, lorsqu'à la mort de la marquise, son mari et son amant se disputent le médaillon qu'elle portait sur son cœur ! — « C'est à moi, disait le mari. — C'est mon portrait, disait le poëte, elle m'a juré de le porter toujours ! » Là-dessus, grands débats et longue dispute, celui-ci ne voulant plus rien céder à celui-là. A la fin, de guerre lasse et d'un commun accord, le médaillon est ouvert... La bonne histoire ! ce médaillon tant disputé... contenait le portrait d'un troisième larron, M. de Saint-Lambert. On en fit des gorges chaudes dans toute l'Europe, et l'abbé de Breteuil, le frère de la marquise du Châtelet, en fit une chanson :

> L'Hymen vient quand on l'appelle;
> L'Amour vient quand il lui plaît.

« Voilà votre exemple, ô roi des révoltés! et pour quoi comptez-vous donc, Diderot, vos œuvres de dénigrement, à vous tous, les ravageurs de consciences? et que pensez-vous de votre tâche impitoyablement accomplie, et de cette ruine immense autour de vous autres, les négateurs? Malheureux! vous insultez aux passions du roi votre maître, et vous ne voyez pas vos propres désordres : un mépris de tout ce que respectaient les hommes! une audace à franchir toutes les barrières, à briser tous les freins! un peuple incessamment déchaîné! des souillures sans nombre et des blasphèmes sans fin. Que disons-nous! Dieu lui-même insulté sur le Sinaï! l'Évangile déchiré, les saints livres bafoués, le Christ flagellé, et cette héroïne appelée Jeanne d'Arc, insultée à chaque vers dans *la Pucelle!* Ah! vraiment, les beaux exemples! et les grands exemples que donnaient les disciples après le maître, un certain Frédéric II, Frédéric le Grand, qui s'attaque à la religion de son royaume, et fait pendre un homme aussitôt que cet homme a mis en doute l'infaillibilité du roi de Prusse!

« Et que dites-vous des chastes exemples du chef de

vos académiciens, amoureux comme un fou de Mlle de Lespinasse, et si lâche et si bête, qu'il porte aux amants de sa maîtresse les lettres que sa maîtresse leur écrit? Ces tristes amours ont été la fable de la ville, et les étrangers de s'étonner qu'une si vilaine fille eût dompté un des pères de l'*Encyclopédie!*

« En même temps, tournez les yeux du côté de ce fameux cardinal de Tencin, le frère... et pis que cela, de sa digne sœur; Tencin le fourbe, une espèce de philosophe en mitre, en rochet, qui a volé Law, le contrôleur, en le baptisant! un drôle, horriblement flétri par ses parjures et par toutes les Tournelles!... En même temps, saluez, si vous l'osez, la sœur de ce bon cardinal des abjections et des parjures, un laquais du cardinal Dubois! La dame est une des mères de la philosophie; elle en tient la table d'hôte, et, parmi vous autres, les libres penseurs, c'est à qui piquera l'assiette de la mère Angélique de Tencin!

« A peine échappée au sérail de M. le régent, cette dame, illustre entre les encyclopédistes, dépose un enfant nouveau-né, son propre enfant, sur les marches de Saint-Jean-le-Rond, puis, quarante ans après, quand elle revoit son enfant trouvé qui va, d'un bon pas, sur le chemin de la gloire et de la fortune, elle l'appelle, elle veut le voir : « Mon cher fils! » lui dit-elle; et le cher fils la repousse, oubliant la voix du sang. La jolie mère et le joli enfant! Et cette autre histoire d'enfants perdus, si terrible, et qui fait tant d'honneur à Jean-Jacques, le faiseur de chartes pour cette île de Corse en révolte avec tout le monde ; à

Jean-Jacques, le tendre ami d'Héloïse, et le faiseur de professions de foi! qu'en dites-vous? Que pensez-vous de ce malheureux qui s'en va, dans la nuit, pour jeter aux abîmes de la Bourbe une demi-douzaine de pauvres petites créatures dont il n'a pas vu le premier sourire? Ah! le grand exemple! Il est vrai qu'il écrivit, plus tard, un grand *Traité de l'Education!*

« Et vous-même, ô sage Diderot! interrogez-vous, confessez-vous ; rappelez-vous votre honteuse conduite envers votre femme légitime, une honnête femme, bien née, et qui vous aimait ; à qui vous avez apporté en dot votre pauvreté, l'abandon et les plus sottes amours!

« Cherchez également parmi les dames qui vous protégent : chez la duchesse d'Aiguillon, la sœur du *Pot des philosophes*; chez la duchesse de Villars, chez Mme Chambonnas, Mme de Fontaine-Martel, chez cette vieille Mme du Deffant qui s'endette à vous nourrir ; chez Mme de La Popelinière, une de vos victimes, cherchez une honnête femme, une mère de famille, un exemple, enfin!... Certes, vous ne le trouverez pas à la Chevrette, où règne en despote, dans un tas de fantaisies, tableaux, colifichets, estampes, mauvaise musique, correspondances avec de petits princes allemands dont il flatte périodiquement toutes les manies, de petits burgraves, de petits archiducs, ses bienfaiteurs à cinquante écus par année, et qu'il paye en espionnage d'académie, de boudoirs, de ruelles, de coulisses de théâtre et de salon, votre ami le baron de Grimm, aux crochets de cette folle sans tétons et sans cœur que l'on appelle Mme d'Épinay!

Donc, pour tout exemple... Il n'y a pas d'exemple; il est mort... l'exemple! à moins que vous ne le cherchiez chez le baron d'Holbach, entre Sganarelle et la comtesse d'Escarbagnas. Ah! oui, le baron d'Holbach, un étranger qui vous donne à dîner pour un blasphème, et vous invite à passer huit jours dans son château entre sa mère et son épouse, une joueuse de luth, pour peu que vous lui ayez fourni un nouvel argument à la non-existence de Dieu... Et maintenant instruisez-vous, exemples du monde!... *Et nunc intelligite, qui judicatis terram.* »

CHAPITRE·XII.

L'HOTEL-DIEU.

DIDEROT. — « Bonjour, Isaïe... et bonjour, Baruch! Quel sermon vous m'avez fait l'autre jour! — D'où venez-vous, avec cet air pensif, l'œil sérieux, et le violon caché sous la houppelande? On vous prendrait, si l'on ne vous connaissait pas, pour un grand artiste en mal d'enfant.

RAMEAU. — Je suis toujours ainsi, grave et songeur, toutes les fois que je reviens du couvent des Dames de *l'Ave-Maria* du faubourg Saint Germain... C'est là que je possède une enfant des plus belles espérances.

DIDEROT. — Encore une éducation, Rameau!... Prenez-y garde, elles ne vous réussissent guère, ou bien elles vous réussissent trop!

RAMEAU. — Sur mon Dieu! je n'apprends rien à cette enfant! rien que la musique... encore la sait-elle mieux que moi. C'est une voix suave, une intelligence exquise, un sentiment profond des belles choses. Elle fait mieux que tout comprendre : elle devine, elle sait, elle voit. Ah! mon ami, vous parlez de grand artiste! En voilà une enfin qui chante, à ravir, la grande musique! Elle est sensible à l'harmonie autant que Turenne à la gloire, autant que Fénelon à la vertu. Ce n'est pas *mon élève*, à Dieu ne plaise! Elle ne m'a jamais vu, je ne l'ai jamais vue. A travers un voile, elle arrive au parloir du couvent... Elle indique, en chantant les premières notes, les morceaux qu'elle veut chanter, et moi, muet, silencieux, je l'accompagne, et j'oublie, à la suivre au septième ciel, à quel point je suis dégradé. Voilà ma fête, et quand je serai mort, parmi toutes mes dettes non payées, du moins aurai-je payé celle-là... »

Alors il me raconta qu'en mon absence, accablé de misère, un jour d'hiver, il s'était senti si malade, et si douloureusement noué, déchiré, frappé dans tous ses membres, qu'il implora l'assistance et la pitié de ses voisins. Même on en vint à prononcer ce mot terrible : *hôpital!*... « l'hôpital » cent fois plus redoutable aux malheureux que le château de Pierre-Encise ou la Bastille! Quand il eut bien prié et supplié, deux portefaix de ses amis vinrent le prendre et le portèrent, sur un brancard emprunté à la Comédie, le même brancard sur lequel on rapportait Lekain, au dernier acte de *Tancrède*. Or, cette machine était trop courte, et du malheureux Rameau les pieds pendaient et se ballottaient. Comme il avait encore une certaine énergie, et qu'il espérait rencontrer çà et là quelque pitié, il se fit conduire à la porte de son ancienne protectrice, la petite Hus, la priant et la suppliant de lui prêter au moins un manteau pour couvrir ses membres nus... Elle fit répondre (elle avait, pour elle seule, un demi-million de meubles, de nippes et de bijoux!) qu'elle ne donnerait pas une guenille de sa cuisine au fauteur de la Dangeville, et le chien seul vint lécher la main du mendiant. On porta le *neveu* un peu plus loin, chez son oncle Rameau, et l'oncle, en ricanant, frappa sur son clavecin son fameux menuet des *Furies* :

> L'enfer est ouvert sous tes pas,
> La foudre gronde sur ta tête!

Ce fut là toute sa réponse. Au seuil du café Procope, un instant, s'arrêtèrent les porteurs de cette épave endolorie, et tous ces beaux esprits oisifs, que Rameau avait piqués de ses flèches, se moquèrent de ses sanglots qu'ils appelaient une comédie. Il n'y eut guère que Piron qui donna le sucre de son café à ce pauvre agonisant. Il faut dire aussi que Voltaire était absent; comme tous les grands esprits, facilement il s'irrite, et comme tous les bons cœurs, facilement il pardonne; il aurait eu pitié de ce colporteur d'épigrammes. A la fin, désespéré, à mesure qu'il approchait de ses derniers abîmes, Rameau se fit conduire... hélas! oui, le neveu de Rameau se fit porter, en civière, chez son propre fils!

« Oui, me disait-il, — vous ne me croiriez pas, — je

me fis porter chez mon *Émile*. « *O et præsidium et dulce decus meum!* » Justement, le jeune homme était chez lui. Je voyais sa fenêtre abritée au dedans par un double rideau de soie; une épaisse et savoureuse fumée, au-dessus de la cheminée, annonçait qu'il y avait grand feu dans sa maison. La cuisine exhalait la douce odeur du dîner qui mijote. Ah! l'excellent bouillon qui frissonnait dans ce pot-au-feu, plein d'écume! Ah! le pain blanc, tiède encore de la chaleur du four! Les frais légumes, et, dans cette cave où tout repose, les précieuses bouteilles en leur chemise séculaire que l'araignée a filée! Une tasse de ce bouillon, un seul verre de ce bon vin, un repos d'une heure au coin de ce feu pétillant, mes deux mains tendues vers l'âtre hospitalier... j'étais sauvé, peut-être!

« Et quand je vis qu'on me faisait attendre à cette porte impie... et que déjà les valets avaient pitié de moi, j'eus peur (je l'avoue), un instant j'eus grand'peur que mon fils se laissât fléchir par la misère de son père, et ne démentît lâchement, par sa faiblesse à mon égard, l'éducation forte que je lui avais donnée. Ainsi, j'étais partagé, entre les douleurs du rhumatisme articulaire et le chagrin d'assister aux remords de mon tendre élève. O triomphe! ô miracle!... il donna tout à fait raison à mes exemples, à mes enseignements! Après un siècle d'attente, à la pluie, à la bise, il me fit répondre qu'il ne savait pas ce que je voulais dire, et qu'il ignorait le nom de Rameau. Que si j'étais le bouffon qu'il rencontrait parfois dans la rue, à coup sûr l'hôpital était assez bon pour moi. Il ordonnait aussi que j'eusse à dégager sa porte; il attendait de joyeux convives des deux sexes, financiers et petites-maîtresses, que ce spectacle eût attristés.

« Alors, retrouvant tout mon courage, et de ma voix la plus haute : « Ah! je triomphe, ami! c'est à présent que je reconnais le digne enfant de sa mère... A l'hôpital! mon fils a raison, qu'on me porte à l'hôpital! »

« La nuit tombait, quand j'arrivai sur les marches de ce monument funèbre. On avait amené, tout le jour, de nouveaux malades, il en arrivait encore, et déjà la porte était fermée. On n'entendait de toutes parts, sur cet escalier de malheur, que plaintes et gémissements : des mères tenaient leur enfant, à demi mort dans leurs bras amaigris; des fils traînaient leur vieux père enveloppé dans un haillon; telle femme, enceinte et près de sa délivrance, attestait, par son geste et par son désespoir, ce ciel chargé de nuages! Il y avait des fiévreux, des épileptiques, des mutilés, des artisans frappés dans le travail de la journée, et des vieillards chancelants sous une étreinte mortelle... enfin moi, que mes porteurs, impatients d'en finir, avaient déposé à la hâte sur le parvis; la Comédie, en ce moment, réclamait son brancard, Tancrède allait se battre avec Orbassan :

Il aura donc pour moi combattu par pitié!

« Toutefois, je m'étais résolu à mourir. J'aurais eu honte à mon âge, et fort comme je suis, de pousser une seule plainte, et véritablement j'expirais sur ces marches insensibles, sans l'assistance inespérée d'une sœur grise qui gravissait d'un pas généreux cette voie douloureuse. Elle aperçut, sous mon bras contracté par le mal, mon cher violon, mon seul bien, que je défendais par instinct... Elle le prit de sa main charitable ; elle appela un infirmier, qui l'aida à me relever, et l'un et l'autre ils eurent assez d'autorité pour m'ouvrir cette porte impitoyable. Ainsi je fus placé, moi quatrième, au milieu d'un lit (à la plus horrible place !) où je remplaçais un malheureux qui venait de rendre l'âme. Hélas ! sa place était tiède encore, et je respirai son dernier souffle !

« Imaginez-vous, Diderot, dans une salle étroite, une quadruple rangée de grabats suintant la fièvre autour d'un pilier ; chaque lit surmonté d'un étage, où malade et vagabonds grimpent chaque soir, et s'étendent pour dormir. Quel mélange hideux de mourants et de morts ! Ce ne sont plus des hommes qui sont couchés dans ces linceuls, ce sont des cadavres, et je défierais Hippocrate en personne de se reconnaître en ce chaos de fièvres, de vermines et de pustules. Celui-ci demande à grands cris un peu de chaleur pour ses membres roidis par le froid ; cet autre en pleine fièvre, et sur la même couche, implore (en vain) un rafraîchissement d'un instant. Partout le frisson, partout l'épouvante. On entend à droite, à gauche, en tout lieu, les cris des fous, les hurlements du patient sous la scie, et les dernières plaintes de l'agonisant qui rêve à sa femme absente, à ses enfants en deuil.

Dormez-vous par hasard?... soudain vous êtes réveillé par ces hommes là-haut, sur vos têtes, qui pleurent ou qui chantent. Les dalles suintent le sang, les couvertures exhalent une odeur d'immondices. Une infecte vapeur s'ajoute à l'humidité des pailles pourries. Il n'y a plus d'air respirable, il n'y a plus d'espérance, il n'y a plus de pitié, de charité; plus rien que le vice et la misère, et la mort... C'est affreux! c'est affreux! »

Il se recueillit un instant, les yeux cachés dans sa main droite, et comme s'il eût été poursuivi par ces funestes visions. Puis il reprit, se parlant à soi-même, et tout bas :

« Je m'étonne, en vérité, que je n'y sois pas mort! »

Et comme il vit que je ne trouvais rien à répondre :

« Ah! dit-il, ne cherchez pas d'excuses à tout ceci, Diderot. Une nation si riche! un peuple arrivé à ce comble inouï de grandeur! Une si nombreuse réunion de chrétiens, de philosophes, d'économistes, de philanthropes, souffrir qu'au milieu de Paris s'ouvre incessamment un pareil abîme! A côté de ces palais, un pareil hôpital! L'Hôtel-Dieu et ses plates-bandes sans gazon et sans fleurs, tristes voisines des jardins de Marly! Justement, je songeais à Marly, moi quatrième, en mon lit funèbre; je revenais par la pensée à ces berceaux de verdure, à ce fond verdoyant d'une forêt à demi taillée, et de façon que chaque arbre, au-dessus de l'arbre voisin, montre, en se balançant, sa tête altière. Je marchais lentement par ces allées sombres et perdues, jusqu'à ces grands réservoirs dont les bords sont ornés du Laocoon de bronze, et j'arrivais ainsi aux douze pavillons qui représentent les douze signes du zodiaque : autant de merveilles ! Comme ils seraient mieux placés dans les murs de l'Hôtel-Dieu, ces douze pavillons, habités huit jours, chaque année, par un roi qui s'ennuie, entouré de courtisanes stériles et de courtisans sans pitié !

« Cependant, je résistai à ces tortures ; sur quatre infortunés que nous étions dans ce lit de douleur, trois sont morts. Le premier de ces morts était un vieux janséniste : une victime de la Bulle, un de ces innocents, persécutés pour une opinion religieuse ! Il savait par cœur toutes les bulles enfantées par l'*Augustinus* de Jansénius, évêque d'Ypres, les bulles d'Innocent X, d'Alexandre VII, de Pie V, de Grégoire XIII et d'Urbain VIII. Il récitait le *texte court* des cinq propositions, avec le formulaire ; il s'en était inquiété toute sa vie, et même sous *la paix de Clément IX*. « *Absque funiculo et imprecatione !* » Cet homme était un martyr des cent mille lettres de cachet *pour la Bulle!* Il mourut plein de force et de courage en disant : *Je crois en Dieu!* et la mort eut grand'peine à laisser son empreinte sur cette noble figure.

Le second était un chansonnier, le chansonnier de nos beaux jours, grand ami des folles joies et des airs à boire. Il avait passé sa vie à célébrer le vin et l'amour, les robes ouvertes et les jupes brodées, Mars et Vénus, la bataille et l'occasion. Ce même homme... un faiseur de chansons! quand le roi fut si malade à

Metz, avait trouvé dans un couplet populaire le plus grand surnom qu'un peuple ait jamais décerné à son roi : *le Bien-Aimé!! Louis le Bien-Aimé!* Et le roi (race ingrate!) laissait ce malheureux, son bienfaiteur, mourir sur un grabat d'hôpital!

Le troisième... ah! le troisième! il portait, sur ses traits flétris avant l'heure, tous les caractères de la vengeance! Il était semblable au châtiment, qui va d'un pied boiteux, mais enfin il arrive. O voix puissantes et terribles! malédictions qui braveraient les siècles et que rien n'efface! On les jetterait dans les flammes : elles en sortent plus violentes! Dans l'Océan : l'Océan les rejette au rivage, et le rivage à l'écho! Ce troisième à l'agonie était un poëte; il avait remplacé, dans ce lit de misère, un peintre ingénieux, fécond, charmant; la couleur et la grâce obéissaient à ce brave homme; il fixait sur la toile, en se jouant, les doux aspects de la simple campagne. Une paysanne aux grands traits, il la saisissait au passage ; un enfant qui joue, un mouton qui bêle, un coq sur son fumier, et voilà sa toile achevée. Il vint ici chancelant sous sa dernière ivresse... au bout d'une semaine, il n'était plus.

« Pauvre Lantara! si gai! si bon! si naïf! Il donnait, pour rien, des chefs-d'œuvre! Il échangeait volontiers un troupeau de moutons contre un sarrau de laine, une innocente bergère en corset blanc, contre une gueuse. Eh! que de fois il a donné tout un vignoble en pleines vendanges, pour un quartaut de vin de Jurançon! Celui-là aussi composait son paradis à

la façon de votre ami Duclos : du pain, du vin, du
fromage, et la première venue. Il est mort à mes
côtés, dans ce lit de misère, et pas une de ces premières venues n'est venue à son chevet. Les tristes
paradis que nous avons là, peintres, poëtes et philosophes ! Lantara, mon camarade, avait écrit au crayon,
sur le bois de *notre* lit : « *Hic jacet Lantara, vermis
immundus,* ci-gît Lantara, ver immonde. » Il avait
orné ces paroles funèbres d'un joli tombeau qui
s'élève entre deux cyprès. Or, le peintre avait été
remplacé par le poëte ! Ils y viennent tous, ils y
viendront tous ! A chacun son brin de paille ! On l'ap-
porta, ce furieux poëte, enfant de Tisiphone, frémis-
sant de rage, indigné contre les turpitudes et les
hontes de son temps. Il était encore un jeune homme,
il n'avait pas trente ans ! Il était plein de génie et de
colère ! Un héros... un enfant ! Un vengeur de toutes
ces lâchetés, de toutes ces vénalités !... Ceux qui le
déposèrent en ces ténèbres du haut-mal reculèrent
d'épouvante en voyant ce regard plein d'un feu sombre, et semblable à la torche qui mit le feu à Sodome.
Il était terrible à voir, funeste à entendre ; à toute
heure, il murmurait des plaintes inachevées, et, de
ces plaintes, j'en ai retenu de cruelles. On eût dit, à
l'entendre parler des jeunes gens, qu'il avait connu
mon fils !

> Suis les pas de nos grands : énervés de mollesse,
> Ils se traînent à peine, en leur vieille jeunesse,
> Courbés avant le temps, consumés de langueur,
> Enfants efféminés de pères sans vigueur !

« Des jeunes gens, ce Gilbert de la malédiction allait aux vieillards; du grand seigneur qui se ruine, il allait au duc et pair qui fait le commerce et l'usure. Il s'attaquait, superbe et content de la mort qui s'approche, aux dames du plus haut parage; à coup sûr, il avait entrevu ma première maîtresse :

> Chloris n'est que parée, et Chloris se croit belle;
> En vêtements légers l'or s'est changé pour elle;
> Son front luit, étoilé de mille diamants
> Et mille autres encore, effrontés ornements,
> Serpentent sur son sein, pendent à ses oreilles;
> Les arts pour l'embellir ont uni leurs merveilles,
> Vingt familles enfin couleraient d'heureux jours,
> Riches des seuls trésors perdus pour ses atours....

« Que dites-vous de cela, Diderot? N'est-ce pas vraiment de la poésie? Avez-vous jamais rien entendu qui soit plus éloquent et d'une vérité plus frappante? Il trouvait, mon poëte agonisant, ces terribles choses dans ses accès de folie, et, des lits voisins, les hommes qui allaient mourir, prêtant l'oreille à ces vengeances, en étaient à demi consolés :

> Parlerai-je d'Iris? chacun la prône et l'aime!
> C'est un cœur, mais un cœur! c'est l'humanité même :
> Si d'un pied étourdi quelque jeune éventé
> Frappe, en courant, son chien qui jappe épouvanté,
> La voilà qui se meurt de tendresse et d'alarmes.
> Un papillon souffrant lui fait verser des larmes,
> Il est vrai : mais aussi, qu'à la mort condamné
> Lally soit, en spectacle, à l'échafaud traîné,

> Elle ira, la première, à cette horrible fête,
> Acheter le plaisir de voir tomber sa tête.

« Cette immense agonie a duré quinze jours; quinze jours durant, j'ai senti palpiter ce grand poëte! Or, pas une larme dans ses yeux, pas un regret sur ses lèvres et pas un remords dans son cœur. Il n'y avait que rage, agonie et désespoir!

> Ah! pourquoi suis-je né dans ces jours malheureux :
> J'ai vu nos légions, parjures à la gloire,
> Se laisser, sans combattre, arracher la victoire...
> J'ai vu de vieux guerriers, à vivre condamnés,
> Traîner dans le besoin des jours infortunés;
> Je les ai vus, fuyant une plainte frivole,
> Ne confier leurs maux qu'aux murs du Capitole,
> Baiser en soupirant l'urne de nos héros,
> Et chercher Rome encore autour de leurs tombeaux.

DIDEROT. — Je l'ai connu, ce malheureux Gilbert; il obéissait à trop de haine. Il en est mort! Pas un ami n'a pleuré ce terrible insulteur. Il faut, si l'on veut être un instant pleuré quand on est mort, aimer quelqu'un ou quelque chose ici-bas. Je vois cependant, Rameau, que vous n'avez pas été un abandonné, et que dans ce *De profundis* de l'hôpital vous étiez en bonne compagnie, après tout.

RAMEAU. — J'avais mes rêves et mes rêveries; je disais avec le janséniste : « Je crois en Dieu! » Je chantais avec le chansonnier sa dernière chanson. Et puis je songeais aux gens heureux, aux riches, aux menteurs, aux contrefacteurs de bonne renommée, aux violateurs de toute espèce de serment, aux improvisateurs de toute sorte de cantiques. Ceux-là, du moins, ne connaîtront jamais l'hôpital et ses misères; ceux-là coupent leur vin à six livres la bouteille, avec l'eau royale de Ville-d'Avray à deux sous la pinte. Ils s'en vont chez Ismène, à sa toilette, où ils font de la tapisserie, et chez Araminthe, où ils brodent au tambour. Autour de ces bonheurs sans mélange, on ne voit que sourires, on n'entend que gaietés. L'un d'eux est malade, aussitôt accourent à la consultation de cette santé si précieuse des médecins comme on n'en voit guère à nos lits d'hôpital; les célèbres docteurs : Poissonnier, Geoffroy, Lorry, Macquer, Desperrières, de Horne, Michel et Vicq d'Azyr. Et comme on leur parle, à ces heureux malades, et de quelle majesté on leur tâte le pouls! Dans mon rêve éveillé, j'allais chez Ismène, où je rencontrais le fameux docteur Tronchin; Tronchin, le médecin des plus jolies, des plus galantes : *Tronchin-tant-mieux!* Il est le seul qui donne à ses malades les ordonnances les plus saines : se lever de bonne heure et *tronchiner* dans son jardin, la canne à la main; bien vivre, agréablement, doucement, sans hâte et sans souci.

« C'est Tronchin dont la main est si blanche et si belle, au souffle agréable, et poudré à l'iris. Du fond de mon lit, n° 2713, il me semblait que j'entendais la consultation de Tronchin à Mme Ismène :

« *Ismène.* Ah! docteur, mes pauvres yeux sont terriblement battus! — *Tronchin.* Votre langue est bonne et votre pouls n'est pas mauvais. — Cependant je suis bien souffrante, allez. — J'en conviens, madame ; il est vrai qu'à votre âge, à vingt-cinq ans ! — Vingt ans, docteur, vingt ans. — Va pour vingt ans. Obéissez à mon ordonnance et tout ira bien, chère Ismène. Un peu de gruau à votre petit lever ; un blanc de poulet trempé dans un œuf frais pour déjeuner ; de bon café, de bon vin, peu de ragoûts ; une bonne loge à l'Opéra, partout un bon fauteuil ; vous coucher à minuit, et ne pas trop soupirer, soupirer fait mal à la poitrine. »

« Ainsi, cloué par le mal sur cet immonde grabat, je faisais pour moi-même, à moi-même, et ma comédie et mon dialogue. Et cependant, tout près de moi, sur ma tête (il avait fait une chaire à prêcher du ciel de mon lit), j'entendais, non pas un poëte, mais un orateur qui représentait à sa façon, dans une brûlante prosopopée, une faible partie des maux sous lesquels nous succombions : « Arrivez, disait-il, arrivez dans ces abîmes, et contemplez avec courage un des plus horribles spectacles que des yeux humains puissent supporter ! Vous voyez, abandonnés à la mort qui en fait sa proie, une foule d'infortunés, livrés à mille supplices, et dont la pauvreté fait tout le crime. Ah ! j'entends leurs murmures confus, ces plaintes de la misère délaissée, ces gémissements de l'innocence méconnue, ces hurlements du désespoir. Qu'ils sont perçants ! mon âme en est déchirée ! Allons ! courage, et descendez ! Encore un pas dans ces abîmes ! Sur vos têtes, à vos pieds, l'enfer ! une clarté funèbre, des tombeaux pour habitation ; en ces lieux sombres, le pain que vous mangez est le complice de vos tortures ; une paille éparse, quelques haillons, des cheveux hérissés, des regards farouches, des voix sépulcrales, semblables à la voix de la pythonisse ! Ajoutons les contorsions de la rage, des fantômes hideux se débattant dans des chaînes... des hommes... l'effroi des hommes. Suivez donc, si vous l'osez, ces victimes désolées jusqu'au lieu de leur immolation ! »

« Et pourtant, grâce à ma constitution, à ma volonté de vivre, je me suis tiré de ce gouffre, et me voilà !

Diderot. — Certes, voilà ce qui s'appelle un miracle ! Et c'est sans doute un Dieu qui vous a sauvé ?

Rameau. — Mieux qu'un Dieu, c'est un ange. Avez-vous vu, parmi les tableaux de Greuze, un petit drame intitulé : *la Dame de charité ?* Ceci représente un pauvre homme, un soldat : son épée est suspendue au châlit que visite un dame charitable. Elle amène avec elle une enfant très-jolie, et qui regarde un spectacle auquel elle ne comprend rien encore. Il y a derrière la dame une sœur grise, à la figure austère, qui veille au chevet du moribond. La figure de la sœur est empreinte d'une dignité sérieuse ; on voit qu'elle contient même sa pitié. Tel est le portrait de la *Charité* qui m'a sauvé. Comme elle m'avait ouvert la porte de l'Hôtel-Dieu, elle ne voulut pas m'abandonner, et elle veilla sur moi, m'encourageant, me consolant, me rendant l'espérance.

Et quand je fus guéri, elle m'attendit sur le parvis où elle m'avait trouvé ; elle me rendit mon violon que je croyais perdu, elle me donna le pain de son déjeuner. Alors je la priai, les mains jointes, de m'indiquer une bonne action que je pusse accomplir au nom de ma gardienne et protectrice! Elle me dit, d'une voix qui sentait sa fin prochaine : « Allez, mon frère, aux filles de l'*Ave Maria*, et demandez telle enfant, qui sort des Enfants trouvés, et qui répond aux noms de Jeanne et Thérèse! Vous êtes un bon musicien, vous apprendrez à cette enfant la musique, afin qu'elle puisse un jour vivre honnêtement des talents qu'elle aura gagnés. Quant à moi qui la protége et qui suis son dernier appui, je sens bien que je me meurs. N'était cette enfant que je laisse après moi, je serais contente de mourir! » Elle me dit alors un mystère... le nom du père et de la mère de cette enfant!

DIDEROT. — Et vous avez été fidèle à la volonté de cette mourante, ami Rameau?

RAMEAU. — Il ne faut pas trop m'en savoir gré; ce n'est pas pour la sœur grise, c'est pour moi-même, et pour mon propre contentement que j'ai poursuivi ma tâche. Il est vrai que la sœur est morte, que l'enfant est une orpheline, et que mon temps, vous le savez, n'est pas bien précieux.

DIDEROT. — Cet Hôtel-Dieu suffirait à faire un gros tome; il a brûlé plusieurs fois, tantôt d'un côté, tantôt de l'autre, et toujours il est sorti de ses ruines. A la dernière quête que l'on a faite pour cette bonne œuvre, une fille écrivit sur le registre que l'on publiait tous les huit jours : « *Manon Belle-Gorge... une pistole!* » Hélas! cette horrible maison, cette maison sans pitié, devient parfois le théâtre ingénu de très-plaisantes comédies. Écoutez celle-ci, que l'on m'a racontée il n'y a pas longtemps :

« Un jour, le grand coupeur de l'endroit, le frère Côme, avisa dans un lit plein de fièvre un homme qui se mourait. « Je voudrais bien, dit-il au frère infirmier, le cadavre que voici, mais je vais à Fontainebleau, et ne reviendrai qu'après demain au soir, sur les sept heures, au plus tôt. — Qu'à cela ne tienne, reprit l'infirmier, nous l'empêcherons bien de mourir, et nous l'amuserons jusqu'à votre retour, mon frère. Allez donc et revenez! » Donc le frère Côme est parti; l'infirmier, cependant, fidèle à sa promesse, commande à l'apothicairerie un puissant cordial, et le fait prendre au malade. Aussitôt, voilà le moribond en train d'aller beaucoup mieux ; il dort toute la nuit, le lendemain il était sur son séant, et l'infirmier le retrouvait frais et reposé : « Ah! bon père, lui dit-il, vous m'avez rendu la vie ! — Oui-da? reprit l'infirmier en se grattant le menton; mais que dira le frère Côme? » En effet, le frère Côme arrive. « Eh bien! fit-il à l'infirmier, et mon cadavre? — Hélas! reprit l'infirmier, l'homme est sauvé : j'ai voulu trop bien faire, il faut chercher un autre sujet. — Oh! là, là! reprit le frère Côme, il ne faut pas lui en vouloir, ce sera pour une autre fois. »

RAMEAU. — *Pour une autre fois...* ça vous donne un frisson. Quant à retourner à l'Hôtel-Dieu, jamais je n'y veux retourner, et j'ai trouvé deux bons moyens qui m'arrêteront sur ce seuil de fer : écrire un pamphlet contre le roi, un de ces pamphlets qui vous font pourrir à Saint-Lazare ; mon second moyen, le voici... »

A ces mots, il tira précieusement du gousset dont la montre était absente un petit portefeuille attaché par une ficelle au gousset même. Alors, ouvrant le portefeuille, il déploya en grand triomphe, un billet de loterie avec le programme authentique de cet appel aux coureurs de fortune, oisifs autant que Robbé, et paresseux comme le lis de Salomon...

Diderot. — « Ah! le bon moyen, et le bon billet que vous avez là, monseigneur de l'intrigue et du hasard !

Rameau. — Ne riez pas, Diderot, je suis sûr que voilà le billet gagnant. C'est le numéro de mon lit de douleur ! Voyez comme il flambe, et comme il ressemble à l'aurore boréale de ma fortune ! Ah ! 2713 ! mon sauveur ! C'est le bien d'une catin, il doit revenir à un rufian de mon espèce. Ajoutez que ce billet me vient d'une espèce de Rameau italien, un de mes frères d'armes, l'inventeur et le colporteur de la loterie en ce beau pays de France. A lui seul, à ce rufian d'Italie, nous devons ce présent, presque divin. La loterie ! une invention pleine d'espérances, un rêve éveillé, un enchantement de tous les jours ! Au riche, elle apporte une distraction puissante ; au pauvre, un contentement ineffable. Elle occupe, elle intéresse, elle enchante, elle endort. On a huit jours pour s'entourer soi-même, à toute heure, du bruit de la fortune et des fêtes de la vie ; on se dit, son billet dans sa poche, et le sentant frémir sous ses doigts : « Peut-être, avant trois jours, serai-je un maître au milieu de ses esclaves! » La pauvreté en est allégée, et le sommeil en est tout charmé.

« Que de châteaux dans les espaces imaginaires fondés sur un billet de loterie! Et c'est pourtant à ce bandit de Casanova que nous devons, nous autres, les rêveurs, cette fortune inespérée! O grand homme, acceptez un grand merci!

DIDEROT. — Attendez donc... Casanova, je connais ce nom-là! Nous avons ici même un Casanova qui est un peintre de batailles. Il excelle à montrer, sur un demi-carré, tous les égorgements imaginables. On se tue, on se massacre dans les tableaux de mon Casanova.

RAMEAU. — Le mien est le frère du vôtre. Hormis cette invention de la loterie, il n'a jamais rien fait qui vaille. Il vient de Venise; il a déshonoré, je ne parle pas de deux ou trois mille femmes, filles ou veuves de toutes nations, mais il a déshonoré les *plombs* de Venise. Il s'est moqué du Conseil des Dix; il a passé et repassé, vivant, le fameux pont des Soupirs, il s'est baigné dans le canal Orfano; il a mis son poing dans la gueule d'airain, qui n'a pas osé le mordre. Il a vécu comme un masque dans cette ville de carnaval et de courtisanes amoureuses; notre Bastille, à l'aspect de cet échappé de la prison des doges, en a frémi jusqu'en ses fondements.

« Oui-da! toutes nos tours sont en branle au seul nom de Casanova de Seingalt!

« La *Bertaudière*, apprenant que les *plombs* de Venise avaient lâché leur proie, a raconté ses douleurs à la *Bassinière ;* la *Bassinière* s'est jetée dans les bras de la *tour du Coin ;* la *tour du Coin* a pleuré sur la *tour du Puits ;* la *tour de la Conté* est au désespoir ; les *cages de fer* et les *calottes* sont inconsolables. Au nom seul de Casanova, les verrous tremblent, les serrures gémissent, les *rondes* se désolent, les *plates-formes* se voilent la face. En même temps, le *Petit-Châtelet* avertit la *Force*, et la *Force* avertit le *donjon de Vincennes.* Toutes ces murailles chancellent, à l'aspect de ce Casanova qui les narguc. Il est le digne enfant de son père... un sbire! et de sa mère... une fille.

« Il est, plus que moi, sans pudeur et sans honte, et sa vie est tout ce qu'il vous plaira : un adultère immense, de Venise à Rome et de Rome à Paris ; un tas d'aventures incroyables, de passions complaisantes, et de souillures à révolter Saint-Lazare! Il n'est pas de chaumière ou de palais, d'hôtellerie et de couvent, de mansarde et de cathédrale, où cet effronté n'ait porté ses luxures. Il n'a rien respecté, ni la jeunesse, ni le vieil âge ; et la dame et la servante, et l'abbesse et la danseuse, il a tout subjugué. Mais l'étrange vainqueur! Sans beauté, sans grâce et sans mérite, avec le plus merveilleux instinct de vice et de corruption! Il devait être ainsi fait, pour qu'on le reçût chez nous... chez le roi même... à bras ouverts.

« Naturellement, tel qu'il est, j'en ai fait mon ami. Il a, pour vivre, un jeu de cartes ; pour sa réserve, une douzaine de dés pipés ; et, pour fortune, un tapis vert. Certes, nous avons bien des charlatans qui font plus de bruit que cet homme, et c'est une injustice. Il est plus vieux que Cagliostro, il est plus savant que Mesmer, il est plus bête que La Morlière, il est plus endetté que Dodon de Jossan.

« A peine en France, il alla tout droit à Versailles, et des gens qui ne l'avaient jamais connu, Mme de Pompadour, M. le duc de Richelieu, s'arrêtèrent devant cet homme à leur image. Ils se dirent, en le regardant, qu'il appartenait à la grande famille des vicieux, dont la vie est une fête continuelle. Ils regardent le monde entier comme un vaste boudoir, le soleil comme un lustre étincelant dans une salle de banquet; la lune, à leurs yeux de taupe, est à peine une infime clarté dans une alcôve sans mystère. Il reconnut, lui aussi, de son côté, l'ami Casanova, dans M. de Richelieu, le libertin de génie, et qui, volontiers, immolerait la race entière à ses passions d'un jour.

« Bon! se dit-il, voyant la maîtresse royale, celle-là aussi je la connais. Elle appartient à mon sérail; elle a bien vraiment la rose et la mauve à la joue, la fièvre et la caresse aux deux yeux, l'ardeur et la morsure à la lèvre! Oui-da! voici bien ce cou flexible et grêle, ces épaules amaigries et parfumées, ces mains efféminées et lascives, ces pieds mignons et brisés, ce dernier et fatal baiser que donnent les femmes perdues aux monarchies expirantes... » Et voilà comme il se trouva, tout de suite, à l'aise en ce palais souillé, le palais de Versailles! Il y fut vraiment chez lui, dans sa maison; il y rencontra ses vrais amis, aux bras de ses vrais camarades. Il y reconnut son gouffre et sa besace, et sa ruine et sa perte; ses dentelles déchirées, ses fleurs fanées, ses guimpes flottantes, ses passions sans frein, la cendre éteinte et fumante encore de ses méprisables amours.

« Le voilà tel qu'il est, ce digne ami du cardinal de Bernis, à qui nous devons la loterie et le mont-de-piété, l'un aggravant l'autre, et mille jeux de hasard d'une variété infinie. On peut donc le compter parmi les bienfaiteurs de la monarchie; elle lui doit, bon an, mal an, huit ou dix millions, qui s'en vont... où vont toutes choses, et c'est grâce à lui qu'avant six semaines, Rameau, l'échappé de l'hôpital, va posséder, au milieu d'un jardin, une maison, un temple, et, mieux encore, un théâtre à l'usage de la Guimard, ruinée et vieille à cette heure... une honte pour les uns, une horreur pour tous les autres.

« Cet antique débris des publiques débauches en est réduit à vendre, au hasard, ce qu'elle a gagné par hasard. Cette maison de désordre et de comédie, un boudoir doublé de théâtre, appartiendra, non pas sans doute aux pères de famille, aux prévoyants, qui payent d'un honnête argent, bien gagné, une maison bien acquise... Elle appartient au premier venu, sans espérance et sans droit; aux lâches, aux paresseux, à l'impudique, à l'effronté, aux favoris de la roue, au numéro que le destin lui jette à la face. Ainsi, Diderot, ne haussez pas ces lourdes épaules, et croyez-moi, j'ai d'aussi belles chances que Mlle de Livry, la première maîtresse du jeune Arouet! Comme il n'avait pas beaucoup d'argent à lui donner, il prit pour elle, à la loterie des Indes trois billets... Mlle de Livry gagna trois lots qui lui firent trente mille livres de rentes... La Loterie est ma mère, le Hasard est mon père, et je suis leur enfant gâté ! »

Et, de même qu'il m'avait montré le numéro *gagnant*, bien sauvegardé au fond de son portefeuille, il me lut, à haute voix, la pancarte que voici :

LOTERIE
DE LA MAISON DE Mlle GUIMARD

Située à l'entrée de la rue et chaussée d'Antin, dont le tirage se fera publiquement le 1er mai, dans une des salles de l'hôtel des Menus, rue Bergère, en présence d'un officier public.

« *L'accueil favorable que le public a fait à cette loterie, dont la distribution des billets est déjà très-avancée, engage Mlle Guimard à le satisfaire, sur les objets qu'il a paru désirer.*

« *Le point le plus essentiel était la fixation des droits seigneuriaux.*

« *Mlle Guimard, qui, lors de son prospectus, n'avait pas encore pu traiter avec les seigneurs dans la censive desquels est située sa maison, vient de faire avec eux un arrangement d'après lequel l'acquéreur n'aura à payer pour lots et ventes, que la somme de 12,000 livres, et ne sera point gêné pour les payer dans les vingt jours qui font le délai que les seigneurs fixent ordinairement.*

« On a demandé de quelle manière se fera le tirage de cette loterie? Il y aura deux roues, dans l'une desquelles seront 2,500 billets roulés, numérotés depuis un jusques et y compris 2,500; et dans l'autre, 2,500 billets aussi roulés, dont 2,499 blancs; les 2,500 billets de chaque roue seront tous tirés les uns après les autres, quand même le billet gagnant sortirait un des premiers, afin de prouver au public que les 2,500 billets étaient bien dans la roue, et que c'est vraiment la déesse Fortune qui aura désigné le billet gagnant.

« Plusieurs personnes ont craint que cette maison fût à bail emphytéotique, ainsi que la plupart de celles de la Chaussée-d'Antin. Cette maison est en pleine propriété; il n'y a ni bail emphytéotique, ni bail à rente : le terrain n'a pas été acquis de gens de mainmorte; enfin elle n'est chargée que du cens ordinaire.

« Les billets de cette loterie sont de 120 livres, et se distribuent chez Mᵉ Chavet, notaire, rue Saint-Martin, vis-à-vis Saint-Julien-des-Ménétriers; les fonds lui restent en dépôt, non-seulement jusqu'au 1ᵉʳ mai, pour la sûreté des mises, mais encore, jusqu'après le sceau, sans opposition, des lettres de ratification, que le propriétaire du billet gagnant obtiendra dans le délai de quatre mois, sur le contrat de vente que Mˡˡᵉ Guimard lui passera de cette maison et des meubles qui doivent y rester, ainsi qu'elle s'y est soumise par acte passé devant Mᵉ Chavet, notaire, le 22 février.

« Le propriétaire du billet gagnant sera tenu de se

*faire connaître à M*ᵉ *Chavet, notaire, dans les trois mois qui suivront le tirage de la loterie, de lui représenter le billet, et de le déposer en son étude, par acte authentique, après qu'il en aura été fait la vérification; faute par le propriétaire du billet gagnant de se faire connaître dans ce délai, M*ˡˡᵉ *Guimard pourra se faire remettre les fonds de la loterie.*

« *Les personnes qui voudront visiter cette maison pourront s'y présenter les mardi et vendredi de chaque semaine, depuis onze heures du matin jusqu'à cinq heures du soir.* »

RAMEAU. — N'est-ce pas, Diderot, que c'est de l'or en barre, et que ce tirage est beaucoup plus sûr que le tirage de la loterie royale de France, pour le mois passé? Un *quine* est sorti, un *quine*, oiseau rare, un poisson qui n'est pas le poisson de tout le monde... Il fallait payer trois millions, au malheureux ponte... Le ministre a permis qu'on donnât cent mille livres! Mˡˡᵉ Guimard est bien plus honnête que la loterie royale de France. Comme elle explique agréablement sa loterie! Et voyez, pour moi combien de présages heureux! On prend des billets dans la rue des *Ménétriers*... la loterie et sa roue ont élu leur domicile en la grande salle des *Menus-Plaisirs*, dans la même salle où, si souvent, nous avons fait de la musique avec le grand Viotti, avec le baron de Bages, avec Jarnowick, avec La Motte, premier violon de l'Empereur, avec Le Brun, premier hautbois de l'électeur palatin, avec Simon, premier clavecin de la famille royale, avec ce pauvre Guillemin, premier violon du roi. Il avait une pension non payée, il était mon voisin... il s'est pendu, bravement, pour échapper à la misère... Et voilà comment il se fait que j'ai dans ma poche un brin de la corde de pendu. Comptez cependant que, devenu riche, ami Diderot, si je suis insolent et superbe avec tout le monde... avec vous et pour vous, Rameau le riche, au milieu des lâches, des flatteurs et des portemanteaux qui vont se prosterner à ses pieds, sera toujours un ami.

Diderot. — Un homme, un jour, voulut imiter Prométhée, c'est-à-dire faire naître du feu où il n'y en avait pas ; il frotta hardiment l'un contre l'autre deux morceaux de bois très-combustible ; son but était de n'en allumer qu'un, le feu prit malgré lui à tous les deux. — Que fit-il du tison trop prompt à s'allumer ? demanda vivement Zeuxis. — Il le laissa brûler, reprit Socrate ; et ce tison, né combustible, obéit à sa nature qui était de brûler. Sur quoi l'homme en question fut assez sage pour sentir que si les deux tisons brûlaient, ce n'était pas leur faute, et que lui seul avait fait une sottise.

Rameau. — Il y a, comme on dit, *fagots et fagots*. Ce tison donne à peine un brin de fumée, et cet autre est brûlé dans un clin d'œil. Le tison-Guimard peut brûler, le tison-Rameau est à l'épreuve du feu. Mais où donc en voulez-vous venir avec votre apologue ? Avant de mourir, Mme de Pompadour avait fait un *apologue* en chanson. C'était toute une histoire, et l'air en était si doux, que les enfants en ont fait une ronde ! O les cruels ! vous leur chantez un *De profundis!* ils se mettent à danser !... »

Il s'éloigna en chantant cette complainte d'un siècle agonisant, écrite, en ses jours d'abandon, par feu Mme de Pompadour :

> Nous n'irons plus aux bois,
> Les lauriers sont coupés...

CHAPITRE XIII.

LE CENSEUR.

Je le revis plus tôt que je ne pensais, quelques jours avant le fameux jour du tirage, et j'ai cruellement conservé le souvenir de cette date. C'était l'heure où, tous les cinq ans, les membres de l'assemblée du clergé se réunissaient, aux Grands-Augustins, sous l'invocation du Saint-Esprit, pour octroyer à la Couronne un don volontaire, et je n'ignorais pas que la philosophie et les philosophes payaient, ordinairement, tous les frais de cette assemblée du clergé. — « Que me donnerez-vous? disait la Couronne. — Et vous? répondait le clergé. — Vous me donnerez tant de millions, reprenait la Couronne. — On vous les donnera, pour acheter des diamants et des perles aux Aspasies, répondait le clergé ; mais si vous êtes contente, ô Couronne, ma mie, il y a de par le monde une certaine nation de protestants exilés, dépouillés, chassés de France, et qui voudraient bien y rentrer... vous renouvellerez l'édit qui les a chassés! Il y a de par le monde un certain Voltaire, un certain Jean-Jacques Rousseau qui nous gênent, qui nous raillent, qui nous déplaisent... vous exilerez M. de Voltaire, et vous chasserez le citoyen de Genève. — Ainsi soit-il, répondait la Couronne, et, pour deux millions de plus nous enverrons l'*Encyclopédie* à la Bastille... » Et tope là! le clergé octroyait à la Couronne seize millions de don gratuit. Le pape, en même temps, écrivait au fils aîné de l'Église une lettre excitatoire à préserver le royaume de cette inondation pernicieuse. Aussitôt, *avertissement aux fidèles du royaume sur les dangers de l'incrédulité;* — Déclaration du roi, sur la licence effrénée des écrits tendant à attaquer la Religion, *émouvoir* les esprits, etc.; — Enfin *arrêt du Conseil d'État qui évoque les lettres de privilège accordées à l'Encyclopédie;* et (voici le plus beau!) *défense aux censeurs de la censurer à l'avenir!* En même temps, un mandement de l'archevêque Christophe de Beaumont! Un mandement de M. de La Rochefoucauld, grand aumônier de France, archevêque de Bourges, abbé de Cluny, d'Aunay, de Beaulieu, de Saint-Wandrille, un total de cent soixante-sept mille livres de bénéfices! Résistez donc avec une plume aux foudres des six pairs ecclésiastiques! Les évêchés de Laon, Langres, Beauvais, Noyon, Châlons, — et l'archevêque de Paris! et tant de pontifes, tant de ministres du Seigneur, tant de provinces catholiques, apostoliques et romaines!

Province de Narbonne. L'archevêque de Narbonne,

l'évêque de Montpellier, l'abbé Dillon et l'abbé de Grainville.

Province de Toulouse. L'archevêque de Toulouse, l'évêque de Lavaur; les abbés de Saint-Fare (le bâtard de M. le duc d'Orléans) et de Loménie.

Province de Reims. L'archevêque de Reims, l'évêque de Noyon; les abbés Bourlier et d'Esponchès.

Province d'Aix. L'archevêque d'Aix, l'évêque de Fréjus; les abbés de Clugny, de Thenissey et de Messey.

Province de Vienne. L'archevêque de Vienne, l'évêque de Grenoble; les abbés de Sieyès et de Castellar.

Province de Tours. L'évêque de Tours, l'évêque de Saint-Malo; les abbés de Bove et de Grand-Clos-Meslé.

Encore, si c'étaient là tous nos ennemis? Mais que de provinces, ô ciel! avec lesquelles il faut combattre! Arles, Bordeaux, Auch, Embrun, Bourges, Sens, Rouen, Alby, Lyon, Paris enfin, tout l'archevêché, tout Saint-Sulpice! Evêques, archevêques, abbés! Evêques de La Rochelle, d'Orléans, de Grasse, de Limoges, de Troyes et d'Évreux, de Valence et de Rodez, de Langres et de Dijon; abbés d'Andresel, d'Erman, de Montpeyroux, de Pontevez, de Myre-Moir, de Barral et de Chambertrand, de Bintinage et de Luillier-Rouvenal, d'Austrade et de Montar, autant d'ennemis, autant d'inquisiteurs, de déclamateurs, de persécuteurs!

Voilà donc tout ce grand clergé de France à nos

trousses. Hélas! nous avions justement, tout prêts à paraître, avec l'assentiment tacite du ministre, les six derniers tomes de l'*Encyclopédie*... Ordre arriva, soudain, à l'heure où s'assemblaient nosseigneurs du clergé, de tout suspendre et de tout arrêter. J'étais ruiné, de ce coup-là!... Six volumes in-folio de sept cents pages à chaque tome (avec les planches, ils ont arrêté même les planches!), qui représentaient la fin de ma tâche et le repos de mes derniers jours, arrêtés, déchirés, supprimés, anéantis! Et dans l'Europe entière, un livre incomplet, perdu, dépouillé de tout prestige! Ah! le coup était rude, et cette fois je me sentis faiblir!...

Soudain, je vais au ministère, et je trouve une porte implacable. J'en appelle à Voltaire : il me répond qu'il a préparé ma chambre à Ferney. Le chancelier, le duc de La Vrillière, le duc d'Aiguillon sont invisibles. On m'adresse enfin à M. Bourget de Boynes, le chef de la censure, un des plus cruels tyrans de la librairie, et le directeur de l'opinion publique. Je ne l'avais pas revu, depuis qu'il avait cessé d'être un philosophe! Où le trouver, d'ailleurs, et comment le fléchir?

« Moi, je le connais, me dit Rameau, ce M. de Boynes. Il est un peu musicien; je l'ai vu, un jour, dans une excellente attitude : il pleurait en écoutant un jeune Allemand nommé Mozart, un enfant de génie. On l'avait adressé, du fond de l'Allemagne, à M. le baron de Grimm, et M. le baron de Grimm avait, économiquement, logé le petit Mozart dans une pièce où Mme d'Épinay renfermait ses vieilles hardes. Il dormait, le pauvre enfant ! sur ces robes fanées, sur ces jupons froissés, dans cette odieuse vapeur d'ambre et de musc moisis ; il dormait dans ce berceau souillé, ce doux génie, et le baron de Grimm et Mme d'Epinay lui faisaient payer cher cette hospitalité chétive. Ainsi, Diderot, ce M. de Boynes, tout traître et tout commis qu'il peut être, est une espèce de galant homme en son genre ; il sait qui vous êtes, il écoutera M. Diderot. Allons chez lui ; ce ne sera pas la première fois qu'un fou aura protégé la sagesse. Ô Platon ! »

Ainsi parla Rameau. J'étais si désolé, si malheureux, que je suivis ce guide étrange. Il allait souvent chez mon juge suprême ! M. de Boynes habitait, dans la maison de M. le lieutenant général de police, un vaste appartement, sous les combles. Pour arriver à son cabinet, il fallait traverser une longue suite de vastes pièces, toutes remplies de *papiers imprimés, livres et journaux, histoires, pamphlets, mercures, poëmes, tragédies ;* il y avait même des *oraisons funèbres !* Le Panthéon romain n'est pas composé de plus de ruines que ce dépôt des livres prohibés ! Il y avait, dans le tas, même la grammaire, et le dictionnaire, et même la Bible... Enfin, nouvellement arrivés dans l'antre du cyclope, et non coupés, résignés, vaincus, attendant l'oubli définitif, les voici, je les reconnais, voici les six derniers tomes de mon *Encyclopédie...* Ah ! que j'eus pitié de moi-même ! Et que je me sentis un citoyen déshonoré, un misérable écrivain, en présence de ce préposé à l'opinion publique, de cet homme absolu dans ses volontés, plein de sa fantaisie et de son importance! Un malheureux sans principe et sans pitié, dont un regard, un sourire, un pli des lèvres pouvaient absolument me perdre... ou me sauver!

Quelle torture!... écrire avec de pareilles conditions! Courber la tête et passer sous un pareil joug! Entrer dans le cabinet du censeur, comme un chrétien dans Saint-Pierre de Rome, et, silencieux, trembler de dire à ce juge infaillible, un mot de moins, un mot de trop!...

Voilà pourtant toute ma vie. Un parricide, un meurtrier, un calomniateur, un traître à l'honneur, à l'honnêteté, n'eût pas subi les tortures qu'il m'a fallu supporter, en trente années de cette galère! Et notez que j'étais plus humilié et plus tremblant que si j'eusse été un régicide!... A peine si mon juge me rendit mon salut; toute son attention se porta sur son ami Rameau.

« Quoi de nouveau? lui dit-il; vous devez être content de moi, je vous ai rendu les *Courtisanes* de Palissot; j'ai approuvé le *Wenceslas* revu par Marmontel; c'est à moi que vous devez le dernier livret du chevalier de Chastellux, et le *Traité de la Tolérance*? Vous le voyez, je suis, à tout prendre, un ami des lettres et des lettrés; et puis, on fait ce qu'on peut! J'ai autorisé, pas plus tard qu'hier, la *Gabrielle de Vergy* de M. de Belloy, et la satire de l'ingrat Colardeau contre Mlle Verrières, sa bienfaitrice. Encore un peu de patience, monsieur Rameau, vous aurez, je vous le promets, les Mémoires de *la petite comtesse...* Êtes-vous content?

Rameau. — J'espère bien que « la petite comtesse » n'oubliera pas son accident d'hier.

M. de Boynes. — De quel accident voulez-vous parler, mon cher ami ?

Amours, rassurez-vous; Grâces, soyez contentes!

Rameau. — Hier, comme la petite comtesse allait en visite on ne sait où, son carrosse a versé au coin de la borne qui la vit naître, et le peuple déjà s'attroupait. Mgr l'évêque de Tarbes passe en *ces lieux;* il voit un carrosse à demi couché, des laquais éperdus, des chevaux qui se défendent... que fait Monseigneur ? Il saute hors de sa berline, et, d'une main tremblante... et vacillante, il ouvre hardiment la portière. Il en tire une dame en grand habit, comme on en porte à Versailles. Autant le carrosse était magnifique, autant la robe était élégante et sentait sa bonne compagnie. — Ah ! Monseigneur, dit la dame avec un beau sourire, vous avez tiré des abîmes trois pécheresses, moi d'abord, mes deux filles ensuite. » Celle-là sur ses pieds, Monseigneur tend la main à une jeune demoiselle de seize à dix-huit ans, jolie, éveillée et follette. Elle avait l'éventail à la main, des fleurs à la tête, à ses pieds les deux plus jolies petites mules qui aient jamais été brodées par la main des fées complaisantes; un brin de rouge à la joue, et trois ou quatre petites mouches, dispersées avec choix sur ce petit chiffon de visage. Une main habile avait retranché la moitié des sourcils pour obéir à la mode. La demoiselle était en paniers, de médiocre étendue, et nulle gêne, et rien d'étonné, beaucoup de gentillesse et d'enjouement.

« L'autre demoiselle était faite de même sorte ; il y avait cependant une différence entre les deux sœurs : celle-là était plus richement parée, et un peu plus fière aussi. Elle portait un habit gris de perle, un jupon céladon, et des souliers brodés de jais avec des boucles de topaze de Bohême, et sur la tête une aigrette de rubis. Celle-là, semblable à Junon dédaigneuse, attendait et ne disait mot ; l'autre, au contraire, en vraie fille de l'onde amère échappée à l'écume, était toute bienveillance et tout sourire. Et pendant que la dame et sa fille aînée accommodaient de leur mieux leur robe un peu fripée, elle racontait à Monseigneur que cette dame était leur mère. « Et, disait Monseigneur, madame habite... — Un hôtel à porte cochère, Monseigneur. Nous avons sous notre vestibule un suisse en baudrier et à moustaches ; nous recevons, chaque soir, la meilleure compagnie ; on dîne chez nous à six heures. Nous sommes servies en vaisselle plate, par des valets à notre livrée, et je m'étonne un peu que nous ne vous ayons pas encore vu, Monseigneur. »

« Bon ! des femmes comme il faut, » se dit l'évêque, et voilà qu'il se félicite en son par-dedans d'avoir rencontré à point cette dame et ses demoiselles. Cependant, comme on relevait le carrosse embourbé, c'était à qui, parmi les passants mal élevés, regarderait ces dames de plus près, à qui les reconnaîtrait au plus vite, et chacun de rire. »

Moi, alors, prenant la parole, et coupant leur rire, à ces messieurs : — Aussi vrai qu'on m'appelle Diderot (leur dis-je), il n'y avait pas de quoi rire, et ce que vous dites-là, Rameau, fait l'éloge de ce digne évêque. On en trouverait bien peu, chez nosseigneurs de l'assemblée du clergé, qui n'eussent pas reconnu *la petite comtesse* et ses deux demoiselles, à leur premier coup d'œil. Et maintenant (me tournant vers M. de Boynes), monsieur le directeur, à nous deux, s'il vous plaît. N'abusez pas de ma patience, et n'oubliez pas que le temps est toute la fortune du pauvre... Otez-lui deux heures vous lui retranchez son dîner. Je sais bien que M. Rameau vous amuse, et que vous préférez ses anecdotes à ce que je vais vous dire. Il faut cependant que vous m'écoutiez. Donc, monsieur, répondez-moi franchement : me rendrez-vous les six tomes que voilà ?

M. DE BOYNES. — Je ne puis pas vous les rendre, monsieur Diderot ; ils ont déjà pris le chemin de la Bastille.

DIDEROT. — Et s'il vous plaît, monsieur, pourquoi donc les embastiller ? Tous les censeurs y ont passé, et nous avons leur *permis d'imprimer?*

M. DE BOYNES. — Parce qu'au-dessus des censeurs, monsieur Diderot, il y a la censure, il y a l'archevêque et le parlement ; le roi au sommet !

DIDEROT. — Tenez, monsieur, j'ai honte de mon attitude, et je n'aime pas à balbutier : Monsieur, vous êtes un lâche, et je ne serai pas votre jouet plus longtemps ; vous entendrez, cette fois, la voix sévère d'un honnête homme, la voix d'un citoyen, fidèle à son maître, obéissant aux lois de son pays, plein de respect pour le magistrat, et ne redoutant que le caprice des subalternes ; il n'y a rien vraiment de plus triste et de plus honteux que votre conduite envers moi. Quoi donc ! d'un trait de plume, et sans m'entendre, uniquement pour obéir à des ordres que vous n'osez pas discuter, vous me ruinez ; vous m'ôtez les dernières années de ma vie, et mes derniers jours de repos ! Vous et les vôtres, vous êtes des misérables sans entrailles ; vous ne croyez à rien qu'à la force, et si, par hasard, vous rencontrez sur vos grèves quelque pierre abrupte et peu semblable au galet qui les couvre : Ah ! dites-vous, tout est perdu ! Alors, dans une burlesque parade, ignorants et poltrons, vous brisez la pierre d'achoppement... Je suis la pierre et je suis l'angle.

Il y a trente ans que je travaille à bâtir un édifice, un temple en l'honneur de la philosophie, honorant tout le travail du genre humain ! Depuis trente ans je suis à l'œuvre, étudiant et décrivant toute chose, apprenant tous les métiers, racontant tous les beaux-arts. Artiste, artisan, grammairien, philosophe, orateur autant que je puis l'être, et toute mon âme, et toute ma vie et tout mon esprit, je les ai jetés dans ces tristes feuillets que vous foulez aux pieds.

Autour de moi, grâce à moi, par moi, se sont faites de grandes fortunes : je n'en ai rien gardé... à peine dix pistoles tous les trente jours, qui représentent le pain de ma famille. J'ai donc travaillé pour être utile, uniquement. Quand par hasard j'avais une heure de loisir, pour me reposer de tant de peines, j'écrivais des drames remplis de larmes ; je m'adressais aux plus nobles passions, aux plus grands malheurs ; j'écrivais vite... hélas ! je n'avais pas le temps d'être un écrivain, rare, exquis, parfait. C'est pourquoi, bon à tant de choses, je n'excelle en rien ; je suis emphatique et non pas éloquent ; on m'écoute et l'on m'oublie, et l'on suit son chemin. La hâte et la pauvreté, mes deux muses, mes mères nourrices ! J'ai quelque renommée et nulle autorité ; je suis au rang des moralistes, on ne me placera jamais parmi les sages. Et pour tant de constance et de travaux, quelle récompense ? Aucune. Votre *petite comtesse*, et vous en convenez vous-même, la Gourdan, naguère condamnée à traverser la ville à califourchon sur un âne, avec le bourreau pour écuyer, la Gourdan, graciée et remise en honneur, publiera demain, grâce à vous, et les publiera librement, les mémoires de sa profession, et son calendrier de nuit... Moi, si je l'eusse demandé, on ne m'eût pas permis de réhabiliter Sénèque ! Si par hasard mon nom est prononcé pour l'Académie, haro sur mon nom ! honte à mon œuvre ! et jamais, quoi qu'il arrive, il ne me sera permis de m'asseoir sur les fauteuils de ces grands génies, l'honneur des lettres françaises : Bardin, Porchères, Faret, Colomby, Baudouin, Montereuil, Serizay, Baro, Laugier, Colletet, Boissat, Silhon, Hay, Giry, Priézac, Basin, Salomon, Balesdens, Esprit, Doujat, Cassagne, Charpentier,

Tallemant, Le Clerc, de Lavau, Bergeret, Boyer, Perrault, Testu, Mallet, Abeille, Scudéry, Cotin, Chapelain, La Chapelle, Adam, Saint-Amant, Roquette, Rose, le maréchal de Duras, La Loubère et le duc de Richelieu! membres de l'Académie française, et tous simplement immortels.

Non! non! ces ombres, ces fantômes ne voudraient pas de ce turbulent Diderot pour leur collègue!... En revanche, un espionnage énorme, une délation de toutes les heures, une insulte de tous les jours. Fréron qui m'appelle un brigand, La Harpe qui m'appelle un lâche, un athée! On traite un peu mieux Gervaise, le fameux auteur du *Portier des Chartreux*. Au moins, à nous autres philosophes, à nos livres persécutés, on avait laissé comme asile les galeries du palais de Monsieur, le seuil du prince de Conti, les murailles de Mgr le duc d'Orléans... voici maintenant qu'on nous les ferme. Il n'y a plus de droit d'asile pour les livres, plus de protection pour l'écrivain. Nous appartenons corps et âme à M. Brice, lieutenant criminel de robe courte, à M. Fenot, lieutenant de police de la ville, à M. Desbrugnières, inspecteur de police, à tous les espions, à tous les délateurs.

La nuit, le jour, à toute heure, on entre avec fracas dans nos maisons, pour tout voir, pour tout prendre et pour tout fouiller. Nul répit, nul respect, pas de pitié pour nos femmes, pour nos enfants, pour nos serviteurs, qui déjà nous pleurent, et nous voient ensevelis dans les cachots. Que voulez-vous! Nous sommes des philosophes, des ennemis du repos public et presque des assassins! Voilà pourtant les conditions que vous nous faites, les lois que vous nous imposez, les misères qu'il nous faut subir! Et la peine est d'autant plus grande en ceci, que nous sommes surtout dénoncés par des écrivains sans talent et sans honneur, qui marchaient naguère avec nous.

Vous, par exemple, oui, vous-même, monsieur le protecteur d'une société qu'on n'attaque pas, défenseur d'un roi qu'on respecte, boulevard d'un Dieu qui pardonne... il me semble que vous étiez autrefois un encyclopédiste, et qu'en cherchant bien, dans les premiers tomes de l'*Encyclopédie*, on trouverait certaines pages signées de vous, et corrigées par moi, Diderot, par moi, votre accusé, parce qu'elles étaient trop dangereuses. Et voilà pourtant tes gouverneurs et tes maîtres, ô France, heureux séjour de la gaieté, du génie et des belles grâces! Sol fécond, doux climat, bons cœurs! O Français! les maîtres de tant de choses, sans égaux dans l'art de plaire, inimitables dans l'exercice de tous les arts... pas un de vous, pour peu qu'il tienne une plume honorable, n'est sûr de coucher dans son lit, et d'échapper aux mains brutales des mouchards et des censeurs, pendant que la Clairon est conduite au For-l'Evêque en grand triomphe par la propre femme de l'intendant de Paris, qui la fait asseoir sur ses genoux, et qui fait de cette prison méritée un hôtel splendide! »

C'est ainsi que je parlai... mieux, peut-être. — Avec un sourire qui ne disait rien de bon, M. de Boynes écoutait ma philippique.

« Monsieur Diderot, me dit-il, vous prêchez un converti : je vous trouve, et je vous reconnais un très-galant homme, un esprit fécond, une âme courageuse, un dévouement sans bornes, un travailleur acharné. Je sais, aussi bien que vous, quel livre est l'*Encyclopédie* et quels services elle a rendus ; mais elle a des ennemis, vous le savez, et j'obéis aux ordres que j'ai reçus. Rappelez-vous M. Bret, le censeur de *Bélisaire!* Il y a six mois, le lieutenant général de police l'a rayé du tableau.

DIDEROT. — Et savez-vous, monsieur, ce que M. Bret a répondu ? « Monsieur le lieutenant général, je suis cassé, c'est un malheur, ce n'est pas une honte. » Il revint paisiblement aux travaux qu'il avait quittés. »

Mais j'avais beau dire et me fâcher, je voyais, sur la figure inintelligente de cet homme obstiné à mal faire, que l'*Encyclopédie* était perdue, et que c'était un parti pris, désormais, de la laisser pourrir au grand pourrissoir de la Bastille. Il avait ses ordres, il tenait à sa place, il voulait plaire *à ses chefs!* à ses chefs... qui se cachaient dans l'ombre ! — « Allons, dis-je à Rameau, sortons d'ici. Mais que deviendrais-je en ce moment, si je n'avais pas vendu mes livres à S. M. l'impératrice de toutes les Russies, et si la princesse de Galitzin, honteuse pour la France de ma pauvreté, ne m'avait pas fait payer trente ans à l'avance de ma pension ? Où donc et comment vivrais-je aujourd'hui ? J'en serais réduit peut-être à faire l'éloge de M. de Saint-Florentin, devenu duc de La Vrillière, à écrire une ode au sujet de l'érection de sa terre de Châteauroux-sur-Loire en duché héréditaire ; ou bien je solliciterais une pension sur la cassette de la favorite, une cassette remplie de larmes, de honte et de douleur... »

Ayant ainsi parlé, je me levais et je prenais congé de cet homme effaré, qui ne savait que répondre... Un huissier de son cabinet lui remit sur ces entrefaites une dépêche de ce même duc de La Vrillière, dont cette dépêche portait les armes. Notre censeur royal ouvrit ce papier d'État avec un geste plein de componction ; mais comme il était presbyte, et que ses yeux fatigués avaient besoin de lointain, il s'approcha de la fenêtre, il lut lentement la lettre, et, changeant soudain de langage et de contenance : « Allons, remettez-vous, monsieur Diderot, ceci n'était qu'une épreuve ! On se rend à toutes vos volontés. Vos six volumes vous seront remis aujourd'hui même, et voici l'ordre que j'en donne à M. Desgranges, intendant de la Bastille. Ainsi, désormais, l'*Encyclopédie* est achevée, elle est complète, et plus d'entraves. Ménagez seulement M. le duc de La Vrillière, et moi, s'il vous plaît, par-dessus le marché. » En même temps, il me remettait l'ordre écrit, de sa main, à M. Desgranges, de relaxer mes six derniers tomes, et m'accompagnant tête nue jusque sur l'escalier de cette caverne où la main d'un malheureux avait écrit en grosses lettres : *Bureau de la traite des innocents !* il me fit un dernier salut, et je me retrouvai dans la rue avec mon fidèle Achate. Il me suivait d'un air attristé qui me frappa presque autant qu'une certaine pointe d'ironie au sourire de M. de Boynes.

J'allais donc triste et content, ma délivrance à la main. Certes, je devais m'estimer un homme heureux de cette dernière victoire. A la fin je touchais au rivage : *Italiam! Italiam!* Cependant j'avais encore un doute... un changement si subit me donnait à réfléchir. Je ne pouvais pas croire à ma délivrance et je cherchais le secret de cette révolution qui nous tirait de l'abîme, et moi et mes œuvres. Si grande était ma préoccupation, que j'entrai, sans trop savoir où j'allais, dans le cloître enchanté de Saint-Benoît, tout rempli d'ombre et de silence. En ce moment, les bons pères bénédictins étaient occupés, les uns à psalmodier les psaumes dans la petite église de Saint-Benoît *le mal tourné*, les autres travaillaient à relever les débris du moyen âge : il y en avait plus d'un tiers qui faisaient la sieste, à la façon des bénédictins d'Italie. Oppressé que j'étais par tant d'émotions contraires, et mon cœur palpitant à se rompre, je m'assis sur un banc, en dehors du cloître hospitalier; Rameau, sur l'autre banc, me regardait avec une pitié que je n'avais jamais lue en son regard cynique. A la fin, quand il vit que je me taisais, il prit la parole :

« Est-ce vrai, frère Platon, me dit-il, que vous teniez à ce point-là aux choses que vous avez écrites, et que la prison vous semblât préférable à la perte de ces six tomes de l'*Encyclopédie?* — Oui, lui dis-je; il faudrait être un malheureux du dernier étage pour ne pas tenir, plus qu'on ne tient à sa vie, à l'honneur de sa parole, écrite ou parlée. Un véritable écrivain, tel que je suis, ne consentirait à aucun prix à la plus légère mutilation de sa pensée, et je suis si constant avec moi-même, et je ressens si profondément l'orgueil du philosophe et la haine des persécutions injustes, que si j'eusse vécu sous Néron, et que l'on m'eût traîné, en qualité de chrétien, dans l'amphithéâtre en disant : « Abjure, ou sois déchiré par les tigres! » je me serais conduit comme un martyr; sous la dent des bêtes fauves, j'aurais montré au tyran de Rome une âme au-dessus de ses insultes, un visage indigné de sa tyrannie. Ainsi, moi sceptique, aurais-je fait ce que n'eût pas fait sans doute Rameau chrétien.

RAMEAU. — Voilà, certes, des choses que je ne comprends guère : j'ai beaucoup écrit dans ma vie, et je ne donnerais pas ça... de toutes mes fariboles. Que vous importe, après tout, Diderot, ce gros livre auquel tant de gens s'abonnent, et que si peu de gens ont ouvert? Vous y avez apporté tous vos soins, vous y avez travaillé la nuit et le jour : c'est très-bien fait, votre esprit doit être en repos, le reste est indépendant de votre volonté. Mais, encore une fois, je ne comprends pas que vous, un sage, un esprit, vous teniez à vos écritures, comme si vous étiez La Harpe, ou l'abbé de Voisenon?

DIDEROT. — Tant pis pour vous, Rameau, si vous ne comprenez pas. Mais, à vous entendre, on dirait que vous savez le mystère de mon censeur, apaisé si vite, et que vous avez peur de me le dire?

RAMEAU. — Au fait, je pourrais vous tirer de

peine, mais je ne sais comment il se fait que je crains de vous fâcher.

Diderot. — Vous avez lu, convenez-en, la lettre adressée à ce vil esclave!... Il y avait, dans cette lettre, un crime, une infamie, infâme à ce point que vous n'osez pas me la raconter !

Rameau. — Voyez-vous d'ici, dans leur bibliothèque, ces savants pères qui consultent les anciennes chroniques et les *Gesta Dei per Francos*? En leur qualité de croyants, ils croient à l'histoire... Est-ce que vous y croyez, Diderot?

Diderot. — Laissez-moi, Rameau, pas de détours... je voudrais savoir ce que contenait la lettre, et tout le reste en ce moment m'est égal.

Rameau. — C'est que, moi, je ne crois pas à l'histoire, et si loin va ma défiance, que je n'en crois pas mes propres yeux. Il y avait, au siècle passé, dans la Tour de Londres, un historien nommé sir Walter Raleigh, qui attendait patiemment sa délivrance, et qui ne sortit de sa prison que pour être décapité. Un jour qu'il prenait l'air à la fenêtre de son cachot, en rêvant aux devoirs de l'historien, aux respects de la vérité, soudain son attention fut attirée par un grand tumulte, et voici ce qu'il vit dans la cour même de sa prison : un officier, frappé par un citoyen, tirait son épée et la passait au travers du corps de celui qui l'avait frappé ; celui-ci cependant ne tomba qu'après avoir renversé, d'un coup de bâton, son adversaire. Aussitôt la garde arrive : elle emporte l'officier à demi mort, pendant que de l'autre côté on emportait l'homme tué d'un coup d'épée. Il avait vu tout cela, l'historien, vu de ses yeux, ce qui s'appelle vu; le lendemain, il raconta toute la scène, et telle qu'il l'avait vue, à un sien ami qui le visitait dans sa prison.

Alors l'ami de sourire. « Oh! dit-il, voilà ce qui s'appelle un historien bien renseigné! Cet officier n'est pas un officier, c'est un domestique en livrée; il n'a pas tiré son épée, au contraire, c'est l'autre homme qui l'a tirée, et qui la lui a passée au travers du corps. Enfin un spectateur, dans la foule, avait frappé le meurtrier d'un coup de bâton, et l'avait jeté par terre. » Ainsi l'historien s'était trompé, lui, témoin oculaire, et, quand il fut revenu de sa surprise, il écrivit en tête de son *histoire :* « Ami lecteur, quand je viens à songer que je me suis trompé de point en point sur un événement que je croyais avoir vu moi-même, j'en tire cette conclusion : Il n'y a pas d'histoire, elle est impossible, et je vais sacrifier mon livre à la vérité! » Alors il brûla son livre, qui représentait le travail de toute sa vie, et il se consola en se disant que tous les crimes et toutes les tyrannies qu'il avait racontés étaient peut-être autant de mensonges auxquels il ne croyait plus.

DIDEROT. — Mais la lettre, Rameau? la lettre? Encore une fois, la lettre?

RAMEAU. — Autant que j'en puis juger par moi-même, et que, moi aussi, je puis ajouter foi à ce qu'ont vu mes pauvres yeux, il y avait, dans la dépêche du duc de La Vrillière : « Ordre de remettre à

M. Diderot les six derniers tomes de l'*Encyclopédie,* »
avec cette note authentique : « Ils n'offrent plus aucune espèce de danger, le libraire de l'*Encyclopédie*
ayant eu soin d'en faire disparaître lui-même tout ce
qui pouvait déplaire à nosseigneurs du clergé et du
parlement. »

Diderot. — Il y avait cela, Rameau?

Rameau. Rien de plus. Mais comme vous voilà
pâle et défait! »

Ah! malheureux que j'étais! Je chancelai comme
un homme ivre; il me semblait que mon crâne allait
se rompre, et mon cœur se briser. Malheureux Diderot! Malheureux que je suis! l'abîme à la fin s'ouvrait
sous mes pas! Frappé d'un coup de foudre à cette
nouvelle horrible, à ce genre inconnu de violence et
de trahison, je me mis à fondre en larmes... et je pris
la fuite en pleurant.

18.

CHAPITRE XIV.

LE NUMÉRO GAGNANT.

Hélas! rien n'était plus vrai! Dans mon ardeur à couronner le monument, j'avais négligé de m'assurer, par mes yeux, à chaque nouveau tome de l'*Encyclopédie*, si mon livre était imprimé, mot pour mot, comme il était écrit, et je m'étais fié plus qu'il n'eût fallu à l'honneur de cet ignoble M. Le Breton, premier imprimeur ordinaire du roi. Le Breton! Briançon! deux assommeurs! Par surcroît de trahison, Le Breton s'était fait nommer syndic de la librairie; il avait fait alliance offensive et défensive avec ses plus grands ennemis, l'exempt Dupuy, l'exempt Du Jonquay. Il avait donné sa fille en mariage au fils du valet de chambre de M. Pasquier, le terrible rapporteur du chevalier de La Barre et du sieur de Lally! Il avait souvent à souper l'abbé Auber, ennemi des philosophes dans les Petites Affiches de Paris, et plusieurs jésuites de robe courte, derniers débris d'une société qui n'a jamais pardonné à l'*Encyclopédie* de s'être passée de son concours. Voilà pourtant dans quelles mains insolentes nous étions tombés ; la main d'un traître et d'un sot, incapable de comprendre un mot de l'*Almanach royal* qu'il imprimait chaque année... Et ce misérable, à l'affût dans la forêt dont il était le gardien, coupait, tranchait, retranchait, mutilait, pillait, égorgeait sans pitié, sans goût, comme un boucher, comme un voleur, comme un coquin de bas étage... Abraham Chaumeix, Mgr de Mirepoix, l'abbé Desfontaines, Nonotte et Patouillet, Garasse et Gozé, toute la Sorbonne et tout le Parlement n'avaient pas causé tant de dommages.

Ah! le misérable! Il sera ma dernière pensée! Il s'est fait mon dernier persécuteur! Il me disait les amitiés les plus tendres : que j'étais un grand homme, un vrai courage, un esprit généreux ; qu'il était prêt à mourir avec moi pour la liberté de conscience ; il m'encourageait dans ces derniers efforts, sous lesquels je succombais, disant que je ne devais pas mourir avant mon œuvre accomplie. Ainsi, pendant six années de mensonges et de trahisons, il endormit ma vigilance, et lui, me voyant acharné à me tirer du supplice où j'étais depuis vingt ans, il profitait du silence et de la solitude abominable de ses nuits meurtrières, pour massacrer lâchement la pensée et le travail d'honnêtes gens qui lui consacraient, pour rien, leurs talents et leurs veilles. Que dis-je, ô ciel! pour rien? ils rêvaient, ces braves esprits, d'instruire à leurs dépens une nation ignorante ; ils se disaient que, dans ce silence absolu de toutes les libertés de la parole, ils auraient du moins la gloire et l'honneur de faire entendre au peuple étonné le vrai langage.

O misère! ah! vanité! fausse espérance! Ils ne comptaient pas, Saint-Lambert, Turgot, d'Holbach, Francœuil, Raynal, Mably, Saint-Lambert, Helvétius, Duclos, de Jaucourt, Rousseau, Voltaire, associés à la même œuvre; ils ne comptaient pas que leur propre éditeur, le libraire usufruitier de leurs talents, de leur courage, était leur implacable ennemi!

Le misérable! de son autorité privée, il avait effacé toute justice; il avait rayé tout ce qui sentait son libre esprit. Non-seulement il retranchait sans pitié, sans vergogne et sans respect nos sentiments, nos passions, nos colères, nos indignations, nos espérances, nos menaces et nos vertus, mais encore il ajoutait à nos labeurs de véritables opinions de plat valet, de quoi traîner nous et nos livres en toutes les hontes de l'avenir.

Ah! pauvre *Encyclopédie expurgée,* une *Encyclopédie ad usum Delphini,* exposée à tant d'orages et de tempêtes! à tant de menaces et de vengeances! comme il t'avait mutilée à plaisir, ce libraire odieux! Comme il t'avait châtrée, dépecée et mise en lambeaux! Voilà donc le résultat de tant de travail et de résolution, de dépenses et de dangers! Voilà donc pour quelle récompense nous nous donnions tant de peine à rapporter toute la connaissance humaine aux principales facultés de l'entendement! Pourquoi avec tant d'ordre et de zèle nous rangions tous les faits sous la mémoire, et toutes les sciences sous la raison, soumettant à l'imagination tous les beaux-arts, à nos besoins tous les arts mécaniques! O labeur stérile! et maintenant, voilez-vous la face, instituteurs des nations! A quoi bon, désormais, dans ce monument souillé par des harpies, ces maîtres d'histoire et ces maîtres de raison?

Le Breton, notre *éditeur* (un mot qui veut dire : mettre en lumière), les décapite à la façon de Tarquin le Superbe; il fait peser son joug furieux sur les physiciens, les naturalistes, les médecins, les astronomes, les géomètres. Il arrache au moraliste sa morale, et sa loi au jurisconsulte; il met un bâillon au politique. La *robe,* il la déchire; et l'épée, il la brise. Il jette à tout ce qui brille un voile, à tout ce qui s'élève une platitude, à tout ce qui chante une sourdine, à à tout ce qui raisonne une ineptie. Hélas! dans huit jours, que dira Voltaire en se voyant mutilé par un pareil drôle? Ainsi je me lamentais, et quand je revis ce Le Breton de malheur, quand je lui démontrai qu'ils étaient déshonorés, lui et son livre... il me répondit par un sourire! Il était si content de lui-même! Il était riche! Il avait empoché l'argent de l'*Encyclopédie,* il avait contenté M. le lieutenant général de police, il avait évité tous les dangers, il m'avait payé mes douze cents livres : donc il ne savait pas ce que je voulais lui dire. Au reste, il était résolu à me payer exactement ma pension de douze cents livres; donc vous, lui et moi, nous étions quittes; et maintenant, il cherchait à acheter quelque terre, à clocher dont il fût le seigneur. C'était encore et ce sera toujours l'histoire de l'abeille et des moutons de Virgile, le *sic vos non vobis :*

> Ceux qui prennent le moins de peine
> Sont, disait-il, les mieux payés :
> Si les moutons portent la laine,
> C'est pour faire nos draps rayés.
>
> Le bœuf qui tire la charrue
> N'a pas le fruit de son tourment :
> Tandis qu'il travaille et qu'il sue,
> Son maître mange le froment.
>
> L'abeille, à son travail fidèle,
> Forme son miel du suc des fleurs :
> Tout le travail en est pour elle,
> Un autre en goûte les douceurs.

Ah! mon Dieu! mon Dieu! Je n'ai jamais eu plus de peine en toute ma vie. Il me semblait que la honte était écrite sur mon front, et que chaque regard des passants pesait sur moi, plein de mépris et de haine, comme si j'eusse été quelque adjudicataire des vivres, un fournisseur de l'armée, un fermier des hôpitaux! Dans ce désastre, et ne sachant à qui conter ma peine, j'allai voir d'Alembert. D'Alembert se mourait. On l'avait tiré de son lit, non sans peine! Il se chauffait au soleil, que son regard lassé avait peine à contempler. Au premier mot que je lui touchai de cette aventure, il se sentit rougir, mais ce fut l'indignation d'un instant, et tout de suite il revint à sa langueur habituelle. Hélas! le malheureux philosophe, il se mourait en silence, écrasé par d'invisibles et brûlantes passions. La jalousie ardente et la plus insensée avait brisé les ressorts de sa vie. Il aimait, de toutes les forces de son âme, une fille abominable et sans cœur, une enfant de l'amour, élevée entre Mme Geoffrin et Voisenon, abbé du Jars, au milieu de la contemplation de tous les vices, de tous les crimes et de toutes les folies. Pas un homme, en ces heures où tout finissait pour les hommes de notre génération, plus que d'Alembert, n'était devenu vieux avant l'heure, avec tant de chagrin de vieillir, tant d'ennuis, tant de vapeurs! En si peu de jours, il n'était plus qu'une ombre!

Ah! mémoire éteinte et muscles endormis! Il parle, à peine on l'entend parler!... Il médite, il se trouble! Il écrit, il oublie! Il est rassasié de la vie autant que M. Collé le chansonnier, quand il eut brisé son verre et déchiré le dernier falbala de sa danseuse en mal d'enfant.

Au reste, d'Alembert n'était pas seul; il y avait près de lui M. Colardeau, tout occupé à mettre en comédie *la Courtisane amoureuse* de La Fontaine; il y avait l'abbé Baurel de Vauxelles, docteur de la maison de Sorbonne et chanoine de l'église de Sens, qui venait d'écrire, selon l'usage académique, pour la chapelle du Louvre, un panégyrique de saint Louis. Il demandait un texte à d'Alembert, et celui-ci, un instant réveillé, lui donna cette parole du prophète : « *Prin-*

ceps quæ sunt principe digna cogitabit : le prince aura des pensées dignes d'un prince. » Il y avait aussi le marquis de Louvois, aussi goutteux que M. Pitt, ratatiné, replié sur lui-même, et toujours insolent et superbe. D'Arnaud-Baculard, conseiller d'ambassade et mendiant de profession, attendait qu'on lui donnât un écu, pour sa visite. Sur un des siéges du jardin, garni d'un coussin en velours, était assise, et belle encore, Mme la comtesse de Bussy, très-galante et très-parée ; elle avait à consulter d'Alembert sur une élégie de sa façon, qu'elle adressait à Boucher, peintre du roi. Elle avait été le plus beau modèle et le plus ressemblant de Boucher, qui s'était emparé et paré, comme un vainqueur, de sa beauté, de son sourire, de ses vingt ans, et de sa nudité violente. Sur la table de pierre où s'appuyait d'Alembert, cherchant le mot de l'*énigme*... et ne le trouvant pas, étaient déposés les livres et manuscrits ; des aspirants à l'Académie, il les repoussait d'une main dédaigneuse. Ainsi l'ennui sortait par tous les pores de ce petit jardin qui avait tant de peines à s'épanouir entre ces quatre murailles, pendant que la maîtresse de céans, Mlle de L'Espinasse, était à courir après l'auteur de *la Tactique*, M. le comte de Guibert, son dernier volage... un faiseur de tragédies qui était aussi un soldat.

Voilà donc ce qu'il était devenu, ce grand d'Alembert !... un second Gentil-Bernard, presque en enfance. Il ne parlait plus guère, et de son discours l'idée était absente, et pas un n'eût reconnu dans ce fantôme évaporé, balbutiant, le digne émule de Galilée, d'Huyghens et de Newton. Déjà cette gloire était dans l'ombre; on ne retrouvait plus même un rayon de cette passion pour la vérité, de ce zèle ardent pour les progrès de la science, de ce courage et de cette ardeur généreuse, de cette éloquence originale et profonde, élégante et claire. O lumière éteinte! Et ce grand homme était arrivé sur le bord de sa fosse entr'ouverte, comme le Distrait à la porte de sa maison! Moi qu'il aimait tant, moi son associé, qu'il avait chargé de tout le fardeau, je n'en pus tirer qu'un soupir. Quel dommage! Il était si jeune, amoureux, intrépide, il n'y a pas vingt-cinq ans! Il tenait si bien sa place au souper des enthousiastes! Il était si plein de rage et de frémissements au supplice affreux du chevalier de La Barre, au meurtre abominable des Calas! Et moi aussi, dans ce temps-là, j'étais ivre et fou! Mes grands yeux! mes cheveux noirs! j'étais un être énergique et turbulent!... La marche élégante et légère, plein d'ardeur et d'espérance, on m'eût pris pour Encelade, escaladant les hauteurs du ciel... Voici, Dieu du ciel! que je marche à peine, et que je suis à pleurer sur moi-même, au lieu de vous pleurer, mon cher d'Alembert, membre illustre des académies des sciences de Paris, de Berlin et de Pétersbourg, de la Société royale de Londres, de l'Institut de Bologne, de l'Académie royale des belles-lettres de Suède, des Sociétés royales des sciences de Norwége et de Turin!

Peu à peu, je finis par m'apaiser. Ce fantôme appelé l'*Encyclopédie*... après tout, ça ne vaut pas une larme! A quoi bon tant de colère, et pourquoi faire?

Aujourd'hui d'Alembert expire, et mon tour viendra demain; Condorcet est là, pour hériter de son héritage, et Condorcet prendra sa place. Il y a derrière moi ce faquin d'abbé Raynal, vide et creux, qui ne serait pas fâché de s'appeler Diderot-Raynal. Tant bien que mal, l'*Encyclopédie* est finie en dépit de son libraire; elle a commencé dans le bruit, dans le mouvement, dans l'émotion universelle; elle se termine en un profond silence. On criait : « au miracle! » à peine on saura qu'elle est achevée. Enfin, de ces quatre mille souscripteurs que nous avions au départ, combien sont morts, combien se sont arrêtés en chemin, combien se sont convertis, combien n'ont pas ouvert le livre après avoir lu l'*introduction!*... Calmons-nous, Diderot, ne hurlons pas; ne soyons pas plus fier que si nous étions un joueur de flûte.

Ce fut ainsi que soudain tomba ma colère. Était-ce bien la peine, après tout, de se fâcher pour éclairer une nation qui ne sait pas lire, et pour lui apprendre inutilement des droits dont elle ne sait que faire, des devoirs qu'elle ne veut pas remplir? Peu s'en fallait qu'en ce moment je n'invoquasse en nasillant les saints et les saintes du paradis... saint Jean, saint Jacques, sainte Madeleine et saint Louis, comme le roi Louis XV au préambule de son testament, dans lequel il convient « qu'il est un grand pécheur et que ses fautes sont innombrables. » Heureusement, je fus distrait de cette bonne intention par un charivari lointain, qui s'avançait avec un bruit formidable, au grand étonnement des allants et des venants.

Une douzaine de musiciens, armés de trompettes, de violons, de clarinettes et de hautbois, marchaient au pas de course, en jouant une sarabande échevelée. Arrivait ensuite un gros bouquet, porté par les poissardes de la Halle, et messieurs les charbonniers qui marchaient, tambour battant. Et la trompette, et le tambour et les cymbales, c'était un charivari le plus joyeux du monde. Ces musiciens étaient conduits, disons mieux, poussés en avant par Rameau, un bâton à la main, mais parfaitement dédaigneux de la mesure et des convenances musicales. Jamais je ne l'avais vu à ce point superbe, enthousiaste et glorieux. Ses pieds ne touchaient pas la terre; on eût dit que son plumet avait pris feu à quelque étoile. A son chapeau, il avait attaché, avec des faveurs de toutes couleurs, le fameux 2713, le numéro de son lit d'hôpital, le numéro gagnant, — et, magnifique, — il s'avançait à travers la foule envieuse de cette fortune, envieuse... et pleine d'une ineffable admiration.

Elle est à moi, divinités du Pinde!

Telle fut sa première exclamation. « J'ai gagné, me dit-il en m'abordant, j'ai gagné! *La maison m'appartient, je le ferai connaître!* Il n'est bruit en ce moment que de Rameau, propriétaire et seigneur. On en parle à la Courtille, à la Râpée, aux Porcherons, au Gros-Caillou, au Moulin-de-Javelle, à la Comédie et chez la petite Hus. C'est un murmure, une louange, une admiration, une adoration! Jamais la loterie de Saint-Sulpice et la Loterie royale n'ont fait autant de bruit que la mienne. Ainsi, triomphe et victoire! A moi seul, j'ai fait ce que cinq cent mille hommes ne sauraient faire, j'ai gagné, et je vais de ce pas m'emparer de ma maison, de mes meubles, de mon théâtre, de mes jardins.

Puis, se tournant vers ses musiciens, qui s'étaient arrêtés et qui hurlaient toujours : « Vous autres, allez m'attendre à mon hôtel de la chaussée d'Antin, il y a justement un cabaret à ma porte, et ne ménagez pas le vin de mon locataire. J'ai quelque chose à dire à l'ami que voilà. » A ces mots de son chef d'orchestre, cette musique infernale et toujours hurlante s'éloigna dans la direction que leur indiquait le parvenu Rameau.

Nous n'étions pas loin du Palais-Royal; ce n'était pas encore l'heure des chevaliers d'industrie et des coureuses d'aventures. A peine assis, sur un banc, au Camp-des-Tartares, je dis à Rameau : « Certes, je ne suis pas fâché que vous soyez riche un instant; il ne vous manquait guère que cela pour être un effronté, au grand complet. Vous voilà déjà plus superbe et plus bruyant que Palissot, le jour où il fit jouer sur la scène française ses *Philosophes*. Dites-moi, je vous prie, ami et compagnon de la fortune, ce que vous allez devenir ?

RAMEAU. — C'est bien simple, et pourtant je n'en sais rien. Cet état de riche est si nouveau pour moi! Certes, je me suis bien promis de n'être pas aussi bête que Gruel, aussi sot que Bourvalet, aussi mauvais que Paparel. Je sais à l'avance tous les piéges que l'on va me tendre, je prévois toutes les ruses des comédiennes, des marquises, des danseuses et autres demoiselles à la mode. Elles me connaissent, je les connais, et nous n'avons pas là de belles connaissances! Sitôt que la Guimard entendra hurler, sous ses ci-devant fenêtres, la musique de la loterie, elle se mettra sur ses gardes meurtrières, et telle qu'on la voit à la foire Saint-Germain, sous la figure d'un automate, représentant une créature assez maigre et très-fardée. Elle excelle, ô l'aimable automate! à dépouiller le premier venu de sa bourse et de ses bijoux; mais moi, bernicle! On se tiendra sur la défensive; on est fait à ces roucoulements, à ces ajustements, à ces omoplates-castagnettes; et quand enfin la dame aura joué toutes ses mines et contremines, très-poliment je la mène à la porte, et me prélasse en ma maison. Nous sommes exposés, nous autres pauvres riches, à tant de piéges, à tant de malheurs!

DIDEROT. — Comme vous dites cela, Rameau! Je trouve, en effet, que vous n'avez plus guère la mine envahissante d'un enrichi de ce matin. On dirait que votre orgueil est tombé. Voici déjà que votre gaieté s'en va comme une fumée, et, tenez! vous venez de pousser un soupir qui annonce une âme en tristesse. Est-ce que vraiment il vous serait arrivé quelque chose d'assez fâcheux pour contre-balancer la gloire et l'enivrement de ce beau jour?

RAMEAU. — C'est très-vrai; je ne me connais plus.. Je deviens un *sentimental;* j'ai de la mélancolie au fond de l'âme, et mon billet de loterie est impuissant à me consoler. Je vous ai raconté déjà que, chez les Dames de l'*Ave-Maria*, j'enseignais la musique à je ne sais quelle Jeunesse, et que cette Jeunesse avait un grand talent. C'était toute ma fête et tout mon orgueil : entendre à loisir cette voix si touchante, enseigner à cette enfant inconnue les fièvres, les désespoirs, les langueurs de la musique ; initier cette âme innocente à des secrets que moi seul je connais, et, glorieux, je la suivais en ses progrès rapides. Sans nous être jamais vus, nous nous connaissions si bien, elle et moi ! Honnêtement, je me sentais attiré par un esprit, un talent rare... un charme ! Hier, c'était le jour de ma leçon ; elle devait me chanter ce beau morceau de l'*Armide* que l'on dirait écrit pour elle :

C'est ici le séjour des Grâces!

Ainsi j'arrive, et j'accordais déjà mon violon, souriant à l'avance aux accents que j'allais entendre. Hélas ! malheureux que je suis ! soudain, le voile noir qui reste incessamment tendu sur la grille du couvent s'entr'ouvre avec un bruit sinistre, et je vois l'abbesse, au milieu des sœurs vénérables, la crosse en main, le courroux dans les yeux, qui m'interroge : « O misérable ! ô mécréant ! me dit-elle, qu'as-tu fait de la jeune fille que l'on t'avait confiée, et qu'est-elle devenue? » En même temps elle menace, elle jure, en levant sa main superbe et l'anneau pastoral, de me livrer au lieutenant criminel. « Notre enfant, disait-elle, la gloire et l'harmonie de notre chapelle! une voix si belle, un talent si rare! » Ainsi parlait la terrible abbesse au milieu des *vénérables*, irritées et silencieuses. J'avoue en ce moment que ma peur égala mon chagrin. Une abbesse est souveraine en sa maison ; elle tient dans ses mains la vie et la mort, l'esclavage et la liberté! Vous l'avez très-bien démontré dans *la Religieuse!* L'abbesse! Elle connaît, seule, en certains endroits mystérieux de son couvent, inaccessibles à tous les regards, des *in-pace*, des cachots qu'elle ouvre ou qu'elle ferme à son gré. Autour d'elle un grand silence, un mystère impénétrable, une obéissance aveugle. Enfin, est-ce que l'on s'inquiète au dehors d'un pauvre diable tel que moi? Donc, je m'attendais à disparaître au premier ordre, et, ma foi! j'avais grand'peur.

Mais il y avait sur mon visage un chagrin si réel, un étonnement si peu joué, j'étais vraiment si malheureux de cette enfant peut-être à jamais perdue, et la tourière affirmait si fort à Mme l'abbesse que je n'avais jamais vu cette brebis égarée, qu'on finit par s'apaiser. « C'est notre faute, après tout, dit-elle à ses dames, et jamais nos portes n'auraient dû s'ouvrir pour un pareil vagabond. Va-t'en donc loin d'ici, musicien de malheur ; va-t'en, drôle, et prends garde à ne pas frôler le seuil de ces saintes murailles, il n'y ferait pas bon pour toi! » A ces mots le rideau se referme, et deux mains robustes me jettent hors de cette maison, où je laissais mes meilleures tendresses, et mes plus honnêtes souvenirs.

DIDEROT. — Je vous l'avais bien dit, Rameau, que ces éducations ne vous profitaient pas. Vous n'êtes pas né, croyez-moi, pour instruire la jeunesse, même à travers un voile. Autour d'un faquin tel que vous s'élèvent je ne sais quelles fumées malsaines, pernicieuses. Il est probable que vous aurez, sans le vouloir, soufflé à cette enfant des passions inconnues et terribles, dont le premier venu aura profité. Elle est perdue, et c'est par vous qu'elle est perdue... Un remords de plus, un remords de moins, que vous importe! après tout, ce n'est qu'un remords.

Il retomba dans sa méditation silencieuse. En ce moment, il avait oublié la fortune, et les honneurs qui l'attendaient. Je le laissai rêver tout à son aise; il commençait à n'être plus pour moi le monstre en morale que j'avais entrevu. Tel que je le voyais à cette heure, il était tout bonnement un homme ordinaire, avec plus de vices et plus de talent que le commun des hommes. Il avait beau cacher, comme on cacherait un crime, les quelques bonnes qualités survivantes dans son âme, j'avais fini par les découvrir, et je le plaignais. Ainsi l'on plaint le voyageur égaré dans une nuit d'orage, et qui marche attiré par les follets des marécages.

Dans ce répit d'un instant à notre interminable causerie, une certaine agitation remplissait le jardin du Palais-Royal. Des gens affairés, la règle et le cordeau à la main, allaient et venaient, dressant des plans et marquant les vieux arbres; la marque indiquait que l'arbre allait tomber. Ces messieurs étaient des architectes, qui s'emparaient en maîtres de ce jardin superbe, où jadis le cardinal de Richelieu promenait, au milieu de ses gardes, les rêves et les soucis de sa majesté viagère. Les bruits qui déjà couraient dans le public étaient donc vrais, que ces hêtres séculaires étaient condamnés par un prince avare? C'était donc vrai que ce lieu de rendez-vous, de causerie et de loisir, ces ombrages, ces doux parterres, ces quinconces fastueux, ces bassins remplis de murmures céderaient la place à des galeries bâties, à des magasins pleins de marchandises, à des tavernes, à des tripots! Quel démenti cruel les maçons allaient donner à la majesté de ces beaux lieux, où la grande politique avait tenu ses tabernacles!

En même temps les voilà chassés à jamais, les poëtes, les rêveurs, les oisifs de mon espèce! Ainsi je songeais, oubliant Rameau, et si fixe était mon idée en ce moment, que je ne voyais pas toutes sortes de coquetteries et de petits manéges, autour du banc sur lequel nous étions assis. Déjà le bruit de M. le chevalier Rameau, couronné par la Loterie, emplissait la ville, et ce numéro triomphant, attaché à ce chapeau de Fortunatus, attirait tous les regards; beaucoup d'ambitions, beaucoup d'ambitieux. Il en est de nos Parisiennes comme des *mouches* de leur toilette, qu'elles placent d'une main diligente sur leur visage, au coin de l'œil, au milieu du front, à la joue, au pli du rire. Elles ont un nom particulier, toutes ces mouches : il y a l'*assassine* et la *majestueuse*, l'*enjouée* et la *galante*, la *coquette*, la *friponne* et la *précieuse*.

On en pouvait dire autant de toutes les dames qui soudain passèrent et repassèrent devant Rameau, dans leur plus doux appareil, semblables aux abeilles attirées de très-loin par une pariétaire en fleur. Et ces *majestueuses,* ces *galantes,* ces *friponnes,* lançaient à Rameau leurs œillades assassines; les petites dames à *hausse-col,* non moins que les coquettes à grand collier, jetaient leurs plombs sur le *neveu de Rameau!* C'était à qui, de ces conquérantes peu farouches, obtiendrait un coup d'œil; mais soit que Rameau fût plongé dans ses regrets, ou protégé par son orgueil d'homme enrichi, il ne tint compte de ces avances.

« Peuh! me dit-il, voyez-vous toutes ces princesses qui me tendent leurs filets?... Je suis devenu un trop gros poisson pour l'hameçon de ces pécheresses. » *Non non turbati, o Nice! io non ritorno a parlar ti d'amor...* Il dit cela simplement, et je fus très-étonné de ne pas entendre ce formidable éclat de rire avec lequel, d'habitude, il appuyait sa joie ou son mépris. Bientôt, quand ces provocations directes eurent passé à d'autres mortels, les diverses fenêtres des maisons voisines qui prenaient jour sur le jardin s'ouvrirent, et plus d'une Circé du Palais-Royal se montra parée et nonchalante à sa toilette. A sa toilette, où brillaient tout l'attirail : jattes, miroirs, coffrets, flacons, boîte à mouches, nef à mettre les racines pour les dents, flambeaux en forme de lyre, et le couteau pour ôter la poudre... Nous avons vu ce jour-là Mlle Dozon, qui peignait elle-même ses blonds cheveux, et les faisait luire et reluire aux rayons du soleil; Mlle Dozon, la digne élève de Laïs pour le chant, de Molé pour la déclamation, de Pilnot pour le geste, du sieur Deshayes pour la danse, et du célèbre Donnadieu pour les armes. Elle avait pris des billets à la loterie de la Guimard, et de ses billets perdants elle avait fait des papillotes qu'elle eût volontiers échangées (le contenu avec le contenant) contre le billet gagnant. Au même étage, à droite, on voyait Mlle Fleuri la Bête, élève de La Morlière, et qui répétait son rôle de Médée en habit de combat. Au deuxième étage, une danseuse de Lisbonne, Mlle Paganani, la tête nue, avec une espèce d'habit de marmotte en taffetas rouge, et frappant d'un pied nerveux le parquet de son petit salon, semblait défier Mlle Camargo, sa camarade. Au rez-de-chaussée, inquiète et jouant à la princesse, s'étalait Mlle Duthé, que le duc de Chartres avait logée *incognito* près de son palais; et la dame, innocemment, déjeunait d'un œuf à la coque, entre milord d'Aigremont et le marquis de Genlis, deux rivaux heureux... Avec quelle grâce infinie elle coupait sa mouillette, et le joli brin de jaune doré qu'elle laissait à sa lèvre empourprée! Ah! tant de cérémonie et d'élégance à manger un œuf à la coque!... et tout cela pour Rameau, et Rameau le riche était insensible à ces agaceries lointaines! On finit par lui envoyer des messages et des messagères : — « Monsieur, disait l'une, — un petit chignon, un petit nez qui eût volontiers chassé pour son propre compte, — on vous attend ce soir chez Mlle de Beauvoisin, pour un lansquenet en bonne compagnie, avec Mlle Anne de Saint-Évreux et Mlle Aurore, sa cousine. »

— « Monsieur, disait une autre soubrette coiffée à la dragonne et portant un fichu de blondes bouillonnées l'une dans l'autre, il serait bien mal à vous de ne pas dîner chez Mme de Vieilleville, avec M. de Saint-Lambert. On vous en prie, on vous attend. Nous aurons M. de Flamenville, Mlle Lusi, de la Comédie-Française, et Mlle de Germencé. » Tels étaient les discours. Plus d'une, en passant, laissait tomber son bouquet ou son mouchoir, et finissait par le ramasser, puisque Rameau ne le ramassait pas. C'était vraiment risible, et Rameau disait :

« Voilà ce que c'est que d'avoir dans Paris même une maison à soi, parmi cent maisons de trente mille livres de rente chacune, deux cents de dix mille livres, trois ou quatre de cinquante à soixante mille. On est un homme attendu, provoqué, appelé partout; on est quelque chose enfin. Mais il faut que je la voie avec mon œil de propriétaire, cette maison; il est temps que je m'en empare... Au revoir, Diderot!

Montrons Héraclius au peuple qui l'attend. »

Pour tout de bon, il me quittait; un souvenir l'arrêta :

« Vous êtes-vous consolé, me dit-il, de votre mésaventure et de l'*Encyclopédie* abandonnée aux mouchards du Saint-Florentin? Avez-vous pardonné à Lebreton sa couardise, et peut-on savoir si votre esprit s'est calmé? » Puis voyant que je gardais le silence, il reprit : « C'est pourtant notre histoire à tous; il y a toujours à l'instrument dont nous jouons une corde fêlée, et cette corde, au plus beau moment de la symphonie, elle se brise. Un jour que j'étais à Berlin, je résolus de me faire entendre au roi de Prusse. Il venait, par grand miracle, de bâtir et de meubler à ses frais un Grand-Opéra où il avait réuni, très-généreusement pour un prince économe, une suffisante quantité de bons chanteurs : la Farinelli, Giovanna Gasparina, qui avait succédé, par ordre du roi, à la forte Anna Lorio Campolungo; Giuseppe Santarelli, Giovanni Trivulzi, Maria Mariotti, Gaetano Pinetti et Ferdinando Mazetti.

« C'était son maître de chapelle, Graün, un mien ami, qui avait composé cette troupe excellente à chanter sa *Rodelinda.* — Graün m'avait placé dans un coin de l'orchestre, à l'abri des cariatides. Je voyais mal, mais j'entendais bien, et tout cela était détestable. Quelle musique! un mélange odieux de flûte et de tambour; toujours la *diane* et le *pas de charge,* et des airs d'amour à porter le diable en terre! Le lendemain, je m'achemine au palais du roi; pas un garde et pas une sentinelle!... On entrait là-dedans mieux que chez soi pour peu que le loyer soit en retard. Je frappe, et l'instant d'après un homme, en maugréant, m'ouvrait la porte. Il était coiffé d'un grand et vieux chapeau tout râpé, couvert d'une plume blanche; il portait un casaquin de satin bleu de ciel, très-jauni et très-bruni par le tabac d'Espagne qu'il semait à pleine main. D'un ton brusque et d'un regard perçant, il me demanda ce que je voulais. Je lui répondis que j'étais le neveu du grand musicien Rameau, bon musicien moi-même, et que je venais faire de la musique avec Sa Majesté, dans l'unique espérance d'entendre une des meilleures flûtes de l'univers.

« Mon ami, me dit cet homme, il y a temps pour toute chose ; on passe une revue le matin, on règne le reste du jour, on joue un peu de la flûte le soir. Reviens ce soir !... » C'était le roi qui m'avait ouvert sa porte. Ah ! je le reconnus bien quand j'eus entendu cette voix d'un si beau timbre et faite pour le commandement. Le soir, j'arrive... il était à son pupitre et la flûte à la bouche. Or (entre nous), tout bête qu'il est, il est à cent piques de Blavet, deuxième flûte du comte de Clermont. Il m'indiqua du bout de sa flûte un morceau de sa composition, et je l'accompagnai de mon mieux ; mais que c'était difficile ! Il jouait une chose absurde, infernale, et tantôt il brusquait la mesure, et tantôt il la ralentissait ; même en musique, il était un despote ; et que fis-je alors ? un coup de ma tête. A la fin de ce morceau de sa composition, et quand j'aurais dû remercier le grand Frédéric et battre des mains à son feu, à son souffle,... *o povero !* j'improvisai sur un thème italien un hymne large et puissant, plein de grâce et de douleur ; je condensai toutes mes forces en masses imposantes, ayant grand soin de retrouver, à chaque instant, le fil du morceau interrompu par mon caprice et retrouvé par ma fantaisie.

Ah! j'ai rarement si bien joué du violon! et je ne crois pas que les violons les plus célèbres, non pas même Georges Neumarkt de Weimar, lorsqu'il composait le fameux cantique : *Laissons faire au bon Dieu!* aient retenti d'une façon plus solennelle. A la pointe ardente de mon archet, je lançais des fusées de notes dans un feu d'artifice de strettes éblouissantes. Le roi m'écoutait avec la même ardeur que s'il avait entendu venir un escadron de cavalerie, et je crois bien qu'il mettait la main dans sa poche, où il cherchait, sans doute pour me la donner, sa tabatière d'or, quand soudain ma chanterelle s'est brisée avec un bruit lamentable.

« A ce bruit de mauvais augure, le roi qui commençait à frémir, se prit à rire en disant : Pauvre garçon!

« La corde brisée! et la cruche cassée! et l'*Encyclopédie* en proie au libraire Lebreton! voilà des tragédies. Mais la patience est un remède à tous les maux. »

Et cette fois, définitivement, il prit sa course du côté de la maison en loterie, et de sa voix de haute-contre, il chantait :

> Margot la rôtisseuse
> Disait à son ami :
> Que fait-on de ces gueuses
> Qu'on mène à Chantilly?...

CHAPITRE XV.

LE DERNIER CROYANT AU DROIT DIVIN.

Je rentrai chez moi, comme toujours, plein d'ennui et regrettant la rue. O mes amis, que c'est beau la rue! tout y passe et tout en revient : une noce, un baptême, un enterrement; tantôt le régiment plein de gloire, et tantôt les forçats décorés du collier de l'ordre. Ici Margot, plus loin Cidalise; et celui-ci qu'on va pendre, et celui-là qui va chercher l'églantine des poëtes toulousains!

Dans mon logis, que j'aime tant, naguère je sentis s'augmenter ma langueur; mes gravures (de si belles épreuves!) s'effaçaient dans une ombre effroyable, et mon Vernet, ma joie et mon plaisir, s'abîmait dans sa furieuse tempête. Ils étaient là, encombrant mon tapis de leur inertie et de leur honte, ces derniers volumes de ma chère *Encyclopédie;* hélas! la main déshonorante de mon libraire les avait flétris, déchirés, souillés plus que n'eût fait la main du bourreau.

Ils s'ouvraient d'eux-mêmes aux places mutilées par ce misérable Lebreton, étalant leurs plaies, et je pensais à cette parole de l'abbé Galiani, qui nous disait souvent : « Mes amis, lisez *le blanc* des livres ; c'est *le blanc* qui contient la vérité, la sagesse et l'honneur. C'est dans *le blanc* que sont abattus les superbes, que les humbles sont élevés. » S'il aimait *le blanc*, le philosophe Galiani, je lui conseillerais de s'abreuver à nos six derniers tomes que voici... *en blanc*.

— Allons, Jeanneton ! portez-moi tout ce *blanc*, avec tout ce qui est écrit, aux gémonies de l'épicier ; qu'il fasse de mon livre et de ma vie une enveloppe à ses chandelles ; de cette façon seulement, nous servirons à la lumière. — Et Jeanneton se prit à sourire, et, tenant son tablier à deux mains, elle m'engageait à déposer là ce monceau de papiers inutiles. Elle en eut bientôt jusqu'au double menton, et, contente, elle emporta ce lourd et léger supplément à ses gages.

Pour le coup, je restai seul, bien seul dans ma chambre, et fort abattu. Que j'étais déjà loin de ce beau temps où la solitude était un poëme ; où je m'enchantais moi-même au récit de mes propres contes ; en ces beaux jours, sitôt que j'étais seul avec ma poésie et mes rêves, arrivaient à mon premier ordre, esclaves de mes chères passions : la timidité, l'embarras, l'agitation, la langueur, l'admiration, le désir, l'ardeur, l'empressement, l'impatience, l'éclat du coloris, l'épanouissement des traits, un certain frémissement, la palpitation, l'action des yeux tantôt enflammés, tantôt humides, le trouble, les transports, les signes, tous les caractères de l'éloquence et de l'amour ! Et maintenant, pour moi, la solitude est un fléau, le silence est une peine... ingrat que je suis ! Qui va là ?... c'est Mimi, ma chatte ! Elle est là qui me fait son *ronron* et me pardonne, en se frôlant à moi, de l'avoir négligée. Elle est de bonne race ; elle est née en bon lieu, elle me vient de Jean-Jacques et de Mme Rousseau.

Par un beau jour d'été, j'avais passé avec eux la journée en cette douce vallée de Montmorency dont nos indiscrétions ont fait une guinguette, et je revenais à Paris, lorsque madame et monsieur me donnèrent la petite Mimi qui venait de naître, il y avait six semaines, avec des recommandations paternelles et maternelles. — « O monsieur Diderot ! disait la dame, ayez grand soin de notre enfant ! — N'oubliez pas son lait chaud le matin, reprenait le philosophe. — Il est très-frileux, ajoutait *la bonne* Thérèse. — Et très-joueur ! » reprenait Jean-Jacques.

Or, l'un et l'autre ils ne se rappelaient guère, en ce moment, que sur les 3,379 garçons et sur les 3,126 filles que, bon an, mal an, chaque année on porte aux Enfants Trouvés de Paris, ils en avaient envoyé, pour leur part, une demi-douzaine ! Ainsi j'avais bien élevé Mimi leur chatte ; elle était reconnaissante et fort gentille, un peu coureuse, il est vrai, mais elle revenait fidèlement à mon bercail après vingt-quatre heures de gouttières. Rameau, qui l'aimait sans en convenir, avait fait pour elle une chanson, *Mimi et Matou* :

> Il la suit à pas de loup :
> Dès qu'il peut faire son coup,
> Crac, le petit drôle
> La filoute, lui prend tout,
> Et puis, zest, il s'envole...

Et toi aussi, pauvre Mimi, ton père et ta mère t'ont livrée au hasard ! *Pater meus et mater mea dereliquerunt me...* Je m'endormis en chantant la chanson de Mimi. Mimi se coucha sur ma poitrine en ronronnant. Le ronron cessa, j'eus un rêve. Ah ! le rêve abominable ! On n'en voit de pareils qu'aux tragédies de M. de Moissy.

Il me semblait que je montais dans la barque de Vernet. En ce moment, j'étais jeune et superbe, et j'allais, au gré du vent tiède et du flot doucement agité, aux aventures amoureuses. Bientôt le vent s'élevait, l'onde arrivait menaçante, une tempête effroyable nous précipitait, moi et mon esquif, sur les écueils. Là, séparé de ma barque, il m'apparut qu'elle portait pour nom de baptême : ENCYCLOPÉDIE ! et que de toutes parts, l'humble navire étant brisé, arrivaient des sauvages qui le déchiraient en mille pièces, chacun de ces hommes enlevant sa planche et son clou. En vain je criais, je pleurais, je m'agitais. — « C'est mon esprit ! disait l'un, que je remporte, et j'en veux faire un livre... — C'est ma science, et j'en veux faire un livre ! » ainsi disait l'autre ; et les uns et les autres, ils se ruaient dans ces épaves... Bientôt je vis, sur le même rivage, ces anthropophages acharnés à leur butin, qui construisaient, avec ces matériaux, de toutes petites barques, de la dimension de ces bateaux en papier dont s'amusent les enfants, moi restant pauvre et nu, dépouillé de mon navire *l'Encyclopédie.* Ah! le mauvais rêve! Euh! le mauvais rêve!

Ainsi toute la nuit, je fus battu de l'onde amère, et frappé de ces foudres; quand je me réveillai, la douce Mimi dormait à la même place. Un peu remis de mes tempêtes, j'attendis le jour; le jour venu, je voulus lire, et sur la table où l'on dépose les livres nouveaux, qui sont sitôt de vieux livres, je ne trouvai que des rapsodies : les *OEuvres* de Lamettrie et les *poëmes* du cardinal de Bernis; la *Réfutation de l'Émile* et les *Satires* du sieur Groubert de Groubental. A peine on en peut lire une vingtaine de pages, une dizaine de vers, et ça se rejette abominablement.

Il y avait aussi : les *Lettres de Sophie,* par l'abbé Desfontaines, et *l'Ami des hommes,* du comte de Mirabeau... Tout cela pour le tablier de Jeanneton, tout cela pour la consoler de l'abandon de Rameau, son ami et son fiancé! L'ingrat l'oublie; il est dans son droit, il est riche. Il lui a promis, positivement, le mariage... il a fait une grande fortune, il ne se mariera pas avec Jeanneton! A la fin je me lève et me regarde au miroir... Que je suis vieux, mon Dieu! que mon visage est triste et que mon front est sombre! Ah! les yeux injectés de sang, la ride obstinée et le sourire éteint! Je cherche en vain, dans ma poitrine à demi brisée, un de ces éclats de voix qui faisaient tinter les vitres et trembler les voûtes : à peine si je m'entends moi-même!... Epoumoné Diderot!

Il était donc écrit là-haut que je devais mourir, et que je ne vaudrais plus rien le jour même où s'achèverait ma triste entreprise! Et déjà voici tinter la cloche des morts!... Vaniteux que je suis! la cloche des morts ne tintera pas pour Diderot le philosophe; il ne sera pas enterré en plein jour; par la nuit profonde, on l'emporte en cachette... et sans prières, on le jette au rebut, quelque part, le curé fermant les yeux et s'exposant, pour sa tolérance, aux réprimandes, aux censures de l'Évêché.

Je sortis, sur l'entrefaite, et m'en allais je ne sais où, lorsqu'un humble cercueil traversa ma route, accompagné de peu de gens. Ce n'étaient pas des artisans, ce n'étaient pas des bourgeois, non plus que des seigneurs; ils appartenaient évidemment à la race oisive, intelligente, insolente et pauvre des écrivains. Démarche altière, habits fanés, douleur absente; une comédie, il est vrai, mais sans grimace. Ils marchaient... comme on revient d'une bataille après une défaite. Où donc avais-je rencontré ces visages en deçà des mondes que j'habitais? Un d'eux qui me reconnut, mon chapeau à la main et saluant le mort, me dit tout bas: — « C'est bien à vous, monsieur Diderot, de saluer votre ennemi, Jean Fréron. »

Il est vrai! c'était Fréron que l'on portait à ses derniers abîmes! Qui m'eût dit que j'assisterais à ses funérailles, et que je saluerais son cercueil? Il était mort subitement. Il avait indisposé contre ses feuilles je ne sais quelle infime comédienne, et, la sotte! elle avait ameuté contre ce pauvre homme un gentillâtre

de la chambre du roi. Ce gentilhomme, aux pieds de cette infante, avait juré, sur son épée et ses grands dieux, épée et dieux de peu de chose, qu'il aurait vengeance de ce drôle, et il avait tant fait pour plaire à sa drôlesse, que les gens de police, honteux de leur ingratitude, étaient venus quérir chez lui, dans son lit, ce malheureux Fréron, tout noué par la goutte, pour le conduire à Saint-Lazare. Il était mort en chemin, le pauvre diable, et la fille de théâtre, heureuse et vengée, en avait donné un petit soufflet d'amitié sur la joue à son amant le chambellan, qui, pour lui plaire, avait galopé à quatre pattes sur son cordon bleu !
— « Ah ! disait-elle, en feras-tu jamais trop pour les beaux yeux que voici, *vieille ducaille!...* »

Ainsi mourut, sous la main des argousins, qui auraient dû le défendre et le protéger, l'entasseur de nuages dans l'*Année littéraire,* ce malheureux Fréron, le plus intrépide et le plus éloquent défenseur du trône et de l'autel. Telle fut la juste récompense de ses grands services, de ses mérites illustres. Voilà pourtant, les ingrats, comme ils traitaient ce courage à leur solde, et cette arme à leur portée ! Ils avaient la rage à ce point d'emprisonner les écrivains, que leurs propres écrivains n'étaient pas épargnés par l'exempt des belles lettres, M. Quidor.

Pauvre diable de Fréron! Quelle étonnante récompense, au bout de tant de servitude, et les tristes funérailles, après tant de lâches services ! Rien n'est plus vrai, je me mis à le plaindre ; il m'inspirait une pitié profonde. Sa vie avait été une lutte infime, et sa mort était une ridicule injustice. » Ainsi, te voilà pour toujours enfoui dans ta bière chétive, et porté sans honneur dans une fosse éphémère, ô toi, l'ennemi le plus obstiné de Voltaire! Aiguillon qui faisais bondir le taureau! moucheron dans les naseaux du lion! aspic; ver de terre en révolte! haine impuissante, esprit stérile et bruit sans écho! A quoi donc t'a servi ta renommée usurpée sur cette gloire immense, et qu'as-tu fait, serpent, des dépouilles de l'aigle dont la serre ardente est restée imprégnée à tes anneaux de vipère?...

« Il t'a laissé retomber dans tes fanges; il est là-haut qui plane, et ne s'inquiète guère de toi qui rampes! A la fin, te voilà mort sans bruit, comme un autre homme, et la trompette en sens inverse, où ton nom retentissait dans un souffle empesté, n'a pas su dire au quatre coins d'ici-bas : *Fréron est mort!* Chacun l'ignore ; on se demande, en te voyant passer sous ce crêpe banal, si c'est bien toi qui fus naguère le héros d'une comédie intitulée : *l'Écossaise*, où ton ennemi, malin comme un singe et cruel comme un poëte irrité, traînait dans sa gémonie étincelante ton nom, ta renommée et les secrets les plus cachés de ta maison! Oui, cette foudre et ces éclairs, ce pétillement de colère et de mépris, ces cris, ces rages, ces morsures, ces bons mots, Voltaire contre un seul homme!... Et cet homme était toi, Fréron, ce même insulteur que je rencontre accompagné d'une douzaine de pauvres hères à jeun, que tu nourrissais de ta colère et de ton pain. Va-t-en donc aux abîmes ouverts à tes pareils! Va dans l'oubli! Diderot te pardonne au nom des philosophes;

c'est bien assez, pour ta peine, d'avoir été honoré de l'estime et de l'amitié de Palissot! »

Tel fut mon petit bout d'oraison funèbre. On ne dit rien de mieux sur le tombeau de ce pauvre Fréron. Volontiers, je l'aurais accompagné jusqu'à sa fosse; il fallait vraiment que cet homme eût été bien peu de chose ici-bas, pour que ma haine eût cédé si vite. Hélas! le vilain métier, ce métier d'énergumène à froid! Que c'est triste, d'être un obstacle vénal à toutes les vérités de son siècle, et de donner, sans cesse et sans fin, dans toutes sortes de violences ignorées, comme un lâche et comme un pleutre, et sans rien croire, sans rien aimer, un démenti misérable à la liberté de conscience, à la liberté de la poésie et de la pensée, à toute espèce de liberté!

Peut-être, en ce moment, demandez-vous ce que Rameau est devenu depuis vingt-quatre heures? A-t-il été sage? Au contraire, a-t-il été la dupe de tous les pièges que nous pressentions et qu'il pressentait lui-même? Enfin cette araignée de Guimard a-t-elle entortillé notre héros dans ses toiles souillées? Voilà, certes, ce que vous et moi nous aurions voulu entendre de la bouche même de Rameau; je crois bien, tel qu'il était, dans tous les extrêmes, dans toutes les extases, dans l'emphase et dans le trivial, que l'orateur Rameau ne vous déplaisait pas. La note une fois acceptée, il y a des musiques étranges dont on ne saurait se défaire. Eh bien, ce n'est pas lui, j'en suis fâché, qui vous racontera son entrée en possession de l'hôtel de la Guimard. Ce sera moi, Diderot, s'il vous plaît; encore, les détails que je vais vous dire, je ne les tiens pas de Rameau. Il est resté profondément muet sur cette scène, dans laquelle il a joué le beau rôle, et moi qui la raconte, je l'ai apprise en détail çà et là, par l'indiscrétion... par la pitié des témoins.

Nous avons laissé Rameau marchant à grands pas, pour rejoindre et son orchestre et sa maison. Justement ces messieurs de la musique sortaient du cabaret, et l'accueillirent par une musique infernale. A ce bruit joyeux, en deçà de toutes les lois musicales, qui lui annonçait sa ruine accomplie, accourut la Guimard. Elle attendait son maître à tout hasard, et se tenait cachée en un coin de son balcon. A la fin, quand elle vit accourir, reconnaissable au numéro gagnant qu'il portait sur son chapeau en guise de cocarde, un des anciens valets de sa propre comédie, Athénaïs Guimard respira plus à l'aise. « Il sera bien habile et bien heureux en contemplant ces vieux restes s'il échappe à mes enchantements! »

Et voilà comme on ne se connaît pas soi-même. Il n'y avait personne, au fond du monde infime des coulisses et des petites maisons, qui fût moins dangereux pour notre ami Rameau que ces déesses délabrées dont l'Opéra même ne voulait plus... Lui, cependant, après avoir assisté à sa propre sérénade, il congédia sa musique avec le geste d'un gouverneur de Paris entrant dans son gouvernement. Au mouvement glorieux de sa main pleine d'éclairs, soudain la grande porte est ouverte. Il pénètre en ce fameux vestibule où l'on voyait dans leur niche six statues de Pigalle et de Coustou, en marbre : *le Silence,* un doigt sur la bouche ; *le Mystère,* enveloppé dans ses voiles ; *la Folie* et ses grelots ; *Mercure* et son caducée ; *Hébé,* la nymphe à la coupe d'or ; *Hercule,* une pantoufle sur la tête, un fuseau à la main.

Trois portes de ce glorieux vestibule, au rez-de-chaussée, conduisaient : dans la salle à manger, au salon, et, de la galerie, au boudoir. Les voûtes étaient peintes par Lagrenée et Fragonard. L'arc du milieu laissait entrevoir des tapis de verdure, où brillaient des roses naissantes au milieu d'arbustes étrangers. Un escalier en bois d'acajou, rare et singulier, conduisait en toute hâte aux chambres supérieures. Ce n'étaient que pilastres, colonnes, entrelacs, glaces biseautées à Venise ; alcôves, sofas, lits de repos : tout était galant, riche, élégant, silencieux. Comme il se sentait chez lui, Rameau, et ne s'étonnait de rien ! La galerie était cependant une merveille.

On y voyait, entre autres jolies toiles : *le Repas italien,* de Lancret, peintre du roi ; *la Solitude agréable,* de Boucher, peintre du roi ; *le Départ pour la pêche,* de M. Vernet, peintre du roi. Dans le boudoir pétillaient *les Quatre heures du jour, le Ballet du prince de Salerne, l'Amour à l'école* et *le Village pillé par les pandours,* de M. le maréchal de Saxe. A M. Coypel, peintre du roi, avaient été confiés les dessus de portes, où brillaient en camaïeux *Bacchus et Vénus, l'Officier galant, les Vivandières, le Négligé.* Dans le salon d'attente, Karl Vanloo, peintre du roi, avait représenté *le Faiseur de châteaux de cartes,* la Pupille, *le Paradis terrestre* et *Job sur le fumier*, un véritable avertissement. « A vous qui entrez !... » trop d'espérance, et vous êtes perdus.

On voyait dans la salle du billard plusieurs tableaux qui n'eussent pas déparé une chapelle : *Saint Antoine de Padoue prêchant l'Évangile aux oiseaux...* Les oiseaux l'écoutaient... beaucoup mieux que n'eussent fait les habitants et habitantes de céans. — Ici, *la Madeleine* à demi repentante ; un peu plus loin, *Judith* coupant la tête d'Holopherne ; et puis, *les Gentilles villageoises, les Belles vendangeuses, le Temps mal employé, la Vue, le Toucher, l'Odorat, le Berger content, le Siffleur de linottes, le Pot au lait, la Tentation de saint Antoine* et *le Parc-aux-Cerfs*, digne composition de ce polisson de Deshayes, le digne gendre de Boucher ; Deshayes, mort de débauche entre les bras de ses modèles.

Il y avait dans le boudoir, posée sur une console... une sainte en sa niche, l'image de madame la comtesse du Barry. La dame était au bain, comme la chaste Suzanne, et, moins chaste, elle étalait sa beauté dans cette eau transparente. « Un jour, disait-elle à Doyen, son peintre, j'étais au bain, j'entendis un coup de tonnerre, et j'eus si grande peur, que je traversai, dans l'état où j'étais, tout mon appartement pour me cacher dans la pièce du fond. » Doyen ne disait mot et se tenait à la fenêtre. « *Que faites-vous donc là, Doyen ? — Madame la comtesse, je regarde si le temps n'est pas à l'orage ; cela ferait un beau coup de théâtre pour un peintre !* » Cette baigneuse était justement du peintre Doyen.

Surtout, à la plus belle place, au jour le plus favorable, on pouvait voir et, malgré soi, l'on voyait Mlle Guimard en habit de nymphe. Une étoffe légère et malheureusement *diaphane* recouvrait à demi cette poitrine *idéale;* un bonnet à la conquérante, incliné coquettement sur un côté de la tête avec un agrément d'or à l'extrémité, et retenu par un cercle en diamants, relevait ces beaux cheveux (les menteurs!) d'une négligence exquise... Un grand bouquet de pierreries : roses, rubis, boutons de perles, parait le *corsage*, et tout cela si plein de coquetterie et de promesses que tout autre eût été pris à cet appeau...

Rameau passa son chemin sans rien voir : pouf, gaze et rubans, il savait tous ces mystères. De son côté la dame était habile; elle savait son métier. Elle n'était pas femme à laisser traîner un bout de jarretière inutile. Elle était toute pareille aux courtisanes de Lucrèce, qui n'admettent aux scènes les plus positives de leur vie intime que les amants dont elles ne veulent plus... Elle et Rameau, ils étaient comme on dit, à deux de jeux, et notre ami se connaissait trop en belles femmes pour se brûler à ce vieux tison d'une flamme éteinte. Il s'arrêta un peu plus longtemps à regarder les curiosités de sa maison : cages d'oiseaux en bois de rose, vases en marbre de Paros représentant la naissance et le triomphe de Bacchus; cassettes, seaux d'argent travaillés à jour et doublés de cristal; tabatières d'or gravées par Trébuchet, flacons à quatre cadrans, lustres à six branches, pagodes en filigrane, et sur la toilette, à côté des coiffes de madame, des boucles d'oreilles de nuit, en or émaillé, couleur de puce.

A la fin, quand il eut bien vu tout cet ensemble harmonieux, où l'art le disputait à la matière, apparut la nymphe et la déesse, dans l'attitude, avec le sourire de Mérope en demi-négligé :

> Tendons à sa jeunesse une main bienfaisante ;
> C'est un infortuné que le ciel nous présente,
> Il suffit qu'il soit homme et qu'il soit malheureux.

Du premier coup d'œil la belle Athénaïs comprit qu'elle avait sous les yeux un mortel cuirassé du triple airain, et tout de suite elle changea de gamme et de maintien. « Quoi ! c'est vous, monsieur Rameau, qui devenez mon maître et seigneur? Sur deux mille cinq cents billets, c'est donc vous dont l'heureuse main a rencontré le victorieux ! Soyez le bienvenu chez vous, mon seigneur, le dîner est cuit à point, et je serai bien heureuse si vous me faites l'honneur de m'admettre à l'honneur de manger à vos côtés. »

On les servit à l'instant même, et Rameau, qui ne craignait pas la Guimard, mangea beaucoup, but très-peu. Son hôtesse était sur ses gardes meurtrières... il ne lui fit pas même l'honneur de se tenir sur ses propres gardes. Il était bon compagnon, ce jour-là il fut même de bonne compagnie. Il ne fit aucune allusion à sa nouvelle fortune ; il fit mieux, il se plaignit que les temps étaient durs, que le roi était avare, que

Mme du Barry ne l'aimait pas, que le duc de La Vrillière, obéissant à Mme de Langeac, présentait les violons, au spectacle et dans les guinguettes : « Enfin, ma chère amie, croiriez-vous que le roi ne veut plus dépenser, pour toute sa musique, y compris l'Opéra, qu'une misérable somme de quatre cent dix-neuf mille huit cent quarante-huit livres sept sous, six deniers? Ils ont fait pis que cela, ma chère! ils ont supprimé la royauté de roi des violons! C'était moi qui devais remplacer Guignon, le roi actuel. J'aurais présidé la confrérie de Saint-Julien-des-Ménétriers, j'aurais donné les charges de lieutenants généraux de hautbois, téorbe, et basse de viole, dans tout le royaume... Ils ont anéanti la charge! Étonnez vous donc que la musique aille à la débandade! » En disant ces mots, il cherchait son violon, mais il se souvint que, par prudence, il ne l'avait pas apporté avec lui.

— Mon ami, reprit la Guimard, avec ce même clignotement de l'œil qui avait fait dépenser trente millions au prince de Soubise, avec votre fortune et vos rares talents, vous serez toujours le roi, partout où vous irez : roi par l'esprit, disons tout, par la beauté. Ah! si j'étais encore en mes beaux jours! » Cependant elle tombait dans la tristesse, elle soupirait, et son hôte était toujours aussi calme. « Ah! le gredin! » se disait-elle; et tout de suite elle reprit de sa voix naturelle : « Puisque vous aimez la musique, que dites-vous d'un petit concert? Déjà tout est prévu pour ce soir. Ma musique est peu nombreuse : une basse, une flûte, un clavecin et trois violons; mais elle est tout à votre service. »

Après le dîner, ils passèrent dans le salon de musique, où ils trouvèrent plusieurs chanteuses de l'Opéra-Comique et de l'Opéra, quelques chanteurs d'humble renommée, et les plus privés habitués de la maison; tout cela très-simple et sans apprêt, en petit costume et presque en déshabillé : les jupons chargés de blonde ou de très-belle mousseline fort plissée; de petites robes sur leurs demi-paniers, en soie ou en toile de Perse, une grande variété de couleurs, douces et tranquilles, comme il convient à cette heure de la journée, entre chien et loup, où la nature est abandonnée à elle-même, où les charmes d'un beau teint sont livrés à toute leur douceur. Même une de ces dames s'excusa d'être venue en peignoir... un peignoir de vingt-cinq louis, dont la manche en dentelle se relevait au coude... Elle avait pour ceinture un riche mouchoir de Turquie, en couleur d'œillet cramoisi. Ainsi faite, elle était toute semblable à cette nymphe d'Anacréon :

> Des fleurs, des parfums et du vin !
> Va plutôt me chercher cette charmante blonde;
> Rends-la sensible à mes désirs :
> Avant que de jouir des biens d'un autre monde,
> Je veux de celui-ci goûter tous les plaisirs.

Mais celle-là même, en dépit de ses beaux yeux et du léger duvet déjà très-marqué sur sa lèvre incarnate, n'obtint pas grâce aux yeux de Rameau... à peine un coup d'œil; puis, il faut tout dire, elle eut la maladresse de chanter une chanson que lui avait apprise Mlle Rosalie, et qu'elle chantait aussi mal qu'on la lui avait enseignée :

> Déjà la jeune bergère,
> Dans les plus simples atours,
> Sur la naissante fougère
> Vient soupirer ses amours :
> En vain le dieu de Cythère
> Nous offrirait son secours,
> Tout languirait sur la terre
> S'il n'était point de beaux jours.

Autour de ces dames et de ces messieurs papillonnaient deux abbés, un jeune magistrat qui soufflait sur ses manchettes, et deux mousquetaires dans le bel âge. Ils riaient avec les Cidalises, et comme ils se seraient moqués de Rameau, s'ils n'avaient pas été du complot d'Athénaïs Guimard, qui voulait ravoir sa maison... au prix coûtant, tout au plus!

Mais on eût dit que la fortune avait donné à Rameau même la prudence. Il était cependant de très-agréable humeur, et comme un de ces messieurs lui demandait ce qu'il allait faire de cette fortune inespérée, il répondit par une histoire assez plaisante et qui les amusa. « Messieurs, dit-il, il y avait naguère, à Dublin, un matelot dont le navire s'était battu contre les corsaires, boucaniers et autres écumeurs de mer. La chance heureuse ayant favorisé le navire, ils revinrent à Dublin chargés d'or et d'argent. Au bout de huit jours, le capitaine, qui s'impatientait déjà et voulait reprendre la mer, rencontrait son matelot dans un carrefour qu'il remplissait de sa joie et de ses bombances. Il tenait sous son bras une assez jolie fille, et le joyeux couple était précédé d'un violon qui lui raclait une gigue échevelée. — « Eh bien, Jack, s'écria le capitaine, avant peu je m'embarque, et je compte sur toi !

— Que Dieu bénisse Votre Honneur! reprit le matelot ; il n'y a pas de capitaine, il n'y a pas d'empereur que je suivisse aussi volontiers que vous, mais je ne saurais, en ce moment. Voyez, mon capitaine, ma bourse est encore à demi pleine, et cependant je ne la ménage pas ; voilà une belle fille et voilà un violon qui me suivent depuis que je suis à terre. Au fait, quand donc mettez-vous à la voile? — Avant qu'il soit huit jours. — Adieu donc, mon capitaine; il me faut bien quinze jours pour manger tout cet argent. — Qu'à cela ne tienne, reprend le corsaire ; enfant que tu es, prends-moi deux filles, et prends-moi deux violons!... » Et voilà, messieurs, ce que je compte faire avec un peu de réflexion. L'apologue de Rameau fut applaudi à tout rompre. Alors la vieille fée aux abois jugea qu'il était prudent de frapper les derniers coups.

Donc, elle sortit du petit salon de musique, laissant ces messieurs et ses dames occupés d'un *passe-dix* peu ruineux, Rameau dans un coin, les symphonistes raclant une sarabande assez maussade; et l'instant d'après, elle revint tenant par la main une admirable jeune fille, que l'on eût prise, à sa beauté sévère, athénienne à demi, française à demi, pour un marbre de Caffieri. A l'aspect de cette beauté, les jeux cessèrent, la musique s'arrêta ; Rameau se demandait, comprenant le danger, quelle était cette aventure? Elle était entre ses seize et dix-sept ans ; un beau visage aux doux contours ; une grande et belle taille ; une vie, une jeunesse, une grâce abondamment répandues sur cette intelligente physionomie, un cou enchanteur, un buste éblouissant, des bras divins, des couleurs naturelles, une dignité tempérée par la douceur, la peau blanche, animée, et les cheveux châtains, la voilà toute !

Elle tenait dans sa belle main athénienne un cahier de musique ; elle le déposa, tout déployé, sur le pupitre, où les musiciens pouvaient le lire. Aux premières notes de l'accompagnement que ces tristes symphonistes essayèrent d'une main nonchalante, Rameau, très-étonné, reconnut la grande scène du quatrième acte de l'opéra d'*Armide* ; *Voici la charmante retraite!* et comme il comprit que la belle chanteuse s'inquiétait déjà de cette espèce d'accompagnement... d'un geste absolu, il imposa silence à cet orchestre inhabile et, de ses mains légères, attaquant la note sur un clavecin d'Hartman, il attendit... Alors, cette beauté chanta, comme une Muse du mont Olympe sur les bords de l'Hélicon :

>Voici la charmante retraite
>De la félicité parfaite ;

> Voici l'heureux séjour
> Des jeux et de l'amour.
> Jamais dans ces beaux lieux votre attente n'est vaine;
> Le bien que vous cherchez se vient offrir à vous;
> Et pour l'avoir trouvé sans peine,
> Devez-vous le trouver moins doux?

Elle chanta cela d'une voix charmante et superbe, et dans le style merveilleux de son maître. Or, ce maître était Rameau lui-même. A la première note, aux premiers accents de cette voix de Polymnie, il avait retrouvé son élève égarée, et dans une profonde extase, il écoutait ces fiers enchantements qui se faisaient sentir à ces âmes vulgaires, à ces soldats de parade, à ces abbés d'antichambre, à ces poupées habillées de gaze, chargées de broderies, et puantes de parfums. Triomphe unique! Et quand elle eut chanté sans reconnaître, ô l'ingrate! la vie et l'enthousiasme et l'ardeur de son maître (il est vrai que le clavecin avait remplacé le violon, sous les doigts de Rameau), Rameau, poussé par l'inspiration, oublieux de toute chose, et surtout de ceux qui l'écoutent, passait de l'*Armide* à l'*Alceste*, et frappait sur l'instrument dompté ces grands airs, ces grands chœurs, ces touchantes passions.

Il jouait, il chantait tout ensemble, entremêlant, sans les confondre, ces beaux passages de Gluck, encore inconnus au vulgaire: *Ah! malgré moi, mon faible cœur... Caron t'appelle... Ah! divinités implacables... Divinités du Syx...* puis la marche et le grand cri : *Tout m'annonce du dieu la présence suprême!* Il se montra vraiment, en tout ceci, un grand artiste. Et des pleurs silencieux, des cris, des silences, des mots inarticulés, des regards tournés vers le ciel, des lèvres tremblantes, un torrent de douleur! A la fin, comme s'il se fût réveillé d'un songe, et voyant son élève étonnée, éperdue et qui cherchait à le comprendre, il lui dit, les mains jointes, en la suppliant comme une immortelle : « Ah! que vous êtes belle, et que vous savez bien chanter! que vous êtes admirable et touchante! Ah! digne enfant du grand maître! Ah! quelle grandeur, quelle émotion, quelle fidélité! quelle expression dans la voix et dans le geste! Accablement, pitié, incomparable tendresse, angoisse, terreur et délire! O merveille! ô divinités du Styx! n'êtes-vous pas attendries comme moi? » Puis d'une voix très-naturelle il ajouta : — « Chantez-moi, s'il vous plaît, l'*Alceste!* »

Ici intervint Athénaïs Guimard. « Rien pour rien, dit-elle à Rameau. Vous êtes le maître en ces lieux, mais vous n'avez rien à commander à madame. Parlez, que nous donnerez-vous? » — Rameau, alors se tournant vers la chanteuse : « Par pitié, chantez, et je vous donnerai la maison que voici. » Il se remit au piano, la chanteuse se reprit à chanter :

> Tout fuit, tout m'abandonne à mon funeste sort :
> De l'amitié, de la reconnaissance,
> J'espérais, mais en vain, un si pénible effort.
> Ah! l'amour seul en est capable!

> Cher époux, tu vivras, tu me devras le jour ;
> Ce jour dont te privait la Parque impitoyable,
> Te sera rendu par l'amour !

Il était très-ému ; il avait les yeux pleins de larmes. D'un geste énergique et passionné, il la pria de chanter encore, et, quand elle eut chanté, pour la seconde fois, cette immortelle invocation, Rameau, tirant de sa cachette le billet qui le faisait propriétaire de cette maison... de cette fortune, offrit à cette Armide, à cette Alceste, le billet qu'il avait ramassé dans ta roue, ô Fortune ! Et la chanteuse, avec un petit salut, le salut d'une reine à son vassal, enfouit le précieux papier dans son sein.

Au même instant la Guimard, de sa main d'araignée, arrachait, ou peu s'en faut, le cordon de la sonnette. On vit alors s'ouvrir la porte à deux battants ; le cocher, les deux laquais, le majordome et tous les valets de la maison se tenaient derrière cette porte : « Accompagnez, dit la Guimard à ses gens, M. Rameau jusque dans la rue, et si jamais il se présente au seuil de cette maison, vous lui direz que nous n'y sommes pas. »

C'est ainsi qu'il fut chassé de ce paradis d'un instant ; mais il emportait dans son âme et dans son cœur les chers accents de cette enfant de Tyndare et de Léda, cousine de Circé, fille du Soleil.

CHAPITRE XVI.

DE PROFUNDIS!

e que devint Rameau quand lui furent si brutalement fermées ces portes injustes... il alla tout droit chez les dames de l'*Ave-Maria!* Le couvent dormait, mais l'abbesse consentit à l'entendre et descendit au parloir suivie des *discrètes* et des *vénérables* du couvent. — « Je viens, lui dit-il, vous annoncer que mon élève est retrouvée! Oui, je l'ai vue. Elle a chanté comme on chante dans le ciel! Ayez pitié, madame, de la brebis égarée! Ouvrez-lui le bercail... Elle est perdue! O cœur plus léger que la feuille! Elle a traîné dans les licences le luth, la harpe, et la flûte et les lyres! Elle a brisé sa propre gloire! Ah! mesdames! venez à son aide! ayez pitié de sa jeunesse! Ils auront gâté bientôt ce grand génie, et déshonoré par d'indignes flonflons cette voix si juste et si touchante. » Ainsi priait Rameau, les mains jointes, les yeux pleins de larmes! Les plus anciennes se sentaient

touchées jusqu'au fond de l'âme; elles pleuraient cette honnête enfant.

Les plus sévères étaient prêtes à pardonner la voix dangereuse qui dit aux jeunes recluses : « Ne perdons pas la fleur de notre âge, et nous couronnons de roses devant qu'elles soient flétries! » La chair est si faible! il est si fort, le démon! Déjà plus d'une révérende implorait le pardon de l'enfant prodigue. — Elle était si charmante! avec tant de grâce elle chantait les plus doux cantiques! sa belle voix attirait tant de monde!... En ce moment, la fugitive était pardonnée... Hélas! la terrible abbesse était sans pitié : « Non, non, disait-elle, il n'y a plus d'espoir; elle appartient au limon de l'abîme! Honte aux oreilles charmées des bruits misérables de cette lyre à jamais souillée! Ah! la malheureuse! Elle était une lumière à nos yeux, une flamme à nos cœurs. Elle a quitté la voie, elle a perdu les sentiers! Je l'avais attirée à la solitude... elle court, insensée, après ceux qui flattent ses mauvais désirs; la chaste couronne est tombée à jamais de ce front déshonoré, et les ornements de la vanité l'ont remplacée. *Ornabitur in ore suo, et monili suo.*

« Non, je ne veux plus qu'on m'en parle et l'abandonne à sa corruption. Elle en sait maintenant aussi long que vous, monsieur le maître à chanter; elle a déjà pris toutes les mesures qui la devaient soustraire à ma discipline. Consultez les registres de l'Opéra? Vous verrez Jeanne-Thérèse inscrite au rang de toutes les licences! Elle a fait plus encore, elle a obtenu de

Mme du Barry ce qu'on appelle, ô misère ! un *brevet de dame,* et, dame ou fille, elle est désormais sa propre maîtresse. Ainsi, brisons là, vagabond ! ce n'était guère la peine de me déranger pour si peu. » Voilà comment il fut reçu, et, chancelant dans la rue à force de douleur, il s'en fut, chantant tout bas comme une âme en peine :

> Tristes apprêts, pâles flambeaux,
> Jour plus affreux que les ténèbres,
> Astres lugubres des tombeaux,
> Non, je ne verrai plus que vos clartés funèbres !

A mesure qu'il chantait, il élevait la voix, et tant sa voix s'élevait, qu'elle troubla le silence des nuits ! Rameau tomba dans les mains du guet, qui l'emmena au Petit-Châtelet, pour tapage nocturne. Il était si malheureux, qu'il se laissa faire ; il ne se réclama de personne ; et, patient comme une créature sans asile et sans amis, il attendit qu'il plût au commissaire de le relâcher... Voilà comme il se fit que nulle part je ne pus le rejoindre. Il avait disparu de la ville, et, sans en convenir avec moi-même, il me semblait qu'il avait emporté mes derniers jours d'éloquence et de contentement. Il manquait à ma veine, à ma fantaisie ; il était pour mon esprit la pierre à aiguiser ; mais une fausse honte me retenait, et je n'osais le demander à personne. Au bout de quinze jours de silence et de solitude, à la fin je rencontrai, sans le chercher, le baron d'Holbach. Il vint à moi avec une sollicitude affectueuse : « Ami, me dit-il, que faites-vous ? que devenez-vous ? on ne vous voit plus ! Êtes-vous donc si malheureux des trahisons de votre éditeur Le Breton ? Pauvre homme ! Et si vous saviez que le monde entier s'occupe assez peu de l'*Encyclopédie!* Allons, revenez à nous ! laissez là vos rêves et vos tristesses !

« C'est l'heure où les honnêtes gens quittent la ville ; Paris est désert. Le roi est à Fontainebleau, sa maîtresse à Luciennes, l'archevêque à Conflans ; Voltaire est en exil. Tous les princes sont dispersés chez eux : M. le duc d'Orléans et M. le duc de Chartres bâillent à Villers-Cotterets ; M. le prince de Condé et M. le duc de Bourbon s'ennuient à Chantilly ; M. le prince de Conti dort à l'Isle-Adam. Venez avec moi ; nous partirons pour mon château, et nous serons en trois heures dans mon jardin... » Et comme il vit que j'hésitais à répondre :

« Au moins, reprit-il, donnez-moi toute votre soirée, et dînons ensemble où vous voudrez. Chez moi ? Sous les *chevaux* des Tuileries ? Mais nous dînerons mieux à la barrière Blanche. Après le dîner, je veux vous montrer une comédie extraordinaire au théâtre de la Guimard, qui donne à son profit, ce soir, une dernière représentation. » Au nom de la Guimard, je devins attentif, et le baron, me voyant quelque peu rasséréné : — « C'est convenu, Diderot, je vous attends à cinq heures. Allez, faites-vous beau, et revenez.

Je fis donc une grande toilette, et j'ai bien peur

que, pour la dernière fois m'ait servi ce beau gilet à fleurs que m'a brodé Mlle Jodat, en échange de tant de bons conseils que je lui ai donnés, et qui en ont fait naturellement la plus sotte gourgandine, et la plus détestable comédienne qui ait glapi *Aménaïde* et *Mérope,* de Paris à Saint-Pétersbourg. Mon gilet à fleurs, mes jarretières à rubans, mes souliers à boucles d'or, mon chapeau neuf, mes manchettes en mousseline unie... Il ne me manquait guère que deux montres, un diamant, un brin d'ambre, une mouche au visage, et de parler gras avec beaucoup de jargon et peu d'esprit, pour me voir un petit-maître accompli.

A l'heure dite, j'étais chez le baron. Comme tous les gens heureux, il aime à dîner longuement; il dîne en causant, il cause en dînant. — « Je vous conduis ce soir chez la Guimard, me disait-il, parce que les gens bien informés racontent que cela sera très-curieux. Il s'agit d'un mariage entre un jeune financier de ce temps-ci et une Agnès du couvent voisin. La demoiselle est, dit-on, une virtuose, et le jeune homme est reconnu généralement pour un financier de la famille des Beaujon et des Turcaret. La demoiselle apporte au monsieur ce même hôtel de la Guimard dont on a tant parlé, surtout depuis six semaines, et, si l'on n'est pas d'accord sur la façon dont cet hôtel a passé à la belle chanteuse, on sait du moins que la Guimard a vainement tenté de le ravoir, par toutes sortes de procédés qu'elle connaît.

« La pauvrette! de sa tentative elle est sortie à sa honte et toute camuse. On ajoute, assez bas, que le fiancé de ce mariage à l'année, est le fils reconnu, ou peu s'en faut, de Mme la duchesse de Louvigny, qui s'est attelée à sa fortune. Le jeune homme, au reste, est charmant, un Lauzun pour les bonnes grâces, un Bouret pour l'intelligence... Il vous dirait, d'un coup d'œil, le produit net d'une somme de cent cinquante-sept livres trois deniers, avec les intérêts à sept et un quart pour cent, accumulés pendant trois mille sept cents ans, plus un quart d'heure. Il sait par cœur la dette nationale de la France corvéable : rentes, pensions, portions congrues, bénéfices ruraux; il sait, à dix centimes près, outre nos deux cents millions d'impôt, ce que rapportent, peuvent rapporter et doivent rapporter les cent quarante millions six cent soixante-quatre mille sept cent cinquante arpents dont se compose actuellement le royaume de France. Et le voilà maintenant, pour plaire à M. le contrôleur général, qui demande aux chemins, aux rochers, aux montagnes, aux biens communaux, aux terres vaines et vagues, aux fossés, à la haie, à la rivière, aux ruisseaux, aux sables, aux fougères, amendes, impôts, tailles et corvées, tout comme aux parcs, aux maisons, aux jardins, aux bois, aux étangs, aux prés, à la vigne, aux garennes, au champ de blé.

« Il porte, en son cerveau-coffre-fort, le tableau général des impositions dans les pays conquis, aussi bien que dans les pays d'élection : impositions ordinaires, vingtièmes, premier brevet, second brevet, capitation par livres, profits et droits, industries et biens-fonds, tailles et taillons de la gendarmerie, étapes

extraordinaires des guerres, marine, artillerie et génie.
Il sait tout cela, sur le bout de ses doigts d'Harpagon. De Paris à Grenoble, du Hainaut en Lorraine, du pays de Foix à la Provence, il vous dira tout ce qu'on impose, et tout ce qu'on oublie. Et tant pis pour les malheureux peuples, chargés de toutes ces dettes! Qu'ils pleurent... et qu'ils payent! qu'ils gémissent... et qu'ils payent!... Il sait le *quantum* de tous les métiers, du fourbisseur au mégissier, de l'éperonnier au plumassier. Il a des droits à revendiquer sur les savetiers, couturières, bouquetières, découpeurs, oiseleurs, maîtres d'armes, écrivains publics et foulons de drap. Il se connaît mieux que personne en monnaies d'or, d'argent et de billon : écus d'or au soleil, florins, jetons, testons, ducats, demi-ducats. Encore une fois, c'est un financier accompli. Mais ce soir, il déroge, il s'émancipe! Ce soir, il jouera la comédie avec sa nouvelle maîtresse. Allons-y donc. »

Aussitôt après le dîner, nous voilà partis, le baron et moi, pour la chaussée d'Antin ; mais, venus en toute hâte, la salle était déjà, du haut en bas, toute remplie. Ils sont fous de ces spectacles extraordinaires, nos respectables Parisiens. On leur dirait : Vous entendrez chanter des filles de joie hors de service, et qui s'amusent à souiller les chefs-d'œuvre en guise de passe-temps ; vous verrez, en tel lieu, Roland sans force, Atys sans tendresse, Issé méchante, Armide inerte, et Tancrède imbécile... ils se feraient tuer aux portes du théâtre. Au fait, nous avions deux places réservées, et, du fond de notre petite loge, il nous fut permis de compter les divers spectateurs que ce drame avait attirés.

Nous les connaissions presque tous, les connus, les inconnus même, les glorieux et les ignobles : Sedaine, assis à côté de Poinsinet; la duchesse de Lauraguais, à côté du marquis de Vérac; M. de Pontcarré, non loin de Mlle de Morfi. Nous dirons *de* Morfi, par respect pour Sa Majesté, qui en avait fait une baronne. Le sieur Daube de Jossan, qui avait signé, le matin même, un concordat avec ses créanciers, donnait le bras à son protecteur, le prince de Montbarey, et lui contait tout haut des histoires à rire tout bas. M. Rochon de Chabannes, qui venait de quitter la carrière des lettres pour entrer dans les bureaux des affaires étrangères, saluait en rougissant ses anciens amis, M. et Mme Dazincourt, qui jadis l'attendaient à la fortune du pot. Mlle Dumiré, de l'Opéra, faisait des mines au duc d'Aiguillon, qui les lui rendait de son mieux. Cette demoiselle était la propre fille de la fameuse courtisane qui perdit son amant, Gaston de Villers, ruiné à triple couture, et qui fit écrire, à crédit, sur le marbre de son tombeau :

Mi ré la mi la.

Un peu plus tard, nous vîmes arriver M. le chevalier d'Arques, chevalier d'honneur de Mme la comtesse de Langeac, par la grâce de M. le comte de Saint-Florentin. Mlle Virginie avait amené (ces filles ne doutent de rien) M. Chenon, commissaire au Châtelet de Paris;

Mlle Fleury, le prince de Nassau ; Mlle Arnauld, le fameux exempt de police Demmery. M. le baron de Bage était là, fou de musique, à côté de plusieurs amateurs aussi savants que lui : le comte de Milly, le comte de Turpin, Guichard, Du Fresne et Godefroy. Dans une loge à part, se tenait, dédaigneuse, attendant je ne sais qui, Mlle Durancy de je ne sais quoi, la digne fille de la fameuse Darimatel; dans la loge à côté, Mlle Sainval et Mlle Dumesnil. On avait pendu naguère le propre frère de Mlle Sainval, un déserteur ! et messieurs les comédiens, valets de chambre du roi, avaient décidé qu'elle n'appartenait plus à la comédie. Hélas ! la pauvre femme, elle faisait encore assez bonne contenance, et, huit jours après, elle était folle !... O victime du point d'honneur !

Soudain un grand bruit se fit entendre, et l'on vit arriver... un jeune homme... un vieillard, une ruine, un problème, un phénomène, appelé le maréchal de Richelieu. Voilà ce qui s'appelle un conte d'ogre et de fée... Il vint au monde avant terme, comme Voltaire ; il eut pour son parrain, le roi Louis XIV, et pour sa marraine Mme la duchesse de Bourgogne, enceinte du *Bien-Aimé*. A six ans, il était le flatteur du petit roi, son maître, qui en avait cinq, et le laissait gagner à tous les jeux. A dix ans, il corrompait des princesses qui en avaient seize ! Il étonnait M. le régent lui-même, et que dis-je ? il le *scandalisait!* En toute hâte on le mariait avec une poupée, on le mettait à la Bastille, à l'heure où l'on sort à peine du collège. Il était de l'Académie, et, naturellement ne savait pas l'orthographe ! Et voilà comme il fut, tour à tour, par la guerre et par les dames, soldat, capitaine, ambassadeur, premier gentilhomme de la chambre et brigadier des armées du roi. Le régent d'Orléans le rencontra dans le lit de sa propre fille, dans le secret de toutes les conspirations, dans le boudoir de toutes ses maîtresses. Mme de Maintenon l'avait aimé comme un enfant, Mme de Pompadour l'adora, Mme du Barry en avait peur.

Il était à Fontenoy ; il était partout où l'on se battait, où l'on aimait, où l'on se moquait des lois divines, des lois humaines. Tous les genres d'esprit, d'honneur, de déshonneur, tous les agréments, tous les vices, tous les succès ; de l'audace autant que Voltaire, et du mépris pour l'espèce humaine autant qu'il en portait lui-même à tous les préjugés. Rien qu'à le voir se vautrer dans la loge de l'avant-scène, à côté de Mme de Saint-Vincent, sa maîtresse (une cousine de Mme de Sévigné, qui fabriquait des lettres de change signées : RICHELIEU !), à le voir copier l'attitude et le geste du roi son maître, on était tenté de l'applaudir... de le battre et de le siffler.

A l'orchestre, encombré de seigneurs et de beaux esprits, se balançait la tête chauve de M. Le Bailly du Rollet, le premier qui eut l'honneur d'écrire des paroles françaises pour les tragédies lyriques du chevalier Gluck. On l'appelait le *vétéran de la fatuité*. Dans la stalle à côté se montrait M. de Clermont-Tonnerre, chevalier de Malte, et grand défenseur de la musique française. Un peu plus loin se tenait M. de Sénac, séparé de Mme de Sénac de toute l'épaisseur du marquis de Chastellux. Quel mélange! L'athée janséniste à côté de l'athée moliniste ; Mlle Duplan, en beau taffetas blanc, non loin d'une chenille, ayant nom Nogaret, était assise sur le même banc que Pacha-Achmet, comte de Bonneval ; les cuistres du *Journal de Trévoux,* de la famille des courtauds de boutique et des bassets, se dandinaient dans un fouillis de ducs et pairs, et de talons rouges, pendant que Mlle Carton, maîtresse de campagne du maréchal de Saxe, racontait à l'abbé Trublet, chanoine-archidiacre de Saint-Malo, le plus infect de tous les cuistres, comment, elle-même, Anaïs Carton, au camp de Mulberg en Saxe, elle avait eu deux ducs *à sa table!*

Dans un coin sombre, un homme au masque impassible, aux regards furieux, cherchait les héroïnes et les héros d'un roman terrible appelé *les Liaisons dangereuses.* Au paradis, par modestie, était assis le comte de Noailles, grand d'Espagne de première classe et gouverneur du château de Versailles. Le matin même, il avait été reconnu pair et syndic apostolique du couvent des Pères Récollets, et protecteur de tous les Récollets de France. Toutes les femmes titrées et non titrées étaient accourues à cette fête, et toutes semblables à ces furieuses beautés dont parlait un Père de l'Église :

« Elles font parade de leurs poitrines ouvertes, montrant sein, cœur, diaphragme et autres parties pectorales qui ont un continuel mouvement, que ces belles dames savent donner par compas et mesure, comme une horloge, ou plutôt comme un soufflet de forge, lequel allume le feu du cœur des hommes. »

Après une attente assez longue, et quand chacun eut déchiré son voisin tout à son aise, avec ce petit murmure si charmant qui n'annonce rien de bon, l'orchestre accoutumé de la Guimard attaqua l'ouverture des *Fêtes de l'Hymen et de l'Amour,* ballet de Cahusac, musique de Rameau. Chacun sait que Mlle Chevalier excellait dans les rôles d'*Orthésie* et de *Memphis,* M. Gelin dans le rôle de *Canasse,* et qu'au second acte, Mlle Fel remplissait le rôle d'*Ori,* à côté de M. Jéliotte, un incomparable *Osiris,* un admirable *Arcieris.* Rameau contrefaisait si bien tous ces rôles ! Ah ! me disais-je, il serait si malheureux de ces musiques des *Fêtes de l'Hymen et de l'Amour !*

Au lever du rideau, la dame de céans, en domino de taffetas rose, en perruque à la cadenette, arrivait l'arc à la main, la flèche à l'épaule, un peu moins que nue, assez laide, et si contente d'elle-même ! Après un brouhaha d'admiration, elle chanta d'une voix chevrotante une gavotte de ce même M. Rameau, sur l'air :

Quand je vais au bois seulette.

L'enfant qu'adore la terre,
Le dieu que l'on nomme Amour,
Le front ardent de colère,
De sa mère,
Trop sévère,
Voulut s'affranchir un jour.

Elle dit tout le couplet; puis, à grands cris de : *bis! bis!* elle recommença. C'était horrible à voir, faux à entendre, et, malgré moi, je me retournais cherchant mon ami Rameau, cherchant sa grimace narquoise... Hélas! je ne vis que deux ou trois maréchaux de France, sur les sept, qui portaient, chacun d'eux, le nom d'un péché mortel : duc d'*Harcourt*, la paresse; duc de *Noailles*, l'avarice; le comte de *Nicolaï*, la gourmandise; le duc de *Fitz-James*, l'envie; le comte de *Noailles*, l'orgueil; le comte de *Muy*, la colère; le duc de *Duras*, la luxure.

J'étais justement entre la *gourmandise* et la *luxure*, et plus que jamais je songeais à Rameau. Les chants ayant cessé, commença la comédie, une de ces tristes inventions comme on en compose à Paris par centaines, et sous le moindre prétexte. Ah! l'affreux talent que nous avons là d'écrire au pied levé toutes sortes d'ineptes indécences!... Celle-ci ne valait, au premier abord, ni plus ni moins que toutes les autres; c'était une pièce à trois personnages : *Momus, l'Amour, le Financier*. Le financier était représenté par ce fameux jeune homme dont le baron m'avait parlé. C'était ce qu'on appelle un joli homme, avec toutes sortes de jolies manières, de jolis gestes, des mains de femme, un pied d'enfant. Toutes les femmes en raffolaient, et le tenaient au bout de leur lorgnette.

A ses cheveux flottants pendait une bourse en forme d'étui à parasol. Il portait un habit guinguet mais très-foncé, à collet vert-pomme, et brodé d'une tresse d'argent à paillettes; les manches de cet habit, tout nouveau, même à Versailles, étaient un vrai labyrinthe où l'œil se perdait dans les tours et détours de mille dessins bizarres ; les poches, qui commençaient où finissait la bourse, étaient béantes, sans pattes ni boutonnières pour les fermer.

Était-ce un emblème?... était-ce un caprice?... Où donc avais-je vu ce regard faux et ce méchant sourire? En sa qualité de jeune financier, il venait consulter l'Amour, qui lui tirait son horoscope : « On t'aimera, on te trompera, tu te consoleras ! » Au même instant, un léger bruit de grelots annonçait la belle déesse de la Fortune. Il n'y avait rien de plus beau que cette inconnue présentée avec tant de zèle par cette infernale Guimard, la triste recommanderesse ! Un regard, une intelligence, un génie ! On fit silence à son aspect ; les plus vieux libertins, M. de Richelieu lui-même, oubliaient d'adresser à leur voisin cette infâme question : *combien?* Elle valait, en ce moment, le prix inestimable d'une honnête femme : éclair, mépris, orgueil, rien que de chaste. Avait-elle accepté ce vilain rôle en cette infâme comédie?... A coup sûr, elle l'avait oublié, si jamais elle l'avait appris, tant elle semblait étonnée à ces discours déshonnêtes, effrayée à ces sales équivoques, et peu intelligente de cette abominable parade où les faiseurs d'obscénités, les poëtes des halles et de la foire Saint-Germain, Piron, Collé, Carmontelle et leurs semblables, avaient jeté, à pleines mains, le sel de la boîte au gros sel, saupoudré du poivre obscène.

— Ah ! me disais-je, épouvanté des choses que nous

allions entendre, ils ont osé exposer sur ces tréteaux Minerve en personne! Ils n'ont pas eu pitié de ce beau marbre! En même temps je me souvenais qu'un jour, au théâtre des Trois Louison, trois coquines, au doux village d'Auteuil, sur un théâtre (ô profanation!) bâti entre le jardin de Molière et le jardin de Despréaux! j'avais entendu la Louison et la Fauconnier qui récitaient ces mêmes obscénités que la Guimard allait nous redire!... O misérable! ô malheureux que j'étais! cette comédie (à cette heure, il m'en souvient) justement elle était empruntée à un conte indiscret que j'avais fait, à vingt ans, pour acheter une agrafe à la petite Lachassaigne! Et voilà donc le début de cette innocente! et c'est mon esprit qui la précipite en ces impuretés! Que j'avais de honte en ce moment, que j'étais malheureux! Dieux du peuple! ah! dieux et déesses des honnêtes cœurs, vous savez si j'étais sur le point de me maudire! Apollon chez Admète et gardien des plus vils troupeaux, donnerait à peine une idée approchante de cette infortunée, exposée aux gaietés de cette réunion.

A l'instant même où j'allais m'écrier : « C'est impossible! arrêtez-vous! respectez ses dix-huit ans! Ceci est ma faute et mon crime... » O surprise! on entendit marcher dans les coulisses... un fantôme! A chaque pas du fantôme, allant et pesant sur ces planches ébranlées qui rendaient un son plaintif, nos comédiens pâlissaient sous leur rouge, et chacun, sans savoir pourquoi, frémissait dans la salle. On n'avait jamais vu terreur pareille, au théâtre, depuis la première représentation de *Don Juan*, et l'assistance de Pierre le Commandeur à ce festin suprême.

Au fond du théâtre était une porte, et la porte s'ouvrit lentement. On vit alors, arrêté sur le seuil épouvanté, l'homme étrange! Il était en haillons, la tête nue et les cheveux grisonnants; un habit de trois ans de misère, une barbe de vingt jours de prison. Il tenait son violon d'une main, son archet de l'autre, et d'un regard plein de tristesse et d'énergie, il contempla la jeune fille, ici présente sous les habits de la Fortune. A ce spectacle inattendu, chacun retint son souffle, et la Guimard pensa s'évanouir, pour tout de bon, à côté de son ami le *financier*, qui semblait demander grâce au fantôme irrité de son père! Lui, cependant, Rameau (c'était Rameau; à l'instant même il sortait du Petit-Châtelet), dans une immense lamentation de ce violon dont il jouait pour la dernière fois, récita toutes les peines dont son âme était remplie... un *Requiem* qu'il eût joué sur son propre tombeau.

C'étaient... ensemble et tour à tour, des cris déchirants, des plaintes si touchantes : désespoir, langueur, ironie. Ici le râle, et plus loin la prière, et tantôt le blasphème et tantôt la résignation, avec un mélange hautain du talent méconnu, du génie insulté. Rameau prenait sa revanche, en ce moment, de toutes les humiliations de sa vie; il se vengeait de son opprobre; il châtiait les insulteurs. Les regards et les âmes étaient fixés sur le *revenant*. Il avait, du moribond, la bouche ouverte, le visage allongé, la respiration entrecoupée... Et chose étrange ! à chaque note, à chaque douleur, la jeune fille avançait d'une impulsion irrésistible, obéissante à cet appel énergique. Elle était fascinée. Aux premiers accords de l'instrument sonore, inspiré, qui lui rappelait ses plus belles heures dans ce couvent quitté trop vite, elle avait reconnu son maître ! En vain elle voulut se défendre et résister à la voix qui commande... il se maintint dans sa domination ; il la vit venir à lui, comme va l'oiseau de branche en branche, à la couleuvre, au pied de l'arbre. Et tout d'un coup, à la note indiquée, elle et lui, ils entrèrent résolûment, oublieux de tout le reste, en cette admirable et touchante élégie... *Orphée !* Ils l'avaient apprise ensemble, ils en savaient tout le mystère :

> Objet de mon amour,
> Je te demande au jour
> Avant l'aurore ;
> Et, quand le jour s'enfuit,
> Ma voix pendant la nuit
> T'appelle encore.

A ces accents d'un pathétique irrésistible, on n'entendait, dans la salle entière, que douleurs et gémissements. La Nudité-Guimard, elle-même, en était tout attendrie :

Impitoyables dieux, qu'exigez-vous de moi ?

disait *Orphée*... Et tout de suite *Eurydice* (en ce moment sa face éclata comme le soleil, une blancheur surnaturelle se répandit sur ses vêtements) répondait inquiète et désespérée :

> Ingrat, je préfère encore
> La mort qui m'éloigne de toi !

Enfin l'un et l'autre ils chantaient ce cantique à l'amour :

> Dieux, soyez-moi favorables :
> Voyez mes pleurs,
> Quels tourments insupportables
> Mêlez-vous à vos faveurs !

Jamais duo plus admirable n'avait retenti aux oreilles de ces oisifs; jamais un chant plus ample et plus solennel ne s'était emparé de ces cœurs pervertis, de ces esprits futiles. Des marquises se prirent à pleurer; le Richelieu porta sa main ridée à ses yeux mouillés; le vieux Paradis de Moncrif, l'*historiographe* des chats, lecteur de la reine, un faiseur de chansons, s'écriait : « C'est sublime ! » Une fillette, une petite-fille de la Clairon, fille du comte de Charolais, Mlle de la Sone (elle avait rendu le pain bénit à Saint-Nicolas du Chardonnet, sa paroisse, il n'y avait pas quinze jours), disait, en sanglotant, qu'elle se ferait carmélite. Au dernier jugement, je le crois, il y aura moins d'épouvante, et moins de ces remords sans rémission. Peut-être aussi nous comprenions confusément que sur ce théâtre, ouvert à toutes les impuretés, un grand crime allait s'accomplir.

Donc peu s'en fallait que la jeune élève de Rameau,

que Jeanne-Thérèse, envahie à son tour par cette puissance irrésistible, ne suivît ce grand artiste qui venait la prendre et la sauver ! Elle avait chanté : *L'espoir renaît dans mon âme !* de façon à déshonorer Mlle Arnould, à désoler Mlle Beaumesnil ; elle avait traversé les divins *Élysées* du chevalier Gluck, qui laissaient de si loin les tristes *Élysées* de l'oncle Rameau. A l'entendre, on avait oublié les *ombres heureuses et dansantes* : M. Vestris, M. Gardel et Mlle Heinel... Notre ami retrouvait dans ce rapide instant son éloquente élève, en pleine lumière et dans toute la conscience du chef-d'œuvre... il triomphait... Soudain, la main sans pitié, la main cruelle de son fils renversa toute cette gloire. En ce moment, revenu de sa stupeur, le jeune homme arrêta, par sa ceinture encore intacte, la jeune fille. Elle hésitait entre le jeune homme et le vieillard. Ce fut alors que Rameau, se jetant aux pieds de son élève éperdue : — « Ah ! lui dit-il, par pitié pour mes cheveux blancs, par pitié pour ta mère adoptive, et par respect pour le père infortuné dont l'injuste main t'a jetée aux abîmes, ô ma Thérèse, enfant perdu d'un grand homme et d'une femme indigne, ô berceau, qui fut placé entre le génie et la misère, allons, courage, artiste inspirée, et loin d'ici, loin de ces fêtes, loin de ce misérable amant ! (d'un doigt irrité il désignait le jeune homme.) Il te perd, ô ma fille ; il est un lâche, un vaurien ; je le connais, je le sais par cœur ! C'est mon élève et c'est mon fils, sa digne mère n'est pas loin... »

Il dit cela d'une voix terrible. A son geste, et comme s'il l'eût désignée au mépris de la salle entière, une femme en grand habit perdit connaissance : « Mon fils ! mon fils ! » disait-elle. Et Rameau, reprenant : Oui, madame ! oui, princesse ! Il est à nous deux, ce fils des vampires ! Oui, ton espérance est ma vengeance, et ta tendresse est le châtiment que j'impose à ton crime envers moi ! »

Pensez donc à ces malédictions, à ces tempêtes ! et songez aux cris des femmes, à l'indignation des hommes ! — « Mon enfant, disait Rameau à la débutante éplorée (et de sa main vengeresse il indiquait le *financier*...), prends garde à ce misérable.... Il te dit qu'il t'aime, il ment ; il n'aime que l'argent, son dieu ; il t'a donné des diamants et des perles ; perles et diamants sont faux comme lui... » A la rougeur du jeune homme, l'assistance entière comprit que ce père avait deviné juste, et qu'il disait vrai. Le *neveu de Rameau* ne se connaissait pas en diamants et en perles ; mais il connaissait ce misérable enfant de son paradoxe ; il savait son mensonge ; il savait son sang-froid ; il savait à quel point il était méchant et lâche. A la fin, ce Mondor en herbe, hors de lui, et se voyant démasqué, arrachait le violon des mains de son père, et le brisait, d'un geste convulsif, sur le vaste front du vieillard.

On entendit une plainte, un gémissement, le dernier accord de l'homme et du violon qui rendaient l'âme, et Rameau tomba en s'écriant d'une voix mourante... *Parricide !*

Il y eut en ce moment, dans toute la salle, une énorme confusion ; les uns disaient que la réalité dans ce drame était poussée au delà de toutes les limites; les autres se demandaient si c'était vraiment un jeu dramatique, ou bien la plus cruelle et la plus impitoyable des réalités? Moi, comme en un songe funeste, à travers une foule émue ou consternée, ivre et fou d'épouvante, je courus au secours de Rameau.

Le malheureux! il était tombé, pour ne plus se relever, sous le coup de ce noble instrument auquel sa vie était attachée, et qu'il avait juré de ne quitter qu'à la mort. Il râlait. D'Holbach et moi, nous eûmes grand'peine à le mettre sur son séant: mais bientôt, chacun venant à notre aide, il fut transporté dans le carrosse du baron. Cependant, Jeanne-Thérèse appelait son maître en sanglotant, et comme si l'esprit de Jean-Jacques, son père, l'eût poussée, peu s'en fallait qu'elle ne suivît ce bienfaiteur de sa vie à peine commencée. Ah! moment fugitif de la reconnaissance et de la pitié!... Au fond de l'âme, elle était bien la digne fille de Thérèse Levasseur... Les haillons de Rameau l'arrêtèrent; elle eut honte d'obéir au premier mouvement de cette douleur, si voisine de tant d'éloquence; elle eut peur de la bonne action qu'elle allait faire, et l'on vit soudain reparaître en cette âme déjà perverse, les mauvais instincts de sa mère. Alors, sans tourner la tête vers ce malheureux qui se perdait pour la sauver, elle rentra dans sa maison... dans la maison qu'elle tenait des bienfaits de ce pauvre Rameau!

Mais quoi! rien n'étonnait ces filles et ces fils de

l'abîme, aussitôt qu'ils entendaient la voix du plaisir. Les spectateurs les plus douloureusement frappés de cette horrible scène eurent bientôt retrouvé leur sourire. Etonnés un instant, ils revinrent, sans peine et sans efforts, à leur fête interrompue. *Encore quarante jours et Ninive sera détruite!* Ils étaient près, les uns et les autres, de ces derniers quarante jours; ils ne s'en doutaient guère! Elle était là, cette Murfy, cette courtisane, *chevalière de Saint-Michel*, qui porta la mort dans le palais de Versailles; elle était là, riante et triomphante aussi de ces terribles paroles, adressées du haut de la chaire évangélique à ce roi malheureux dont elle fut la dernière honte et la dernière corruption.

« A la fin, ce monarque, rassasié de voluptés, las d'avoir épuisé, pour réveiller ses sens flétris, tous les genres de plaisir qui entourent le trône, en chercha d'une espèce nouvelle dans les vils rebuts de la licence publique. »

Certes, je ne suis pas suspect d'être un fanatique, et cependant, j'en conviens, toute autre société que la nôtre eût frémi d'angoisse à ces terribles paroles. On en riait; elles furent comme un hors-d'œuvre avant le souper. Déjà la gaieté avait repris tout son empire, et de nouveau le bel esprit, tempéré de vin d'Aï, remplissait toutes ces têtes volages. Comme elles prirent leur revanche en ce moment, d'un instant de pitié, d'un instant de terreur! Comme elles se moquèrent d'elles-mêmes, en babillant, en médisant, en ricanant! Quelle fête, enfin, la dernière fête, où brillaient d'une incomparable laideur la petite Adeline *Tête de grenouille*, et la grande Adeline *Tête de crapaud!*

A les entendre, à les voir, cette misère et ce meurtre ajoutaient à leur joie! aussi parfaitement que cette immonde laideur. Ils n'avaient jamais gaspillé, en toute leur vie, un souper qui fût plus digne d'être servi sur les tables des satrapes d'Asie, au moment où le trône, et les villes, et le temple, vont crouler dans les profondeurs. Sur ces tables chargées de viandes, entourées de nudités de toute espèce, la cuisine (une des gloires les plus incontestables de ce Versailles des casseroles et des saucières) avait déployé toutes ses merveilles. Ce fut une fête à cent soixante et quinze plats, vingt-cinq dormants et quatre-vingt-huit relevés, comme en savait composer le sieur Héliod, écuyer de bouche de Madame, aux grands soupers du roi, à l'Hôtel-de-Ville. — *Entrées.* — *Ouilles.* — Quatre ouilles, huit potages moyens, douze grandes entrées de poisson, pour relever les potages, et bientôt trente-deux entrées, quarante-quatre entrées moyennes, douze entrées de relevé ; quatre hors-d'œuvre et deux grands entremets, suivis de trente-deux plats de rôtis, plus quatre moyens plats dans les bouts, quarante entremets froids, quarante-huit entremets chauds! Mangez, harpies! déchiquetez, vautours!

Paraissez, Navarrois, Maures et Castillans!

Paraissez râbles *à la royale*, boudins d'écrevisses *à la Richelieu*, coulis, jambons, carpes à la Chambord, *à la Fontenoy,* tanches au vin de Champagne, *à la Chantilly,* bouchées *à la reine,* truites aux truffes entières *à la Pompadour,* faisans à la rocambole, poulardes à l'Urlubie, dindons à la Villeroy, canetons, ramereaux, pigeons *à la-duchesse,* petits poussins au beurre de Vanves, perdreaux, tourtereaux, cailles au laurier, gigotots d'agneaux, pâtés, crépinettes *à l'archevêque,* filets-sauce à l'extrême bonté, bouchettes, filets de faisans à l'espagnole, orillons au basilic, matelottes, pâtés de jambon, pâtés de poularde à la gelée, faisandeaux, cailles bardées, coqs-vierges, faon de daim, marcassin, perdreaux blancs, becfigues, écrevisses, gâteaux, mille-feuilles, ballons de dindons gras, poires de rousselet, pommes à la surprise, pêches au vin rouge, rognons, ragoûts en tortue, cailles à l'estouffade, boudins, filets, ris, ailerons, ballottines, profiteroles, champignons, beignets de blanc-manger, gelée, gimblettes, cardes, huîtres, asperges, abaisses de massepain, œufs pochés au café, cardes à la moelle de faisans, beignets, nougats, babas, gelées, charlottes soufflées, fondues, croquemboches, croquettes, croquantes et croquants. Cuisiniers! marmitons! rôtisseurs par la grâce de Dieu! donnez à toutes ces mangeailles le nom de nos victoires et de vos catins! c'est le droit de vos tournebroches et de vos marmites! Nous vivons sous un roi cuisinier.

Tous les fromages, tous les fruits, tous les cafés, toutes les liqueurs, tous les vins, tout Bordeaux, toute la Côte-d'Or, tout le vin d'Aï! — Tout boire et tout manger, tout grignoter, tout souiller, aux hennissements de tous ces cœurs lascifs. Mais quoi! vous seul le savez, dieu des ténèbres, des vendanges et de l'imprévu, dieu des bons vins, des jupes brodées, des caves remplies et des licences inassouvies ; vous savez si l'orgie atteignit sa plus extrême hauteur, et comment furent célébrées les injustes noces de ces deux bâtards : le fils de Rameau et la fille de Thérèse Levasseur !

Cette fille émancipée avait bien senti quelques remords dans sa joie... On s'amusa beaucoup de ses remords, on la trouva toute plaisante en son extase. On reconnut généralement que le sieur Rameau avait bien joué son rôle. Une comtesse d'Opy, échappée au bailliage du palais, fit la charge, en riant, de ce cri sublime :

> Un traître environné d'une foule cruelle
> Portera sur ma fille une main criminelle,
> Déchirera son sein, et d'un œil curieux,
> Dans son sein palpitant consultera les dieux !

Le poëte-roi, chevalier de Saint-Michel, improvisa une complainte sur un air du marquis de Chabanon : *les Funérailles de Rameau*. Ces dames riaient, ces messieurs buvaient : le fils de Rameau, entre sa mère et sa maîtresse, était semblable au berger de l'Ida :

> Minerve m'offrit la sagesse ;
> Vénus les grâces, la beauté ;
> Hébé la fraîcheur, la jeunesse ;
> Mars ses talents et sa fierté.

Bacchus dit : *Bois*, Apollon : *Chante*,
Et prends ce luth, s'il t'a charmé :
Tiens! dit Plutus, si l'or te tente,
Amour me dit : *Aime!* et j'aimai.

Et pendant que la fête de cette petite maison tournait à l'orgie, et que ces dames en *Iphigénies*, en *baigneuses*, et ces messieurs en *caraco*, dansaient la *Bourée* et le *Pistolet*, la *Mariée* et les *Sautriots*, je ramenais Rameau, le moribond, dans le taudis qu'il habitait sous les toits, en quelqu'une de ces rues abominables qui se cachent, tortueuses et malsaines, à l'ombre inachevée du palais de nos rois.

C'était une rue immonde, et, parmi ces immondices, se perdait, dans la nue, une abominable maison, moitié boucherie et moitié bouge! une fosse, un égout.

Quelle misère au sortir de ces joies! quel charnier! Le rez-de-chaussée, ensanglanté par les tueries, retentissait du beuglement des bœufs et des génisses que l'on mène à l'abattoir, pendant qu'au premier étage, une éternelle chanson de débauche et de vin faisait entendre incessamment son refrain monotone. Ah! misère! Hélas! quel dénûment! Un trou percé dans les tuiles laissait tomber à regret une lumière horrible! Une ou deux chaises de paille, une malle en pleine confusion, une ficelle en un coin tendue, et sur cette ficelle, un tas de haillons : l'habit de soldat, l'habit de marquis! une lampe en fer-blanc où suintait une huile avare!... Il n'y avait rien de plus triste à voir et de plus immonde à sentir. Bientôt, quelle pitié quand ce pauvre homme eut été déposé, mourant, sur cette couche où la paille et le haillon, sous un lambeau de toile en débris, s'entremêlaient dans une confusion lamentable! C'était la pauvreté la plus extrême, une indigence éhontée, un dénûment sans exemple : Les poëtes les plus furieux ne rêveraient pas un pareil enfer.

D'Holbach est un de ces hommes heureux qui ne comprennent pas la misère; ils en sont gênés; la misère leur fait peur, ils se croient quittes avec elle sitôt qu'ils lui ont fait quelque aumône. Impatient de quitter ce pauvre hère, il voulait lui venir en aide :
— Allez-vous-en, baron, lui dis-je, et laissez-moi; il ne faut plus ici qu'un peu de sympathie et de pitié, je m'en charge. Il y a longtemps que je l'aime, et depuis longtemps déjà je comprends confusément les bonnes qualités de ce méconnu. — A demain, me dit le baron en s'éloignant.

Qui l'eût dit? Rameau, dans ce néant de la rue Froidmanteau, soulevait des compassions! Il avait des voisines déguenillées, mais compatissantes à ce cruel dénûment; elles l'aimaient pour ses belles chansons, pour son violon qui remplissait de gaietés ces lambris détestables. Il était la joie unique et le repos de ces demeures, j'ai presque dit qu'il en était l'innocence. Il en avait fait les confidentes de ses travaux, de ses douleurs; c'est pourquoi il était aimé de toutes ces créatures malheureuses, et voilà comment les derniers soins lui furent prodigués par Manon-*Belle-Gorge,* la bienfaitrice de l'hôpital, et par ses tristes compagnes ; elles n'avaient plus, ici-bas, que ces inspirations inconnues pour se souvenir de leur âme. A une heure du matin, il revint à lui, ouvrit les yeux et me reconnut. — « Surtout, me dit-il, pas d'hôpital ! pas d'hôpital ! Non ! non ! que je meure ici, chez moi, dans mon lit. »

Il se prit à sourire à ce mot : *chez moi!* et sur *son lit ;* il s'endormit d'un sommeil plein de confusion. C'était sa nuit suprême ; il eut des rêves, des visions, des angoisses, des plaintes, des gémissements. Il se revit enfant, chez son oncle, battant les habits de son oncle, et battu, si par hasard il ouvrait un solfége. Il remonta le cours de ses jeunes années, de ses jeunes amours ; bientôt il entra dans le cercle des abaissements et des hontes. Il gémissait, il se lamentait ; il composait des énigmes, il devinait des charades comme d'Alembert. Puis, tout d'un coup, sur son séant, les yeux ouverts et ne dormant plus, il regardait l'*Alceste* absente et lui chantait, de sa voix pleine de larmes :

<blockquote>
Barbare ! non, sans toi je ne puis vivre,
    Tu le sais, tu n'en doutes pas :
Et pour sauver mes jours ta tendresse me livre
A des maux plus cruels cent fois que le trépas.
La mort est le seul bien qui me reste à prétendre,
Elle est mon seul recours dans mes tourments affreux,
Et l'unique faveur que j'ose encore attendre
    De l'équité des dieux.
</blockquote>

22.

Quand il eut chanté, il rentra dans son silence et dans ses rêves : « Le mot de l'énigme est *misère*, où l'on voit : *mi... si... ré... ère...* » Le jour venu, au petit jour, on lui fit prendre un cordial, et tout de suite il me dit : — « Un prêtre, un prêtre! » Alors j'écrivis : « Un homme est là, qui se meurt et qui demande un confesseur ! » Je signai ce billet de mon nom : *Diderot !* tant j'étais sûr qu'à ce seul nom, le prêtre arriverait en toute hâte. Eh ! quelle gloire, disons mieux, quel évêché, pour le confesseur qui eût réconcilié Voltaire avec l'Église, ou tout au moins d'Alembert ! Certes, je ne valais pas mes maîtres, mais cependant j'avais ma petite importance ; ma conversion valait tout au moins une abbaye.

Et de fait, je n'attendis pas longtemps ce confesseur. Mais à mon grand étonnement, ce confesseur était un jeune homme, avec un grand air de conviction. Un martyr, un vrai martyr n'eût pas porté sur son front plus d'honneur, d'énergie et d'autorité. Quel grand air de commandement, quelle foi !... Il ne s'étonna guère de trouver, non pas le Diderot qu'on lui avait annoncé, mais un mendiant vulgaire, étendu sur ce grabat fétide. Bien plus, aussitôt qu'il fut en présence d'un malheureux tout simple, il redevint un bon homme ; il entoura le moribond de tendresse et de pitié. Rameau, soudainement réveillé par cette aimable et douce parole, eut comme un éclair d'espoir et de joie. Il avait la foi, il avait l'espérance, et le jeune confesseur : — « Mon fils, dit-il, ayez bon courage et chassez les tristes vapeurs qui obscurcissent encore ce malheureux cerveau plein de songes. O chanteur de carrefour! chantons en ce moment : *miséricorde et jugement!* toutes les œuvres de Dieu sont comprises entre la miséricorde et la justice. Il est écrit : *Pardonne au pauvre et pardonne à l'indigent!* Il est écrit : *Sauvons l'âme des pauvres!* Je vous sauverai, mon frère ! A vos premières paroles, j'ai compris que je parle à un chrétien, élevé chrétiennement, et, loué soit Dieu! où je cherchais un esprit fort, je rencontre une âme faible et croyante. »

Alors Rameau, très-simplement, raconta sa vie à ce jeune homme ; il lui dit comment, dans cette nuit profonde, il n'avait sauvé que l'amour des belles choses, et de la grande musique. Ainsi, parce qu'il était resté un homme de goût, il n'était pas tout à fait un misérable, indigne de pardon. Il dit en même temps ses haines, ses amours, ses vengeances, son profond désespoir de tant de génie inutile, et de grandes idées, si misérablement perdues, parce que son oncle avait négligé de l'instruire. Ah! son oncle!... Et le confesseur eut grand'peine à lui arracher un pardon pour l'oncle Rameau. Cependant, il pardonna ! Non-seulement il pardonnait au grand Rameau, mais à ses ennemis subalternes. Il regrettait les injures qu'il avait dites aux beaux esprits, aux grands seigneurs, aux écrivains, aux timides, aux effrontés, à La Harpe, à Sainte-Foix, à La Morlière, à Bertin, son bienfaiteur, à tous les braves gens qu'il avait outragés dans ses démences; il n'oublia que Palissot. Le jeune vicaire, incliné sur cet agonisant, pria pour lui et le bénit de sa main charitable. En ce moment, Rameau rendit paisiblement cette âme agitée entre tant de misères ; les derniers mots qu'il prononça, les voici : *Diderot!... Thérèse!...* et puis *Gluck!*

« Monsieur Diderot, me dit le confesseur (il s'était relevé, il avait dix coudées), voici pourtant une âme arrachée à votre mauvais génie. Il n'a pas douté, jusqu'à la fin, ce malheureux, votre jouet, de la justice qui venge, de la sagesse qui règle et de la bonté qui pardonne ! Il a deviné que celui-là seul est savant, qui sait où l'on s'avance, où l'on s'arrête ! Infortuné ! il n'était pas de ces insensés qui s'approchent de Dieu par l'intelligence, et qui s'en éloignent par l'orgueil. Il n'avait pas de lui-même, à l'exemple de vous autres, les philosophes, une immense idée !... Il était humble !... et voilà ce qui le sauve ! Il suivait, par isolement et par goût, les gens de littérature et les beaux esprits, mais il aurait eu grand'peur de décider, comme eux, souverainement de toute chose. Ah ! monsieur Diderot, si vous étiez un simple d'esprit ! si vous étiez vraiment une intelligence ! En venant ici, la terre a tremblé sous mes pas ! On me dit que les tours de Notre-Dame étaient croulantes sur le palais de Versailles. Malheureux ! que de ruines signaleront votre passage !... Il en est temps encore ! et prenez garde ! la cognée est à la racine de l'arbre !... Appelez-moi, monsieur Diderot, je reviendrai. »

Resté seul, je fermai les yeux de Rameau. Sous un mouchoir en lambeaux, brodé jadis par *la main des*

Grâces, je cachai ce visage, incessamment ravagé par toutes les passions, par toutes les douleurs ; à ses côtés, je plaçai les débris de ce violon qu'il avait tant aimé ; je recueillis, épars çà et là, quelques beaux et bons livres, ses fidèles compagnons ; je donnai un dernier coup d'œil à sa muraille en lambeaux : sur la bergame trouée, il avait attaché plusieurs portraits, bien étonnés de se trouver ensemble : un portrait de Voltaire et de saint François de Sales ; une image de la du Barry dans son triomphe, un portrait du roi, le seul qui fût encadré ; il y avait aussi mon portrait par Saint-Aubin. Un trait confus représentait sans doute le vieux moine qui l'avait pris en pitié, et, sur le même feuillet, la sœur grise qui l'avait veillé à son chevet d'hôpital. J'emportai chez moi ces dépouilles opimes, et, du même pas, je fus commander un cercueil.

Mais le lendemain, quand je revins dans ce grenier, à dix heures, l'heure indiquée, il se trouva que les serviteurs de la mort étaient accourus de grand matin à cette proie. Ils avaient retrouvé dans un coin le poëme de Rameau, *la Raméide,* avec cette épigraphe : *Inter Ramos lilia fulgent.* Ils avaient fait main basse, pour en régaler leurs maîtresses, sur les *Brunettes,* les *Branles,* et les chansons du pauvre diable, et surtout sur *la Petite Lise,* son chef-d'œuvre ! Ils vendirent au ravaudeur ses pièces de clavecin : *la Toujours nouvelle, la Voltaire* et *la Générale ;* héritiers de ce malheureux qui n'avait rien, en toute hâte ils avaient emporté ce cadavre et l'avaient jeté dans la grande fosse où sont ensevelis, éternellement, à côté des vertus méprisées, les libertés impuissantes et les chefs-d'œuvre avortés.

Ainsi vécut, ainsi mourut, regretté de moi seul, le plus grand artiste de son siècle... et (j'en ai peur!) le meilleur philosophe de mon temps.

FIN.

TABLE DES CHAPITRES.

		Pages.
Avant-Propos.		1
I.	La Promenade du Sceptique.	3
II.	Le Berceau de l'Encyclopédie.	23
III.	Muse, rappelle-nous les causes...	54
IV.	Le Précepteur dans l'embarras.	82
V.	La Halle aux mensonges.	99
VI.	Les Financiers.	119
VII.	La Mallette.	147
VIII.	La Procession.	177
IX.	Le Soldat aux gardes.	192
X.	La Comédie a Versailles.	210
XI.	Cotillon III.	247
XII.	L'Hôtel-Dieu.	271
XIII.	Le Censeur.	298
XIV.	Le Numéro gagnant	318
XV.	Le Dernier croyant au droit divin.	340
XVI.	De Profundis!	362

www.ingramcontent.com/pod-product-compliance
Lightning Source LLC
Chambersburg PA
CBHW050421170426
43201CB00008B/489